本书受上海市高峰学科建设计划（2021）、复旦大学原创科研个性化支持项目（2020）"章太炎与近代新子学话语体系的奠基"、复旦大学亚洲研究中心项目（2016）"传统文化与近代社会的互动：论章太炎对先秦诸子的新解析"资助。

中国现代化思想史研究丛书

章太炎

与近代新子学话语体系的奠基

Zhang Taiyan and the Foundation of New Academic Discourse System

何爱国　著

吉林大学出版社

·长春·

图书在版编目（CIP）数据

章太炎与近代新子学话语体系的奠基 / 何爱国著
. —长春：吉林大学出版社，2022.1
ISBN 978-7-5692-9453-8

Ⅰ.①章… Ⅱ.①何… Ⅲ.①章太炎（1869–1936）
—思想评论 Ⅳ.① B259.25

中国版本图书馆 CIP 数据核字（2021）第 262209 号

书　　名　章太炎与近代新子学话语体系的奠基
　　　　　ZHANG TAIYAN YU JINDAI XINZIXUE HUAYU TIXI DE DIANJI
作　　者　何爱国　著
策划编辑　李承章
责任编辑　郜玉乐
责任校对　周　婷
装帧设计　中正书业
出版发行　吉林大学出版社
社　　址　长春市人民大街 4059 号
邮政编码　130021
发行电话　0431-89580028/29/21
网　　址　http://www.jlup.com.cn
电子邮箱　jldxcbs@sina.com
印　　刷　廊坊市海涛印刷有限公司
开　　本　787mm×1092mm　1/16
印　　张　16.5
字　　数　280 千字
版　　次　2022 年 1 月　第 1 版
印　　次　2022 年 1 月　第 1 次
书　　号　ISBN 978-7-5692-9453-8
定　　价　66.00 元

目　　录

引言：章氏新子学话语体系建构的缘起、
特点与价值

在传统考据学"以子证经"的基础上，在近代西学的强大冲击下，为了救亡保种，铸造国性，建构新学术话语体系，探寻"富强"道路，同时反抗西方殖民主义的侵略，应对西方现代性的传播，回应西方学术话语体系的冲击，新子学思潮在近代中国应运而生。诸子学的近代转型，可以说，既是回应西方殖民主义与现代性侵入的产物，也是清代"以子证经"的诸子学自我转型的产物。章太炎是近代新子学话语体系的奠基人，这是很多学者公认的，胡适谓章氏"别出一种有条理系统的诸子学"，[①] 钱穆谓新子学"最先为余杭章炳麟"，[②] 汪荣祖称章氏为"新学的开山"，[③] 姜义华谓章氏"开创了现代意义上的中国诸子学"，[④] 严寿澂称章氏为"'新子学'之典范"。[⑤]

一、章氏新子学话语体系建构缘起

章太炎为何要构建近代新子学话语体系？详言之，大体上包括如下因素：救亡图存，寻找革命、救国和富强的方案；自觉传承中国文化，为中华民族的复兴奠定文化基础；批判西方的现代性价值系统与现代化方案，批判殖民主义

---

① 胡适.中国哲学史大纲 [M].北京：商务印书馆，2011：21.

② 钱穆.国学概论 [M].北京：商务印书馆，1997：322.

③ 章念驰.章太炎生平与学术（下）[M].上海：上海人民出版社，2016：699.

④ 姜义华.论章太炎思想学术的现代品格 [M]// 余杭章太炎故居纪念馆编.章太炎逝世八十周年暨章太炎故居保护开放三十周年纪念文集.上海：上海人民出版社，2017:12.

⑤ 章念驰.章太炎生平与学术（下）[M].上海：上海人民出版社，2016：904.

与帝国主义，建构中国自己的现代性价值系统与现代化方案；批判守旧派、西化派、孔教派、新公羊学派与疑古思潮，对中国历史文化进行价值重估；反思陷于"古今中西之争"中的学术思潮，提出新的文化建设路向；通过对诸子思想的反思来批判社会现实；批判"不脱富贵利禄"的社会道德，通过阐发新子学思想来建构"革命道德"与"国民道德"；批判子学研究者，指示新子学研究的理论与方法。

其一，救国保种，寻找革命、救国和富强的方案。

章太炎积极构建新子学话语体系，不是出于单纯的学术诉求，而是基于时代的迫切需要，新子学话语体系明显是作为"立国之本以及救国之法""'排满'革命和抵抗欧化的武器与方法"[①]"激励种姓，增进爱国的热肠"[②]而建构起来的。"救国保种"是章氏始终致力于构建新子学话语体系的根本原因，"平生志业，守死不渝，恳恳救国保种之一念，无须臾之去其胸怀也。"[③]"排满革命"则是章氏在辛亥革命时期构建新子学话语体系的根本原因，"发扬国粹，警觉少年，引入革命途径。"[④]在《菿汉微言》中，章氏阐发了自己要构建新子学话语体系的直接原因，即在"遭世衰微"的历史背景下，"不忘经国，寻求政术"，其言谓："少时治经，谨守朴学，所疏通证明者，在文字器数之间。虽尝博观诸子，略识微言，亦虽顺旧义耳。遭世衰微，不忘经国，寻求政术，历览前史，独于荀卿、韩非所说，谓不可易。"[⑤]在《自述学术次第》又谈到，先秦诸子"人事之纪，政教所关"，而且做到了"眇尽事理""玄理深微"，是中国得以长期延续的思想文化资源和治国理政资源，而"时不待人，日月将逝"，故急迫要构建新子学话语体系，以求救国救民。其详言云："若夫周秦九流，则眇尽事理之言，而中国所以守四千年之祚者也。玄理深微，或似佛法。先正以邹鲁（儒家）为衡，

---

① 陈学然.再造中华——章太炎与"五四"一代[M].上海：上海人民出版社，2020:91、118.

② 章太炎全集（演讲集上）[M].章念驰编订.上海：上海人民出版社，2015：4.

③ 傅杰编校.章太炎学术史论集[M].昆明：云南人民出版社，2007：492.

④ 马叙伦.章太炎.陈平原，杜玲玲编.追忆章太炎[M].北京：生活·读书·新知三联书店，2009：19.

⑤ 章太炎全集（菿汉微言，等）[M].虞云国，马勇整理.上海：上海人民出版社，2015：69.

其弃置不道，抑无足怪。乃如庄周《天运》，终举巫咸，此即明宗教惑人所自始；惠施'去尊'之义，与名家所守相反；子华子'迫生不若死'之说，又可谓管（关）乎人情矣。此皆人事之纪，政教所关，亦未有一时垂意者。汪容甫（汪中）略推墨学，晚有陈兰甫（陈澧）始略次诸子异言，而粗末亦已甚。此皆学术缺陷之大端，顽鄙所以发愤。古文经说，得孙仲容（孙怡让）出，多所推明。余所撰著，若《文始》《新方言》《齐物论释》及《国故论衡》中《明见》《原名》《辨性》诸篇，皆积年讨论以补前人之未举。其他欲作《检论》明之（旧著《訄书》，多未尽理，欲定名为《检论》，多所更张）。而时不我待，日月亦将逝矣。昔人云，'百龄影徂，千载心在'，岂不痛哉！"①其《老子政治思想概论序》谈到，在战乱"甚于春秋、七国之间"的民国时代，出于救国救民的目的，新子学话语体系的建构显得尤为必要，"若夫奸人成朋，贵族陵逼，上以侵其主，下以贼其民庶，非有老子、韩非之术者，故无以应之。盖孝文（汉文帝）为能得其一二，后之晓此者寡矣。今国家之乱，甚于春秋、七国之间，（孙）思昉诚有意为国，于此得无深思之乎？余耄矣，无以佐百姓，愿来者之能任是也。"②

其二，"为往圣继绝学"，自觉传承中国文化，为中华民族的复兴奠定文化基础。

章太炎秉持文化民族主义思想，认为有文化才有民族，有民族才有国家，国民须认同民族文化、本国文化，民族与国家才有凝聚的可能，即使国家灭亡，而文化不灭，则民族不灭，国家可以随时再生，而"蔑弃本国文化"，则国民"迷失本性"，国家将没有再生的任何可能性，从而陷入"万劫不复"之境地，"国家之安危强弱，原无一定，而为国民者须认清我为何种民族，对于本国文化，相与尊重而发扬之，则虽一时不幸而至山河易色，终必有复兴之一日。设国民鄙夷史乘，蔑弃本国文化，则真迷失本性，万劫不复矣。"③近代中国，在"西方本身就成了信仰"④的时代，章氏深刻认识到西方殖民主义者通过文化殖民

---

① 章太炎全集（太炎文录补编）[M]. 马勇整理. 上海：上海人民出版社，2017：507-508.

② 章太炎全集（太炎文录续编）[M]. 黄耀先，饶钦农，贺庸点校. 上海：上海人民出版社，2014：150.

③ 章太炎全集（演讲集下）[M]. 章念驰编订. 上海：上海人民出版社，2015：538.

④ 余艳红. 传统、现代与现代之后——章太炎的思想世界[M]. 北京：中国社会科学出版社，2017：22.

主义来对中国与中华民族进行亡国灭种的意图，"欲绝其种姓，必先废其国学"，因此不得不"危心疾首、寤寐反侧以求之"①，故构建新子学话语体系，是以文化救国的迫在眉睫的行为，"国不幸衰亡，学术不绝，而民犹有所观感，庶几收硕果之效，有复阳之望。"②"恢明而光大"中国优秀传统文化，成为章太炎一生的神圣使命，即使在监狱中，也牵挂者"闳硕壮美之学，而遂斩其统绪"，1903 年章氏在上海西牢狱中云："上天以国粹付余，自炳麟之初生，迄于今兹，三十有六岁。凤鸟不至，河不出图，惟余亦不任宅其位，綮素王素臣事迹是践，岂直抱残守缺而已，又将官其财物，恢明而光大之！怀未得遂，纍于仇国，惟金水相革欤？则犹有继述者。至于支那闳硕壮美之学，而遂斩其统绪，国故民纪，绝于余手，是则余之罪也！"③在章氏面临死亡的时刻，仍然牵挂者"中夏文化"的传承问题，1914 年 5 月 23 日，其致妻子汤国梨的家书中云："吾死之后，中夏文化亦亡矣。"④

其三，反思西方现代性的危害与缺憾，批判西方现代性中的人类中心主义、西方中心主义、文化殖民主义与帝国主义，在吸收西方现代性合理之处的基础上，构建中国自己的现代性。

对于西方的现代性，基于进化论的信仰与救国保种的需要，章太炎一开始几乎是热烈的拥抱，但随着帝国主义侵略的日益加深和个人思想的不断深化，章氏认识到西方殖民主义、帝国主义对中国的危害性远远超过满清政府，必须坚决予以反抗，"就政治社会计之，则西人之祸吾族，其烈于千万倍于满洲。"⑤尤其是将让中国"绝其种姓"文化挑战就是"西方文明的弥漫"，⑥在"举世滔滔以趋附欧风美雨为时尚"的历史年代里，章太炎以其睿智洞见了"西方现代性"的危害与弊病，拒斥走西方式的"现代化"道路。⑦章氏开始在学理层面对西

---

① 章太炎 . 清美同盟之利病 [N]. 民报，1908（24）.1908–10–10.

② 陈平原，杜玲玲，编 . 追忆章太炎 [M]. 北京：生活·读书·新知三联书店，2009：17.

③ 章太炎全集（太炎文录初编）[M]. 徐复点校 . 上海：上海人民出版社，2014：145.

④ 张钰翰编注 . 章太炎家书 [M]. 上海：上海人民出版社，2020：108.

⑤ 章太炎政论选集（上册）[M]. 汤志钧编 . 北京：中华书局，1977：432.

⑥ 章太炎纪念馆 . 先驱的足迹 [M]. 杭州：浙江古籍出版社，1988：102.

⑦ 王玉华 . 多元视野与传统的合理化——章太炎思想的阐释 [M]. 上海：上海人民出版社，2015：537.

方的现代性进行"彻底的解构与批判"，对西方经济政治制度以及将他们直接移植于中国的主张进行"切中肯綮的批判"，尤其是对西方所谓"公理、进化、唯物、自然"四大核心观念进行"富有洞见的批判"。① 章氏立足中国的国情与国性，不以"西方"等同"现代"，想要建立中国自身的"现代性"。② 在自觉传承中国制度与文化的合理性的基础上，章氏不得不将他所批判的西方现代性中的某些方面"植入到中国的政治与社会结构之中"。③ 章氏反对殖民主义，反对帝国主义，但并不反对西方文明的存在，也不反对对西方文明合理性的汲取，只是反对西方文明的普适性，反对西方文明的霸权性；不是顽固守旧，不要西学，只是反对"牵强附会地比附西学"，④反对对西学的照搬照抄，赞成基于"自国自心"的消化吸收。

其四，批判守旧派与西化派、批判孔教派、新公羊学派与疑古思潮，对中国历史文化进行价值重估。

章太炎构建新子学话语体系，对先秦诸子思想作了价值重估，既批判守旧派，也批判西化派，既传承先秦诸子思想的合理性思想，又对先秦诸子思想进行创造性转化，既以西方现代性与法相唯识学构建新子学，又以新子学批判西方现代性。章氏主张无神论，批判鬼神论，认为中国文化的核心价值是不信鬼神，不搞迷信，"逮及衰周，孔、老命世，老子称'以道莅天下，其鬼不神'；孔子亦不语神怪，未能事鬼。次有庄周、孟轲、孙卿、公孙龙、申不害、韩非之伦，浡尔俱作，皆辩析名理，察于人文，由是妖言止息，民以昭苏。"康有为想做"中国的马丁·路德"与"当代孔子"，章太炎则坚决反对以康有为及其弟子为代表的孔教派模仿西方基督教宗教改革的行为，反对儒教新教化运动，"今人猥见耶稣、路德之法，渐入域中，乃欲建孔教以相抗衡。是犹素无创痍，

① 姜义华.论章太炎思想学术的现代品格[M]// 余杭章太炎故居纪念馆编.章太炎逝世八十周年暨章太炎故居保护开放三十周年纪念文集.上海：上海人民出版社，2017：12.

② 章念驰.章太炎生平与学术（下）[M].上海：上海人民出版社，2016：706.

③ 余艳红.传统、现代与现代之后——章太炎的思想世界[M].北京：中国社会科学出版社，2017：176-177.

④ 汤志钧.经与史：康有为与章太炎（上册）[M].北京：中华书局，2018：267.

无故灼以此癥，乃徒师其鄙劣，而未有以相君也。"① 章氏区别自己的新国学与孔教的差别，即新国学不是宗教，"以开通智识、昌大国性为宗，与宗教绝对不能相混。"② 章氏怀有以历史文化（包括诸子）建构"国性"、凝聚认同、激励"爱国"的理念，故当晚清时期主张"托古改制"的新公羊学运动如火如荼之际，章氏赞成其"维新变法"，但批判其"托古""疑古"行径，进而激烈批判接续新公羊学运动的"疑古"运动，"方余之有一知半解也，公羊之说，如日中天，学者煽其余焰，簧鼓一世，余故专明左氏以斥之。然清世公羊之学，初不过一二之好奇，康有为倡改制，虽不经，犹无大害。其最谬者，在依据纬书，视春秋经如预言，则流弊非至掩事实呈妄说不止。民国以来，其学虽衰，而疑古之说代之，谓尧舜禹汤皆儒家伪托，如此惑失本原，必将维系民族之国史全部推翻，国亡而后，人人忘其本来，永无复兴之望。余首揭左氏，以斥公羊，今之妄说，弊更甚于公羊，此余所以大声疾呼，谓非竭力排斥不可也。"③

其五，反思陷于"古今中西之争"中的近代学术思潮，提出新的文化建设路向。

章太炎是"中国近代最有深度的哲学家"。④ 近代中国知识分子深陷于"古今中西论战"之中难以自拔，"拘者"（守旧派与西化派）与"执中"者（"调和"派）都没有找到文化建设的正确路向，章太炎认为只有属于新子学话语体系建构的"齐物"哲学能够解决这个问题，即容忍文化的"特殊"与"多元"，以"不齐"为"齐"，反对单一文明论（文野论）、文化一元论与文化单线进化论的思维，反对"以不类远西为耻"，主张"以不类方更为荣"。⑤ 其《菿汉微言》云："顷来重译庄书，眇览《齐物》，芒刃不顿，而节族有间。凡古近政俗之消息，社会都野之情状，华梵圣哲之意谛，东西学人之所说，拘者执著而鲜通，短者执中而居间，卒之鲁莽灭裂，而调和之效，终未可睹。譬彼侏儒，解遘于两大之间，

① 章太炎全集（太炎文录初编）[M].徐复点校.上海：上海人民出版社，2014：200、201.

② 章太炎全集（书信集下）[M].马勇整理.上海：上海人民出版社，2017：739.

③ 章太炎自述（1869—1936）[M].文明国编.北京：人民日报出版社，2011：69.

④ 蔡志栋.章太炎后期哲学思想研究[M].上海：上海社会科学院出版社，2013：1.

⑤ 章太炎全集（国故论衡先校本、校订本）[M].王培军，马勇整理.上海：上海人民出版社，2017：108.

无术甚矣。余则操齐物以解纷，明天倪以为量，割制大理，莫不孙顺。"①

其六，通过新子学研究，批判当时的社会现实。

章太炎的新子学话语体系，带有强烈的问题意识，这个问题意识，不仅是指向中国自己的传统文化与西方的现代性文化，更是强烈地指向中国的社会现实，"从反对清朝政府到批评民国临时政府，从反对袁世凯独裁到反对蒋介石独裁，批判性品格一以贯之，章太炎更可谓并世无第二人。"②辛亥革命时期，以包括新子学在内的新国学"鼓动人们'排满'情绪"，辛亥革命之后，则以之"批判强权"。③

其七，批判旧的社会道德，构建新的"革命道德"与"国民道德"。

在近代中国"千年变局""天崩地裂""礼崩乐坏"的社会失序时代，章氏愈来愈认识到"革命道德"与"国民道德"建设的极端重要性，"端居读书之日，未更世事，每观管子所谓'四维'，孔氏所谓'无信不立'者，固以是为席上之腐谈尔。经涉人事，忧患渐多，日之所睹，耳之所闻，坏植散群，四海皆是，追怀往诰，惕然在心，为是倾泻肝鬲（膈）以贻吾党。"④1909 年 1 月 20 日，章太炎与钟正楙通信，明确主张要通过建构新子学话语体系，振起"明德"，提升"国性"，"若夫周秦诸子，趣以张皇幽眇，明效物情，明德所以振起，国性所以高尚。"⑤从辛亥革命时期以来，章太炎不断批判社会旧道德，呼吁构建社会新道德，即所谓"革命道德"与"国民道德"，章氏曾经激烈批判儒家旧道德，认为"孔教最大的污点，是使人不脱富贵利禄的思想"，⑥认为革命难以成功的根源在于"道德堕废"，"道德堕废者，革命不成之原"，⑦

————————

① 章太炎全集（菿汉微言，等）[M].虞云国，马勇整理.上海：上海人民出版社，2015：70.

② 姜义华.论章太炎思想学术的现代品格 [M]// 余杭章太炎故居纪念馆编.章太炎逝世八十周年暨章太炎故居保护开放三十周年纪念文集.上海：上海人民出版社，2017：12.

③ 陈学然.再造中华——章太炎与"五四"一代 [M].上海：上海人民出版社，2020：69.

④ 章太炎全集（太炎文录初编）[M].徐复点校.上海：上海人民出版社，2014：296.

⑤ 章太炎全集（书信集）[M].马勇点校.上海：上海人民出版社，2017：302.

⑥ 章太炎全集（演讲集上）[M].章念驰编订.上海：上海人民出版社，2015：5.

⑦ 章太炎全集（太炎文录初编）[M].徐复点校.上海：上海人民出版社，2014：293.

章氏亦反对"谬妄可笑、不合哲学"的基督教道德，① 主张取墨家与大乘佛教的大无畏的牺牲精神来建构"革命道德"。后来又主张以《孝经》《大学》《儒行》《丧服》构建抗日所需要的"国民道德"。

其八，批判子学研究者的缺陷，为新子学研究指示门径。

章太炎构建的新子学话语体系在与子学研究者的论战中得到不断发展，章太炎批判民国时期治老、庄、墨者"不得其本"，仅仅就"义理"而谈"义理"，就本书而谈本书，互相抄袭，以讹传讹，而不是"先明群经史传"，没有进行"多证""旁证"与"会通"，"其间颇有说老庄、理墨辩者，大抵口耳剽窃，不得其本。盖昔人之治诸子，皆先明群经史传而后为之，今即异是。皮之不存，毛将焉附耶？"②《菿汉闲话》阐述了新子学研究必须立足于"训故事实""文字音义"基础之上，其言云："曩胡适之与家行严（章士钊）争解《墨经》，未有所决。余尝晓之曰：'昔人治诸子多在治经后，盖训故事实，待之证明，不欲以空言臆决也。今人于文字音义多未昭晰，独喜治诸子为名高，宜其多不安隐矣。'时有难者曰：'郭象岂通经明小学者，而注《庄子》，后来莫及。公何未之思耶？'余曰：'郭氏专意玄言，自由传授，则不藉通经明小学而得之。然大体遂得，义训犹不免粗疏。今之治诸子者，本非专门，乃是从旁窥伺，如王怀祖与曲园先生皆是。然则微旨固难审知，而知者特文句耳。非得其训故，稽其事实，何由说之？'"③

二、章氏新子学话语体系的特点

近代子学研究成为热潮，致力于子学研究者如过江之鲫，王国维、梁启超、胡适、吴虞、吕思勉、陈柱、蒋伯潜、罗根泽、支伟成、郎擎霄、冯友兰、钱穆、陈登元、郭沫若、侯外庐、杨荣国等纷纷介入新子学话语体系建构，有专注研究儒家的，如冯友兰、钱穆、贺麟、熊十力、马一浮、梁漱溟等；有专注研究墨家的，如王桐龄、栾调甫、伍非百、方授楚、蔡尚思、杜国庠等，有专注研究道家的，如严复、马叙伦、蒋锡昌、顾实、高亨、杨大膺、张默生、程辟金、

---

① 章太炎全集（演讲集上）[M].章念驰编订.上海：上海人民出版社，2015：5.

② 章太炎自述（1869—1936）[M].文明国编.北京：人民日报出版社，2011：218.

③ 章太炎自述（1869—1936）[M].文明国编.北京：人民日报出版社，2011：204.

王叔岷、孙思昉、蒙文通、王力等；有专注研究法家的，如陈启天、陈烈、谢无量、曹谦等，也有综合研究的，如梁启超、胡适、郭沫若、陈柱、吕思勉、侯外庐等。近代中国，身处"新战国时代"，面对"千年大变局"，子学研究呈现出勃勃生机，子学研究成果蔚为大观，新子学话语体系异彩纷呈。相比近代诸贤而言，章氏新子学话语体系有何特点？

其一，开创性（典范性）。

章氏新子学话语体系，被胡适、钱穆、庞俊、李泽厚、姜义华、严寿澂等不少学者公推为近代中国新子学（新哲学）话语体系的奠基人，具有新子学的独创性、典范性、条理性、现代性、哲学性。胡适谓，到章太炎，"方才于校勘训诂的诸子学之外，别出一种有条理系统的诸子学"，[①] 钱穆谓"最先为余杭章炳麟，以佛理及西说阐发诸子，于墨、庄、荀、韩诸家皆有创见"，[②] 庞俊谓章氏新子学为"三百年来所未有，此天下之公言也"，"先后作《原道》《原名》《明见》《辨性》《道本》《道微》《原墨》诸篇，精辟创获，清儒不能道其片言。其说始出，闻者震惊，而卒莫之能易"，[③] 严寿澂谓章氏新子学为"今日'新子学'之典范也"，"融合新旧，但绝不依傍门户，而是由我做主"，[④] 章氏子学即其哲学，李泽厚谓章氏综合古今中外构建了第一个"严格意义上的哲学体系"，[⑤] 姜义华谓章氏名副其实是中国第一个和西方哲学进行高层次对话、并自觉努力构建"自己哲学与宗教学体系"的学者。[⑥] 汪荣祖谓其"以传统中最富思想创造力的大乘佛教为主，发扬庄子齐物眇义，参观德国唯心之学，以寻求新哲学体系的建构"[⑦]。

其二，应世性（革命性与救国性）。

章氏"生直乱衰，涉历艰虞，博观前史，知古今成败祸福之端。初治韩非、

①　胡适.中国哲学史大纲 [M].北京：商务印书馆，2011：21.

②　钱穆.国学概论 [M].北京：商务印书馆，1997：322.

③　傅杰编校.章太炎学术史论集 [M].昆明：云南人民出版社，2007：488、490.

④　章念驰.章太炎生平与学术（下）[M].上海：上海人民出版社，2016：904、920.

⑤　李泽厚.章太炎剖析 [J].历史研究 1978（3）.

⑥　姜义华.章太炎与中国现代学术的奠定 [M]// 余杭章太炎故居纪念馆编.章太炎逝世八十周年暨章太炎故居保护开放三十周年纪念文集.上海：上海人民出版社，2017:5.

⑦　汪荣祖.康章合论 [M].北京：中华书局，2008:91.

荀卿之书，独有深契；次及墨翟、庄周，益多心得"，① 在"生直乱衰，涉历艰虞"的"新战国时代"，章氏把自己的学术研究和理论斗争，"自觉地同国家前途、民族命运、人民利益密切联系起来，同自己所献身的政治理想紧紧结合在一起"，② 故其新子学话语体系具有强烈的应世性，其《自述学术次第》云："余既解《齐物》，于老氏亦能推明。佛法虽高，不应用于政治社会，此则惟待老庄也，儒家比之，邈焉不相逮矣。"③ 章氏新子学话语体系构建，属于"以'文'为手段的'清季思想革命'"④ 的核心构成部分，是辛亥革命（"文"的革命）的主体内容之一，章氏自言，"从前主张推倒满清，所以要研究国学"。⑤ 理论与实践相结合，是章氏新子学话语体系的一个显著特征，"从实际问题探索思想，再由思想解决实际问题"，⑥ 章氏自谓"始则转俗成真，终乃回真向俗"。⑦ 章氏新子学话语体系具有鲜明的应世性，是"由尘世世界激烈的社会动荡，狂怒的革命风暴，政治、经济、教育、科学、文化等生活的各个方面所发出的挑战所推动"。⑧

其三，启蒙性。

章氏是近代中国思想解放运动的先驱者，是有巨大人格魅力与实际影响的启蒙思想家，被称为"中国的卢梭""中国的马志尼""晚清激进青年导师"。⑨ 其思想受到西方启蒙思想和其他西方思想的严重影响，如社会进化论、唯物论、理性论、民主共和论、革命论、平等论、法治论、自由主义、民族主义、社会

① 傅杰编校. 章太炎学术史论集 [M]. 昆明：云南人民出版社，2007:490.

② 章念驰. 论章太炎先生的学术成就 [J]. 史林，1990(1).

③ 章太炎全集（太炎文录补编）[M]. 马勇整理. 上海：上海人民出版社，2017:495.

④ 林少阳. 鼎革以文——清季革命与章太炎"复古"的新文化运动 [M]. 上海：上海人民出版社，2018:17.

⑤ 章太炎. 我们最后的责任 [J]. 醒狮周报，1925(58)，1925–11.

⑥ 汪荣祖. 康章合论 [M]. 北京：中华书局，2008:92.

⑦ 章太炎全集（菿汉微言，等）[M]. 虞云国，马勇整理. 上海：上海人民出版社，2015：70–71.

⑧ 姜义华. 论章太炎思想学术的现代品格 [M]// 余杭章太炎故居纪念馆编. 章太炎逝世八十周年暨章太炎故居保护开放三十周年纪念文集. 上海：上海人民出版社，2017：17.

⑨ 林少阳. 鼎革以文——清季革命与章太炎"复古"的新文化运动 [M]. 上海：上海人民出版社，2018：57.

主义、无政府主义等，但后来对西方思想进行了深刻的反思与严肃的批判，"自由来往于经学、子学、佛学与西学之间"。① 其建构的新子学话语体系，"打破了被儒家独尊的封闭的神秘壁垒的束缚，拆散了被中古崇拜孔子偶像的奥堂，揭示了千百年来对孔子偶像崇拜的危害，建立了一个近代人眼光下所见的古代思维世界，对当时康有为等主张的尊奉孔教的观点，以及宋明理学对人们思想的长期束缚，起了思想大解放的作用。"②

其四，批判性。

章太炎构建的学术话语体系，包括新子学话语体系，其批判的锋芒无所不在，既被称为"以现代性反击现代性，以西学挑战西方"③ 的西方现代性批判者，又被称为"批判传统的传统重构者"④。既批判西方的殖民主义、帝国主义，也批判西方的现代性话语霸权；既批判西方制度与文化，也批判中国制度与文化；既批判中国传统政治与文化，"批评历史上的专制政治及其他的思想文化基础的学说"，⑤ 也批判中国现实政治与文化；既批判清政府，也批判北洋政府与国民政府；既批判维新派、立宪派与保皇派，也批判无政府主义者与革命派；既批判新公羊学派、孔教派，也批判新文化派与古史辨派；既批判敌人，也批判朋友与自己，章氏的批判具有广泛性、彻底性与深刻性，以至于被日本学者河野悌一称之为"否定的思想家"⑥。对西方现代性与殖民主义的批判是"重中之重"，彻底批判了"西方哲学目的论、进化论、神学化与理性形而上学"的倾向，⑦ 不仅仅攻击了不平等，"更是将矛头同时指向线性时间观、'公理'及新浮现

---

① 汪荣祖. 康章合论 [M]. 北京：中华书局，2008：29.

② 章念驰. 论章太炎先生的学术成就 [J]. 史林，1990（1）.

③ 余艳红. 传统、现代与现代之后——章太炎的思想世界 [M]. 北京：中国社会科学出版社，2017：80.

④ 林少阳. 鼎革以文——清季革命与章太炎"复古"的新文化运动 [M]. 上海：上海人民出版社，2018：105.

⑤ 王汎森. 传统的非传统性——章太炎思想中的几个面向. 章太炎的思想——兼论其对儒学传统的冲击 [M]. 上海：上海人民出版社，2018：4.

⑥ 章念驰. 章太炎生平与学术（上）[M]. 上海：上海人民出版社，2016：488.

⑦ 孟琢. 齐物论释疏证 [M]. 上海：上海人民出版社，2019：前言 27.

出的世界观"，①成为"第一位批判黑格尔哲学的中国思想家"，②其锋芒指向"正是帝国主义殖民文化"。③章氏在辛亥革命时期也激烈地批判孔子与儒家，以诸子书中的孔子事迹为依据，"写成非儒反孔最为激烈的《诸子学略说》"。④章氏学术话语体系的批判性，"以全面性、尖锐性、深刻性为其特色"。⑤

其五，现代性。

章氏新子学话语体系不是考据训诂的，不是守旧的，而是现代性反思的，也是现代性建构的，对西方现代性，既吸收其合理成分又批判其西方中心主义与文化殖民主义，对中国传统文化，既传承其合理成分又加以现代性改造，具有显著的现代性特征，成为"中国现代性"的主要奠基人，也是最早的"中国式现代化"方案的主要设计师，"章太炎无疑是中国现代思想史上对现代观念作出了深刻反省的思想家。"⑥从《訄书》到《检论》多易其稿，说明章氏在设计"中国式现代化"方案时反复思考，反对斟酌，反复论证。《齐物论释》的写作，说明他深入探求"中国现代性"的良苦用心。《国故论衡》的精心结撰，说明他对中国文化现代化的严肃思考。汪荣祖从多元现代性视角，谓章氏是"中国现代性的一位主要建构人"，他"完成多元文化的思想表述，可说是一种特殊的中国现代性建构"。⑦余艳红从"现代性批判"视角，谓章氏建构了"近代中国一整套'现代性批判'的话语体系"⑧

① 章念驰.章太炎生平与学术（下）[M].上海：上海人民出版社，2016：967.

② 林少阳.鼎革以文——清季革命与章太炎"复古"的新文化运动 [M].上海：上海人民出版社，2018：27.

③ 孟琢.齐物论释疏证 [M].上海：上海人民出版社，2019：前言 27.

④ 王汎森.章太炎的思想——兼论其对儒学传统的冲击 [M].上海：上海人民出版社，2018：214.

⑤ 姜义华.论章太炎思想学术的现代品格 [M]// 余杭章太炎故居纪念馆编.章太炎逝世八十周年暨章太炎故居保护开放三十周年纪念文集.上海：上海人民出版社，2017：13.

⑥ 蔡志栋.章太炎后期哲学思想研究 [M].上海：上海社会科学院出版社，2013:23.

⑦ 章念驰.章太炎生平与学术（下）[M].上海：上海人民出版社，2016:699.

⑧ 余艳红.传统、现代与现代之后——章太炎的思想世界 [M].北京：中国社会科学出版社，2017：3.

其六，传承创新性。

章太炎是"中国近代首屈一指的国学大师"，[①] 被称为"最早倡扬国学思想和加以热烈弘扬的人"，[②] 钱穆推许章氏为，"晚近世称大师，而真能有民族文化之爱好者，其惟在太炎乎！"[③] 章氏新子学话语体系具有强烈的传承性，但由于他"博极群籍又转益多师，故他的思想渊源极为复杂"，既传承先秦诸子的知识系统、价值系统与国家治理话语体系，又对其进行创造性转化改造，"既反对毫无保留地吸收西学，却又对传统重新加以塑造"，吸收了老子、孔子、墨子、庄子、商鞅、惠施、公孙龙、荀子、韩非等诸子思想中有益于建构中国自己的现代性的部分。既继承了中国传统的考据学与义理学方法，尤其是传承了清乾嘉以来"以子证经"的考据学传统与方法（继承老师俞樾"经子兼治"风格），又在此基础上加以超越，创造了"以经证子""以子证子""以西证子""以佛证子""以史证子"等多种新的考据方法与诠释方法。既继承了博大精深的佛学文化，尤其是唯识学的知识系统与价值系统，又通过庄学、老学、儒学、西学对唯识学进行创造性转化，推动了新唯识学的兴起。既顺应了清代子学复兴的潮流（王汎森谓章氏"受诸子学兴起的影响极为巨大"[④]），在子学复兴之中有进一步的推动之功，又别开一种胡适称之为"有条理系统的诸子学"，[⑤] 成为近代新子学话语体系的奠基人。章氏的传承是以创新为目的的传承，"无意一味保守，而是要在文化上作创造性的承先启后的工作。"[⑥]

其七，平等性。

章氏新子学话语体系彻底摆脱了"儒家独尊""经学独尊"的传统，赋予诸子与儒家在思想与学术方面平等的地位，降儒家为诸子，降经学为史学，转子学为哲学，亦转子学为史学。批判汉以来"儒学中心"的中国学术思想叙述架构，而"高扬更为古老的先秦诸子学，并认为儒家虽尤为重要，但也只是

① 孟琢.齐物论释疏证 [M].上海：上海人民出版社，2019: 前言 1.

② 陈学然.再造中华——章太炎与"五四"一代 [M].上海：上海人民出版社，2020：79.

③ 傅杰编校.章太炎学术史论集 [M].昆明：云南人民出版社，2007：494.

④ 王汎森.章太炎的思想——兼论其对儒学传统的冲击 [M].上海：上海人民出版社，2018：25、12、33.

⑤ 胡适.中国哲学史大纲 [M].北京：商务印书馆，2011：21.

⑥ 汪荣祖.康章合论 [M].北京：中华书局，2008：91.

诸子学中的重要一员，而非唯一，由此为被压抑千年的诸子学之复兴而振臂一呼。"①把儒家视为诸子中的一个流派，"以诸子配孔"，②"使其相对化，从而打破和扭转了以前所谓绝对化的孔子观。"③儒学经典被看作是史书，"孔子被降格为地位仅与刘歆相同的古代历史学者"。④虽然，章氏结合当时的需求与自己的认知，先后推崇过荀子、韩非、墨子、庄子、老子、颜回、孔子，但总体上看，还是诸子平等，没有偏于一家。虽然章氏推崇过佛学，"一度认为佛典远过晚周诸子不可计数"，⑤但后来章氏还是把佛学与诸子看成是平等的。章氏亦推崇过西学，尤其是其进化论与社会学，但后来也把西学与诸子视为平等。章氏在发明"齐物哲学"之后，一切思想、学术、文化都被彻底平等化了。

其八，会通性。

章氏新子学话语体系具有贯通诸子、会通中西、打通古今、打通子学经学史学的特点，"不务琐碎，而抉其却窾，观其会通，绝经生党枯之习，黜末师诡诞之论。"⑥胡适谓"太炎的《原道》《原名》《明见》《原墨》《订孔》《原法》《齐物论释》都属于贯通的一类"。⑦梁启超谓章氏《国故论衡》中"《原名》《明见》诸篇，始引西方名学及心理学解《墨经》，其精绝处往往惊心动魄"。⑧侯外庐谓章氏"运用古今中外的学术，糅合而成一家言"。⑨庞俊谓章氏把"新知旧学，融合无间，左右逢源，卓然见文化之根本"，⑩许嘉璐谓章氏能够会通"文

---

① 林少阳.鼎革以文——清季革命与章太炎"复古"的新文化运动 [M].上海：上海人民出版社，2018：75.

② 汪荣祖.康章合论 [M].北京：中华书局，2008：91.

③ 章念驰.章太炎生平与学术（上）[M].上海：上海人民出版社，2016：502.

④ 陈学然.再造中华——章太炎与"五四"一代 [M].上海：上海人民出版社，2020:82.

⑤ 王汎森.章太炎的思想——兼论其对儒学传统的冲击 [M].上海：上海人民出版社，2018:36.

⑥ 陈平原，杜玲玲.追忆章太炎 [M].北京：生活·读书·新知三联书店，2009：49.

⑦ 胡适.中国哲学史大纲 [M].北京：商务印书馆，2011：21.

⑧ 梁启超.中国近三百年学术史 [M].长沙：岳麓书社，2009：244.

⑨ 朱浤源.《民报》中的章太炎 [M]// 章念驰.章太炎生平与学术（上）.上海：上海人民出版社，2016：319.

⑩ 傅杰编校.章太炎学术史论集 [M].昆明：云南人民出版社，2007：490.

字、音韵、训诂、目录、版本、校勘、辑佚、辨伪、沿革地理诸学"，① 姜义华谓"无论是佛、庄、孔、老，以及西学都是他的思想资源与手段，目的要在利用这些资源与手段来解决文化问题，表达自己的思想"。② 蔡志栋谓章氏"把唯心主义（真如哲学）和唯物主义（国粹）巧妙地结合在一起，虽然其中不乏紧张"。③ 胡适分析章氏何以能"贯通"，谓其"正因精于佛学，先有佛家的因明学、心理学、纯粹哲学，作为比较印证的材料，故能融会贯通，于墨翟、庄周、惠施、荀卿的学说里面寻出一个条理系统"。④

其九，变化性。

章氏新子学话语体系既具有稳定性，又具有多变性，是稳定性与多变性的结合。就其内在格局而言，章氏新子学话语体系变动不居的背后有一个"真如本体论体系"。⑤ 这个"真如本体论体系"可以称之为"真如哲学"，或"齐物哲学"，是章氏独创的哲学。章氏学术既具有传承性、创新性、启蒙性、现代性、应世性、会通性、平等性等显著特征，又"始终处于变动不居之中"⑥ "经常露出两面性与多变性"，⑦ 王汎森谓"章氏的思想变迁是极繁复的"，⑧ 章氏新子学话语体系变迁，从其新子学方法而论，大体经历"朴学、义理、经典重建"三个时期；从其新子学结构而论，大体经历"儒（荀子）法（韩非）并重""佛（唯识学）道（老庄）并重""儒（孔颜之道）道（老庄之道）互补"三个时期，⑨ 即大体经历从推崇荀子、韩非、管子、墨子，以荀子"持衡诸子"，⑩ 到推重大乘佛学、老子、庄子，以唯识学释庄，以庄释老，建立"齐物哲学"，到推

① 章太炎全集（附录）[M]. 上海：上海人民出版社，2017：序 3.

② 章念驰. 章太炎生平与学术（下）[M]. 上海：上海人民出版社，2016：717.

③ 蔡志栋. 章太炎后期哲学思想研究 [M]. 上海：上海社会科学院出版社，2013：69.

④ 胡适. 中国哲学史大纲 [M]. 北京：商务印书馆，2011：21.

⑤ 蔡志栋. 章太炎后期哲学思想研究 [M]. 上海：上海社会科学院出版社，2013：13.

⑥ 周东华，张君国主编. 章太炎和他的时代 [M]. 上海：上海人民出版社，2020：16.

⑦ 余艳红. 现代与现代之后——章太炎的思想世界 [M]. 北京：中国社会科学出版社，2017：222.

⑧ 王汎森. 章太炎的思想——兼论其对儒学传统的冲击 [M]. 上海：上海人民出版社，2018：22.

⑨ 罗检秋. 近代诸子学与文化思潮 [M]. 北京：中国社会科学出版社，1998：146–150.

⑩ 章太炎全集（太炎文录补编）[M]. 马勇整理. 上海：上海人民出版社，2017：32.

重"域中四圣"（文王、老子、孔子、庄子），推重孔颜之道，强调"读经尊孔"，①强调"尊重孔子，尤为当务之急"。②章氏《自定年谱》谈到自己在第一阶段的子学思想，即在戊戌维新时期"持论不出《通典》《通考》《资治通鉴》诸书，归宿则在孙卿、韩非"。③其《兴浙会章程》则详细表述了自己第一阶段的子学思想，"子以《管》《墨》为最要，至荀子则优入圣域，固仲尼后一人。持衡诸子，舍兰陵其谁哉？"④《自述学术次第》谈到自己从第一阶段向第二阶段的演变，即从"少年独治经史、《通典》诸书，旁及当代政书，不好宋学，尤无意于释氏"，转向研治法相唯识学、庄子与老子之学的演变过程。⑤其《菿汉微言》更具体地谈到自己从第一阶段向第二阶段的演变，即从"博观诸子，略识微言，亦随顺旧义耳""独于荀卿、韩非所说，谓不可易"，到精心研治庄子、"端居深观，而释《齐物》，而与《瑜伽》《华严》相会，所谓摩尼见光，随见异色，因陀帝纲，摄入无碍，独有庄生明之，而今始探其妙，千载之秘，睹于一曙""次及荀卿、墨翟，莫不抽其微言"的变化过程。⑥1920年10月25日，章氏在长沙第一师范学校演讲，则开始谈自己如何从第二阶段向第三阶段演变，即从"倾倒佛法，鄙薄孔子、老、庄"到推重孔子、老、庄子的"切于人事"，尤其推重孔子"有法度可寻"的变化过程。⑦

其十，系统性、全面性与深刻性。

章氏新子学话语体系，具有子学研究的系统性与全面性，遍及道家、儒家、墨家、名家、法家，遍及老子、孔子、墨子、惠施、庄子、公孙龙、荀子、韩非等人，对各家既进行了单独分析，又进行了源流分析、比较分析与贯通分析；章氏新子学话语体系也具有子学研究的深刻性，其建构"齐物哲学"的《齐物

---

① 章太炎全集（演讲集下）[M].章念驰编订.上海：上海人民出版社，2015：599.
② 章太炎全集（演讲集下）[M].章念驰编订.上海：上海人民出版社，2015：618.
③ 章太炎自述（1869—1936）[M].文明国编.北京：人民日报出版社，2011:8.
④ 章太炎全集（太炎文录补编）[M].马勇整理.上海：上海人民出版社，2017：32.
⑤ 章太炎全集（太炎文录补编）[M].马勇整理.上海：上海人民出版社，2017：494–495.
⑥ 章太炎全集（菿汉微言，等）[M].虞云国，马勇整理.上海：上海人民出版社，2015：69–70.
⑦ 章太炎全集（演讲集上）[M].章念驰编订.上海：上海人民出版社，2015：288.

论释》，① 章氏自称"字字可解"②"一字千金"③"千六百年未有等匹"④"千载之言，睹于一曙"，⑤ 学界称其为"更为空前的著作"⑥"章太炎研究庄子学的顶峰之作"⑦"相对主义的代表作"⑧"对'人与人相食之世'的哲学抗辩"⑨"为二千年来儒墨九流破封执之扃，引未来之的"⑩"虽间有牵合处，然确能为研究'庄子哲学'者开一新国土"，⑪ 代表"中国传统哲学的近代高峰"⑫"系统地反映章太炎关于中国社会文化秩序重建学说的一篇最重要文献"。⑬ 揭开章氏新子学话语体系构建序幕的《訄书》，⑭"是一本具有原创性与批判力的书"，⑮ 其初刻本被称为"对两千年来支配着人们思想与行为的范式提出了挑战"，⑯ 其修订本被称为"颠覆传统的思维方式"。⑰ 其新子学话语体系建构的早期代

---

① 据孟琢考证，《齐物论释》初本作于 1908—1911 年，最初刊于 1912 年，定本作于 1915—1916 年，最初刊于 1919 年。

② 章太炎全集（太炎文录补编）[M]. 马勇整理. 上海：上海人民出版社，2017：495.

③ 章太炎全集（太炎文录补编）[M]. 马勇整理. 上海：上海人民出版社，2017：494.

④ 章太炎全集（书信集下）[M]. 马勇编. 上海：上海人民出版社，2017：746.

⑤ 章太炎全集（菿汉微言，等）[M]. 虞云国，马勇整理. 上海：上海人民出版社，2015：70.

⑥ 胡适. 中国哲学史大纲 [M]. 北京：商务印书馆，2011：21.

⑦ 余艳红. 传统、现代与现代之后：章太炎的思想世界 [M]. 北京：中国社会科学出版社，2017：34.

⑧ 何成轩. 章太炎的相对主义真理观探索 [J]. 哲学研究，1982（1）.

⑨ 姜义华. 章炳麟评传 [M]. 上海：上海人民出版社，2019：449.

⑩ 章太炎全集（齐物论释，等）[M]. 沈延国等点校. 上海：上海人民出版社，2014：69.

⑪ 梁启超. 清代学术概论 [M]. 朱维铮校订. 北京：中华书局，2011：142.

⑫ 孟琢. 齐物论释疏证 [M]. 上海：上海人民出版社，2019：前言 2.

⑬ 王玉华. 多元视野与传统的合理化——章太炎思想的阐释 [M]. 上海：上海人民出版社，2018：182.

⑭ 据朱维铮考证，《訄书》初本作于 1894—1900 年，最初刊于 1900 年，重订本作于 1901—1904 年，最初刊于 1904 年。

⑮ 汪荣祖. 康章合论 [M]. 北京：中华书局，2008：78.

⑯ 姜义华. 章炳麟评传 [M]. 上海：上海人民出版社，2019：324–325.

⑰ 姜义华. 章炳麟评传 [M]. 上海：上海人民出版社，2019：480.

表作《诸子学略说》，被称为"对后来的新文化运动产生了极大影响力"。^①
其系统而深入建构新子学话语体系的《国故论衡》，章氏自称为"较陈兰甫《东
塾读书记》过之十倍，必有知者，不烦自诩也"，^②学界称之为"不朽之作"^③"精
审的著作""在近来讨论国故的书籍里面，纵未必是最精审的，亦必是最精审
的一种了"^④"下卷皆论诸子，而《原名》《明见》诸篇，尤精辟有创见"^⑤"实
即是一种新文化运动"^⑥，属于"诸子思想的新诠释""给诸子学注入了新的生命，
使其思想资源重新活跃起来"^⑦"体大思精、最具代表性的关于中国语言文字学、
文学和哲学思想的概论性著作"^⑧"重新构建起既基于传统而又广泛采纳西学
的学术大厦"。^⑨其系统反思中国文化体系的《检论》被称为"备论古今学术，
皆有系统"^⑩"为如何全面了解中国文化创建一种结构，树立一个标准"。^⑪其
会通佛、西、经、子、儒的《菿汉微言》，章氏自谓"虽多言玄理，亦有讽时
之言"，^⑫梁启超高度评价为"深造语极多"，^⑬钱穆谓"亦多深思"。^⑭其转"子学"
为"哲学"的《国学概论》，汤志钧认为"在当时是深具影响的"，^⑮其弟子

① 黄燕强 . 由朴学转向义理——章太炎诸子学思想演变的考察 [M]// 余杭章太炎故居纪念
馆编 . 章太炎逝世八十周年暨章太炎故居保护开放三十周年纪念文集 . 上海：上海人民出版社，
2017：36.

② 章太炎全集（书信集下）[M]. 马勇编 . 上海：上海人民出版社，2017：755.

③ 曹聚仁 . 中国学术思想史随笔（修订本）[M]. 章念驰校订 . 北京：生活·读书·新知
三联书店，2012：10.

④ 毛子水 . 国故和科学的精神 [J]. 新潮，1919，1（5）.1919–05.

⑤ 钱穆 . 国学概论 [M]. 北京：商务印书馆，1997：323.

⑥ 钱穆 . 中国学术思想论丛（八）[M]. 北京：生活·读书·新知三联书店，2009.

⑦ 姜义华 . 章炳麟评传 [M]. 上海：上海人民出版社，2019：421、449.

⑧ 章太炎 . 国故论衡 [M]. 北京：商务印书馆，2010：286–287.

⑨ 章太炎 . 国故论衡 [M]. 上海古籍出版社，2011：10.

⑩ 钱穆 . 国学概论 [M]. 北京：商务印书馆，1997：323.

⑪ 姜义华 . 章炳麟评传 [M]. 上海：上海人民出版社，2019：480.

⑫ 章太炎全集（菿汉微言，等）[M]. 虞云国，马勇整理 . 上海：上海人民出版社，
2015：71.

⑬ 梁启超 . 清代学术概论 [M]. 朱维铮校订 . 北京：中华书局，2011：142.

⑭ 钱穆 . 国学概论 [M]. 北京：商务印书馆，1997：323.

⑮ 章太炎 . 国学概论 [M]. 曹聚仁整理 . 上海：上海古籍出版社，1997：19.

曹聚仁则谓"全国大中学采用最多的，还是章太炎师讲演、我所笔录的那部《国学概论》，上海泰东版、重庆文化服务版、香港创垦版，先后发行了三十二版，日本也有过两种译本"。①

三、章氏新子学话语体系的价值

章氏新子学话语体系，对近现代中国思想、文化、学术、政治、现代化发展方面都有重要价值，大体上可以从思想解放、中国文化的传承与创造、现代学术话语体系建设、近代民族革命与民族国家认同建设、现代性方案与现代化建设五个维度来加以观察与思考。

其一，就思想价值而言，解放思想，启迪人心，具有启蒙的价值。

章太炎属于"清末民初思想解放运动中的两位先锋人物"之一，②"晚清第一个揭阐'以理杀人'的学者"，③章氏领导的清季新国学运动（"国粹主义"思潮），即"复古"的"新文化运动"，包括其新子学话语体系的建构，被称之为"文"的"革命"，既批判孔子、孔教与儒学，"拒绝儒学的独尊与正统地位"，属于"反传统的第一代"，④又批判源于西方现代性中的"国家""进化""惟物""公理""科学""民主""平等""无政府主义"等，章氏由此被称之为"'文'之革命家，'文'之革命导师"，⑤其对孔子、经学、儒学与孔教的批判，被认为"对'去传统化'起过重大的作用"。⑥章氏新子学话语体系，迅猛地冲击了"儒学独尊""经学独尊"的封建正统史观，"真是对封建正统史观的大不敬，是对封建统治思想基石的一大反动，真是惊世骇俗，

---

① 曹聚仁.中国学术思想史随笔（修订本）[M].章念驰校订.北京：生活·读书·新知三联书店，2012：3.

② 汪荣祖.康章合论[M].北京：中华书局，2008：94.

③ 王汎森.章太炎的思想——兼论其对儒学传统的冲击[M].上海：上海人民出版社，2018:121.

④ 汪荣祖.康章合论.北京：中华书局，2008：91、121.

⑤ 林少阳.鼎革以文——清季革命与章太炎"复古"的新文化运动[M].上海：上海人民出版社，2018：55.

⑥ 王汎森.传统的非传统性——章太炎思想中的几个面向.章太炎的思想——兼论其对儒学传统的冲击[M].上海：上海人民出版社，2018：14.

对清末思想的大解放，具有惊石破浪的作用，对当时新旧两代知识分子的觉醒，具有重大影响。"①章氏新子学话语体系，对五四新文化运动发生了绝大的影响，"我们试读一读五四前《新青年》中发表的吴虞同陈独秀等人反孔文章的论点，不少是本于太炎的。不过又根据当时的新的形势，作了进一步的阐发罢了"，②五四激进知识分子在批判儒学、否定孔教、推重诸子学方面直接受章太炎的启发，"胡适、吴虞、易白沙、陈独秀等人均在否定孔教、批判传统儒学的同时，推重先秦非儒学派。"③无论就思想解放的广度，还是深度而言，章氏"对近代中国思想解放所作的贡献，难以磨灭"。④

其二，就文化价值而言，接续中国传统文化，进行创造性转化，具有对中国文化进行"传承再造"的价值。

章太炎被学界公认为"清学正统派（古文经学）的殿军"⑤"清代考证学的大师"⑥"集一代小学之大成"⑦"学术集古今大成"，⑧以章氏之见，文化"不能承先，也就不能启后"，⑨故章氏之学非"文化保守主义"，而是属于"继往开来之学"⑩"上承戴东原（震）、段懋堂（玉裁）、王怀祖（念孙）、王伯之（引之）、俞曲园（樾）之绪余；下启近代各专门学科之兴盛"，⑪成为"中国现代学术的奠基者""构建了具有鲜明现代性的新的学术体系"，开创现代语言学，"使语言学作为一个全新的学术体系得以诞生"⑫"近代中国最早建立哲学系统"

---

① 章念驰. 章太炎生平与学术（下）[M]. 上海：上海人民出版社，2016：590.

② 任访秋. 任访秋文集（上）[M]. 开封：河南大学出版社，2013：193.

③ 罗检秋. 近代诸子学与文化思潮[M]. 北京：中国社会科学出版社，1997：166.

④ 汪荣祖. 康章合论[M]. 北京：中华书局，2008：121.

⑤ 梁启超. 清代学术概论[M]. 北京：中华书局，2011：141.

⑥ 曹聚仁. 中国学术思想史随笔（修订本）[M]. 章念驰校订. 北京：生活·读书·新知三联书店，2012：10.

⑦ 章太炎学术史论集[M]. 傅杰编校. 昆明：云南人民出版社，2007：488.

⑧ 章太炎全集（附录）[M]. 上海：上海人民出版社，2017：7.

⑨ 汪荣祖. 康章合论[M]. 北京：中华书局，2008：92.

⑩ 章太炎学术史论集[M]. 傅杰编校. 昆明：云南人民出版社，2007：492.

⑪ 章太炎全集（附录）[M]. 上海：上海人民出版社，2017：序3.

⑫ 姜义华. 章太炎与中国现代学术的奠定[M]// 余杭章太炎故居纪念馆编. 章太炎逝世八十周年暨章太炎故居保护开放三十周年纪念文集. 上海：上海人民出版社，2017：4-5.

的两人（康有为与章太炎）之一，[①]"建立了一个糅合如来藏系统、阿赖耶识系统、庄子哲学以及西方哲学（主要是康德哲学，也涉及休谟哲学）的真如思想体系"，[②]其立足于中华文明根基与"千年大变局"现实需求基础上对"古今中外"的解构与建构，"蕴含着深刻的思想价值，为中国文化的未来发展提供了重要启示。"[③]

其三，就学术价值而言，开拓近代学术话语体系，具有建设中国人文社会科学话语体系的参考价值。

章太炎是近代中国新子学（哲学）话语体系的奠基人，"论晚清以来'新子学'，不得不以太炎为巨擘"，[④]章氏"开创了现代意义上的中国诸子学"，[⑤]其子学思想的影响"似乎较之王国维、梁启超、刘师培等更为深广"。[⑥]章氏新子学话语体系，对"建立典范"[⑦]的胡适发生了深刻的影响，以至于胡适在新文化运动时期倡导"非儒学派的复兴"，"毛氏（毛以亨）是当时北大学生，对太炎与胡适之思想关联有生动的观察。他说：'据我所知，胡先生之墨子，系取太炎先生的说而发挥之（在港遇钱宾四，宾四亦以为然），其实岂只墨子，胡先生乃唯一能发扬太炎之学的人。'又说'他在西斋时，即将《章氏丛书》，用新式标点符号拿支笔来圈点一遍，把每句话都讲通了，深恐不合原意，则询于钱玄同，玄同不懂时，则问太炎先生自己'、'太炎先生诋先生不懂小学。我曾对他说，你的学问，当以胡先生为唯一传人，你的话只为他能完全懂得而加以

---

① 汪荣祖. 康章合论 [M]. 北京：中华书局，2008：100.

② 蔡志栋. 章太炎后期哲学思想研究 [M]. 上海：上海社会科学院出版社，2013：158–159.

③ 孟琢. 齐物论释疏证 [M]. 上海：上海人民出版社，2019：前言28.

④ 章念驰. 章太炎生平与学术（下）[M]. 上海：上海人民出版社，2016：902.

⑤ 姜义华. 论章太炎思想学术的现代品格 [M]// 余杭章太炎故居纪念馆编. 章太炎逝世八十周年暨章太炎故居保护开放三十周年纪念文集. 上海：上海人民出版社，2017：12.

⑥ 黄燕强. 由朴学转向义理——章太炎诸子学思想演变的考察 [M]// 余杭章太炎故居纪念馆编. 章太炎逝世八十周年暨章太炎故居保护开放三十周年纪念文集. 上海：上海人民出版社，2017：43.

⑦ 陈平原. 中国现代学术典范之建立——以章太炎、胡适之为中心 [M]. 北京：北京大学出版社，2010：157.

消化，并予以通俗化'。则章胡二人的思想关系可知矣。"① 章氏门人弟子也受到其新子学话语体系一定的影响，如缪篆有《齐物论释注》《国故论衡子部注》《检论注》等，徐复有《訄书详注》，曹聚仁有《中国学术思想史随笔》（在 1970 年《听涛室随笔》与 1973 年《国学十二讲》基础上整理而成）等。章氏不仅是近代新子学（哲学）话语体系的奠基人，亦是中国近代学术话语体系（新史学、语言文字学、新文学、政治学、社会学、法学等）的主要奠基人，构建了具有"鲜明现代性的新的学术体系"。② 章氏立足于"自国自心""回到中国的立场看中国的学术，非但不是滞后，甚至可以说颇有些超前"，③ 其影响近代学术巨大，梁启超谓其"影响于近年来学界者亦至巨"。④ 其"依自不依他"的态度与方法，其"现代性反思"的精神，对于当今中国学术话语体系的重构亦有重要的参考价值。

其四，就政治价值而言，以"国学"构建"国性"，推动近代民族革命与民族国家建设，具有创造近代中国民族认同与国家认同的价值。

章氏新子学话语体系是其新国学话语体系的核心构成，章氏以国学（四部之学）为史学，以"激励爱国的热肠"，对近代民族民主革命发生了绝大的影响，"'民族革命'是章太炎一生思想与生活中分量最重的一部分"，⑤ 章氏"以一代学人投身革命，发为振聋起聩之言词"⑥，成为"民族革命之大导师""其政治主张，始终以光复华夏，倡导民权为救亡之本，毕生弗谖。世之景仰大师者，多眩于师之学术文章，心焉向往，思想受其熏陶而不自觉，以海内文宗，朴学大师，躬践革命之鼓吹，导思潮于学术，几何不令人忘其为民族革命之大导师

---

① 王汎森 . 章太炎的思想——兼论其对儒学传统的冲击 [M]. 上海：上海人民出版社，2018：2–3.

② 姜义华 . 章太炎与中国现代学术的奠定 [M]// 余杭章太炎故居纪念馆编 . 章太炎逝世八十周年暨章太炎故居保护开放三十周年纪念文集 . 上海：上海人民出版社，2017：4.

③ 周东华、张君国主编 . 章太炎和他的时代 [M]. 上海：上海人民出版社，2020：17.

④ 梁启超 . 清代学术概论 [M]. 朱维铮校订 . 北京：中华书局，2011：143.

⑤ 王汎森 . 章太炎的思想——兼论其对儒学传统的冲击 [M]. 上海：上海人民出版社，2018：69.

⑥ 汪荣祖 . 康章合论 [M]. 北京：中华书局，2008：94.

耶！"①章氏亦以国学保存国性，卫护国性，建构国性，发展国性，充分发挥民族认同与国家认同的重要作用，"夫国于天地，必有与立，所不与他国同者，历史也，语言文字也。二者国之特性，不可失坠者也。"作为一位真正的爱国者，章氏自谓"尊信国史，保全中国语言文字，此余之之志也。"②章氏把经学、子学都视为广义史学的一部分，"史与经本相通，子与史亦相通。"章氏认为诸子百家之言，都不是"空谈无根"，而是以历史为依据，重在总结历史经验，以利于实行，"九流之言，注重实行，在在与历史有关。"③在章氏看来，"非惟六经皆史，四部之子、集两部，亦何者非史哉？"章氏推许韩非为伟大的政治学家，善于总结历史经验，亦是一位优秀的"史家"，"韩非子叙事，最明白易解，其引历史处亦甚多，堪称一代史家。"④

其五，就现代性价值而言，批判源于西方的现代性价值与现代化方案，建构中国自己的"现代性价值"，提出中国自己的"现代化方案"，对如何走"中国式现代化道路"有参考价值。

章氏新子学话语体系，以"齐物哲学"（"真如哲学"）为武器，对源于西方的现代性价值与现代化方案提出了激烈的批判。黑格尔被认为是"现代性的集大成者"，黑格尔哲学被认为是"现代性的哲学表达"，章太炎是近代中国第一个系统地批判黑格尔哲学的思想家。"章氏对黑格尔的批判可以当作对现代性批判的全息图像来解读。"⑤就其现代性价值而言，章氏主要批判西方的"社会进化论""历史目的论""理性论""公理论""文明论""竞争论"等，批判源于西方的现代性的单一性、统一性、总体性、有机性、唯一目标性、单线进步性等，提出"五无论""四惑论""无神论""新宗教论""无我论""俱分进化论""真如本体论""齐物论"（"文化多元论"）等具有中国特色的"现代性价值"。反对"横取他国已行之法"，⑥如西方的"议会制度""联邦制度""三权分立""政党政治""民族国家""私有经济"等，主张"以百姓

---

① 章太炎全集（附录）[M]. 上海：上海人民出版社，2017：139.
② 章太炎全集（演讲集下）[M]. 章念驰编订. 上海：上海人民出版社，2015：506.
③ 章太炎全集（演讲集下）[M]. 章念驰编订. 上海：上海人民出版社，2015：492.
④ 章太炎全集（太炎文录补编）[M]. 章念驰编订. 上海：上海人民出版社，2015：964.
⑤ 蔡志栋. 章太炎后期哲学思想研究 [M]. 上海：上海社会科学院出版社，2013：292.
⑥ 章太炎.《大共和日报》发刊辞 [N]. 大共和日报，1912-01-04.

心为心""因地制宜，不尚虚美""希望找出一套与西方议会政治有所不同的自由平等制度"，[①] 建设中国特色的民主共和制度，"我中华国民所望于共和者，在元首不世及，人民无贵贱"，[②] 提出"法治非专制论""良法美俗应保存论""代议然否论""诛政党论""五权分立论"（立法权、行政权、司法权、教育权、纠察权）等具有中国特色的"现代化方案"。

---

①　王汎森.章太炎的思想——兼论其对儒学传统的冲击 [M].上海：上海人民出版社，2018：100.

②　章太炎.《大共和日报》发刊辞 [N].大共和日报，1912-01-04.

第一章　章太炎与近代新老学话语体系的建构

　　章太炎确证老子为孔子师,同时对庄子与韩非子产生重大影响的历史人物,为中国哲学、历史学、道学、教育学、政治学的重要奠基人。章太炎对老子的评价很高,誉之为救世之"大医"。"余谓老子如大医,徧(遍)列方剂,寒热攻守杂陈而不相害,用之者则因其材性,与其时之所宜,终不能尽取也。"①因此,章太炎对于构建新老学话语体系极为重视,根据"时之所宜",针对不同的问题,通过构建新老学话语体系予以回应。1883年(光绪九年),十六岁时,开始"浏览老庄",是为章太炎学习老学之始。1888年(光绪十四年),二十一岁时,"绌读经训,旁理诸子史传,始有著述之志"。②章太炎开始构建近代新老学话语体系当从《訄书》初刻本(1894—1900)《儒道》开始,"余三四十岁时(1897—1907),绌《解老》《喻老》之文,稍得指要,其论议散在诸篇。"③到了《国故论衡》(1910)之《原道》与《检论》(1914—1915)之《道本》,章太炎新老学话语体系构建日趋成熟。章太炎构建的新老学话语体系精彩绝伦,能够把握老学的核心要义与微言大义。

一、老子其人其书考证与评价

　　章太炎对老子其人其书的考证,针对"史所未详,世多疑之",主要针对汪中(汪容甫)的老子晚出说。"老子生卒年月,史所未详,世多疑之。汪容甫遽谓老后于孔,彼据段干之封为言。按本传云:'老子之子名宗,宗为魏将,

---

① 章太炎全集(太炎文录续编)[M].黄耀先,饶钦农,贺庸点校.上海:上海人民出版社,2014:150.

② 章太炎自述(1869—1936)[M].文明国编.北京:人民日报出版社,2011:5.

③ 章太炎全集(太炎文录续编)[M].黄耀先,饶钦农,贺庸点校.上海:上海人民出版社,2014:150.

封于段干'。《集解》云：《魏世家》有段干木、段干子，《田完世家》有段干朋，疑此三人是姓段干也，本盖因邑为姓。《风俗通·氏姓》注云'姓段名干木'，恐或失之矣。是说最谛。段干木为魏文师，则宗封段干尚在魏文之先，容在献子、桓子之世，或更在前矣。据《年表》魏文侯斯元年，去孔子卒裁五十年，李宗为将宜与孔子卒时相近，则老子不在孔后，的然无疑。其以老莱子、太史儋为即老子，本是传疑之言，不为定证。或疑老子至假，七世，在汉孝文帝时。孔子至襄，九世，为汉孝惠帝博士。以世系长短论，似老不在孔前，不悟婚姻胎育，自有早莫（暮），二世之差，岂足以定先后邪？"① 章太炎的考证结论是"老子不在孔后，的然无疑"，章太炎认可《老子》书为老子所作，代表老子思想。但《老子》中是否有体系，章太炎不敢确定，"《老子》书八十一章，或论政治，或出政治之外，前后似无统系。"② 后来梁启超出于对胡适的批评，亦提出老子晚出（战国末期）说，其主要证据（老子八代孙与孔子十三代孙同时，不合常理）之一，早已为章太炎所批驳。③

关于老子与道家的关系，章太炎认可老子是道家学派的创始人，而对于道家典籍《伊尹》《太公》《管子》三书，并不确信是伊尹、姜尚、管仲之作，

---

① 章太炎. 菿汉三言 [M]. 虞云国校点. 上海：上海书店出版社，2011：31.
② 章太炎全集（演讲集下）[M]. 章念驰编订. 上海：上海人民出版社，2015：1001.
③ 梁启超在1922年3月13日至17日于《晨报副刊》发表《评胡适之〈中国哲学史大纲〉》，提出了老子晚出说的六点证据，其一，老子八代孙与孔子十三代孙同时，未免不合常理；其二，孔子、墨子、孟子为何没有提到老子；其三，《礼记·曾子问》中的老子是一位拘谨守礼的人，和《老子》书的精神恰恰相反；其四，《庄子》书中的老子记载，不可视为历史；其五，老子的话，太自由了，太激烈了，不大像春秋时人所说的；其六，《老子》书里的名词"侯王""王侯""王公""万乘之君""取天下"不像是春秋时人所有，"仁义"对举是孟子的专卖品，"师之所处，荆棘生焉。大兵过后，必有凶年"这一类的话，像是经过马陵、长平之战的人才有的感觉，"偏将军居左，上将军居右"这种官名，都是战国的。梁氏的六点证据，后来成为疑老思潮致力于发挥的主要证据。但这些证据在章太炎与胡适看来，都不是确切证据，难以颠覆传统的说法。梁启超发现了老子讲礼又非礼，就认为这不是同一个人。而章太炎就看到了老子讲礼又非礼的合理之处，"中国有一件奇怪事，老子明说：'礼者，忠信之薄'，却是最精于礼；孔子事事都要请教他。魏晋人最佩服老子，几个放荡的人，并且说：'礼岂是为我辈设'，却是行一件事，都要考求典礼。"出土于战国中期的郭店楚简三种《老子》摘抄本，大体验证了老子其人其书存在于春秋末年的传统说法。

"道家成气候的，到底要算老子"，① "数道家当以老子为首。《汉书·艺文志》道家首举《伊尹》《太公》，然其书真伪不可知，或出于后人依托。《管子》之书，可以征信，惟其词意繁富，杂糅儒家、道家，难寻其指归。"章太炎对《伊尹》《太公》《管子》三书的慎重态度，说明章太炎既不轻易疑古，亦不轻易信古，而是处于疑信之间，不轻易肯定，亦不轻易否定，需要严格考证。章太炎谓"道家"之名并非源自老子"自鸣"，而是出于《史记》，"当有周末造，诸子争鸣，老聃以自然学说，倡于南方，未尝以道家自鸣也。"② 章太炎主张"诸子出于王官论"，是说诸子论说都有史学的根据，并非游谈无根，或所谓"托古改制"，章太炎自己反复解说"道家本于史官"的含义，章氏谓：说"道家本于史官"，主要指的是老子做过史官，"老子本来做征藏史，所以说道家本于史官""《史记》称老聃为柱下史，庄子称老聃为征藏史，道家固出于史官矣""老子的学问，《汉书·艺文志》说道出于史官。原来老子在周朝，本是做征藏史，所以人事变迁，看得分明"③ "老聃为周征藏史，多识故事，约《金版》《六弢》之旨，著五千言以极其情，则伊、吕亡所用，亡所用故归于朴。"④

章太炎对老子的评价极高，其《诸子略说》云"老子譬之大医，医方众品并列，指事施用，都可疗病。五千言所包亦广矣，得其一术，即可以君人南面矣。"高度评价老子为"医方众品并列"之"大医"，"老子之术，平时和易，遇大事则一发而不可当。"⑤ 章太炎不仅高度推许老子的"君人南面"之术，而且高度评价老子在哲学、史学、教育学、无神论等方面的开创性贡献。章氏谓老子为中国哲学之祖，"中国头一个发明哲理的，算是老子。"第一个独立著作者，"开九流著书的风气，毕竟要算老子。"第一个"开创学术""开学派"的人，是诸子百家争鸣的开创者，"大概没有老子，书不能传到民间，民间没有书，怎么得成九流？所以开创学术，又是老子的首功""没有老子，历史不能传到民间；没有历史的根据，到底不能成家。所以老子是头一个开学派。"

---

① 章太炎的白话文 [M]. 陈平原选编. 贵阳：贵州教育出版社，2014：90.

② 章太炎全集（演讲集上）[M]. 章念驰编订. 上海：上海人民出版社，2015：1001、208.

③ 章太炎的白话文 [M]. 陈平原选编. 贵阳：贵州教育出版社，2014：90、109、61.

④ 章太炎. 国故论衡 [M]. 张渭毅点校. 北京：商务印书馆，2010：153.

⑤ 章太炎全集（演讲集下）[M]. 章念驰编订. 上海：上海人民出版社，2015：1002、1003.

老孔共同开创了中国的史学、政治学、哲学，"老子、孔子出来，历史、政事、哲学三件，民间渐渐知道了。"老子具有显著的无神论思想，"老子出来，就大翻了，不相信天帝鬼神和占验的话""以前论理论事，都不大质验，老子是史官出身，所以专讲质验""知成败祸福之事，悉在人谋，故能排斥鬼神"① "其书详于人事者多，详于鬼神者少"，② 老子的根本观点是"道法自然"，"以前看万物都有一个统系，老子看得万物没有统系。"老子对帝王有激烈的批评，"以前看古来的帝王，都是圣人，老子看得穿他有私心。"③ 老子对先秦诸子都有不同程度的影响，对法家的影响尤其大，"太史公以老子、韩非同传，于学术源流，最为明了。韩非《解老》《喻老》而成法家，然则法家者，道家之别子耳。"④

二、"黄老学派"与"黄老政治"新解

章太炎在考察黄老学派（黄老并称）源流时，有两种说法，一种是黄老学派始于汉代说，一种是始于周末说，第二种说法更晚一些，也更准确一些，为后来的出土文献作证实。第一种说法载于《在被袁世凯幽禁期间的国学演说》（1913），章氏云："黄、老并言，始于汉人""汉初曹参、汲黯之流，始以黄、老之学施于政治""夫黄帝无书，有则为后人伪托，如所言'摄气'、'养生'之术，多为老氏所不言，不过以张子房遇黄石公之寓言，后人信为事实，故以老子与黄帝并言耳""黄、老非仙，而为说亦各不同，方士欲以神其说，依托之以耸人之听闻而已。"⑤ 第二种说法载于《诸子略说》（1935），章氏云："黄老并称，始于周末，盛行于汉初。如史称环渊学黄老道德之术，陈丞相（陈平）少时好黄帝、老子之术，胶西有盖公善治黄老言，窦太后好黄帝老子言，王生处士善为黄老言。然黄帝论道之书，今不可见。"⑥ 章太炎所言"今不可见"的"黄帝论道之书"，1973 年在湖南长沙马王堆汉墓出土了，那就是

---

① 章太炎的白话文 [M]. 陈平原选编. 贵阳：贵州教育出版社，2014：55、61、90、62、90、78、61、112.

② 章太炎全集（演讲集上）[M]. 章念驰编订. 上海：上海人民出版社，2015：211.

③ 章太炎的白话文 [M]. 陈平原选编. 贵阳：贵州教育出版社，2014：61.

④ 章太炎全集（演讲集下）[M]. 章念驰编订. 上海：上海人民出版社，2015：1002.

⑤ 章太炎全集（演讲集上）[M]. 章念驰编订. 上海：上海人民出版社，2015：208.

⑥ 章太炎全集（演讲集下）[M]. 章念驰编订. 上海：上海人民出版社，2015：1001.

《黄帝四经》（《经法》《十大经》《称》《道原》），①并非章太炎所言"后人伪托"，但亦并非黄帝之书，章氏所言"黄帝无书"是对的，但"黄帝之言"在战国时期甚为流行，其中包含大量的术数之学，而黄老之学实际上是一种"既以道家（老子）思想为主干，又援名、法入道，借用阴阳家之框架，重视儒家的伦理教化，不否定固有的文化传统，而是著眼于建构现实的价值和秩序，从而完成了道家思想的现代化，成为一种极具操作性的政治思想"。②黄老思想，基于现实政治的需要，一开始是自发的、无意识的融合百家，战国中后期逐渐以老学为中心融合百家，到了汉代则自觉地以道家为主体融合百家。曹峰谓汉代黄老道家其实是"全盛期黄老道家"，在汉代之前尚有"早期黄老道家"。黄老道家是一种"从先秦到魏晋的很长一段历史时期"极为流行、影响很大的"强势思潮"，或者说"时代话语"。③陈鼓应认为黄老学派源头可以追溯到范蠡，范蠡是老子思想的第一个重要的传播者，也是第一位真正体现老子"功成身退"思想的人，"范蠡上承老子思想而下开黄老学之先河"，并推断"范蠡可能是由老学发展到黄老之学的关键人物"，因为《黄帝四经》"引用范蠡的言论达十七八条之多"。④

　　章太炎不认同清儒所谓"黄老可以致治，老庄惟以致乱"的说法，章氏的观点是，黄老学派倾心于"治天下"，以老学运用到政治，而老庄学派（庄子对老学的阐发）主要是"自解"（自我解脱），以老学运用到修身，与"治乱"没有什么关系，"学者谓黄老足以治天下，庄氏足以乱天下。夫庄周愤世湛浊，已不胜其怨，而托卮言以自解，因以弥论万物之聚散。于其治乱也何庸？"⑤庄子为何少谈"治天下"之道，章太炎的分析是，"史公以老、庄、申、韩同传。老子有治天下语，汉文兼参申、韩，故政治修明。庄子政治语少，似乎遗弃世务。其实则庄在老后，政治之论，老子已足，高深之论，则犹有未逮，故庄子偏重于此也。漆园小吏，不过比今公安局长耳，而庄子任之，官愈小，事愈繁剧，

　　①　唐兰与陈鼓应谓《黄帝四经》成书当在战国中期以前，为黄老学派最早著作，且主要是一时一人之作。

　　②　曹峰. 近年出土黄老思想文献研究 [M]. 北京：中国社会科学出版社，2015：23.

　　③　曹峰. 近年出土黄老思想文献研究 [M]. 北京：中国社会科学出版社，2015：1.

　　④　陈鼓应注译. 黄帝四经今注今译 [M]. 北京：商务印书馆，2007:7.

　　⑤　章太炎. 訄书初刻本　重订本 [M]. 朱维铮编校. 上海：中西书局，2012：8.

岂庄子纯然不涉世务哉！清谈之士，皆是贵族，但借庄子以自高，故独申其无为之旨。然不但清谈足以乱天下，讲理学太过，亦足以乱天下。亭林（顾炎武）谓今之心学，即昔之清谈，比喻至切。此非理学之根本足以乱天下，讲理学而一切不问，斯足以乱天下耳。以故黄老治天下，老庄乱天下之语，未为通论也。"①

　　黄老学派的"治天下"理论运用于治国理政实践之中，就形成了所谓"黄老政治"。章太炎理解的"黄老政治"主要施行于汉代，尤其是西汉初年的汉惠帝、汉文帝时期，以汉文帝为最典型。大体具有两个基本特点，其一，政治形态是"无为而无不为"，即"君主垂拱而臣下守职""承平而用老子之术者，文帝之前曹参曾用盖公，日夜饮酒而不治事，以为法令既明，君主垂拱而臣下守职，此所谓'无为而无不为也'。"②但章太炎也意识到"黄老政治"的最终目标（真谛）是"无不为"，而非"清静不扰""盖公、汲黯以清静不扰为治，特其一端。世人云：'汉治本于黄老。'然未足尽什一也。"③其二，政治方式是以老子之术为主导融合诸子百家，即章太炎所言"与名、法相倚""以老、庄、申、韩之术合而为一"④"老子之道，任于汉文。而大（太）史公《儒林列传》言孝文帝本好刑名之言，是老氏固与名、法相倚也"。⑤汉文帝是"黄老政治"的真正践行者，"汉文帝真得老子之术者，故太史公既称孝文好道家之学，以为繁礼饰貌无益于治，又称孝文帝本好刑名之言"⑥"其责岁计于（陈）平、（周）勃；听处当于（张）释之；贾生（谊）虽贤，非历试则不任以卿相；（周）亚夫虽杰，非劳军则不属以吴、楚；斯中老氏之绳尺矣。"⑦当然，章太炎也认识到"黄老政治"在实践之中有严重的不足之处，那就是缺乏对君主权力的有效约束，完全寄希望于君主的用权自觉，最终造成"黄老政治"终结，甚至走向反面，"孝文假借便佞，令邓通铸钱布天下，既悖刑名之术；信任爱盎，淮南之狱，不自责躬，而迁怒县传不发封者，枉杀不辜，戾法已甚，岂老氏所

---

① 章太炎全集（演讲集下）[M]. 章念驰编订. 上海：上海人民出版社，2015：1014.
② 章太炎全集（演讲集下）[M]. 章念驰编订. 上海：上海人民出版社，2015：1004.
③ 章太炎. 国故论衡[M]. 张渭毅点校. 北京：商务印书馆，2010：157.
④ 章太炎全集（演讲集下）[M]. 章念驰编订. 上海：上海人民出版社，2015：1002.
⑤ 章太炎. 国故论衡[M]. 张渭毅点校. 北京：商务印书馆，2010：157.
⑥ 章太炎全集（演讲集下）[M]. 章念驰编订. 上海：上海人民出版社，2015：1002.
⑦ 章太炎. 国故论衡[M]. 张渭毅点校. 北京：商务印书馆，2010：157.

以莅政哉！"①章太炎一针见血地指出了汉文帝施行"黄老政治"的实质是"最擅权制""盖文帝貌为玄默躬化，其实最擅权制。观夫（陈）平、（周）勃诛诸吕，使使迎文帝，文帝入，即夕拜宋昌为卫将军，领南北军，以张武为郎中令，行殿中。其收揽兵权，如此其急也。其后贾谊陈《治安策》，主以众建诸侯而少其力，文帝依其议，分封诸王子为列侯。吴太子入见，侍皇太子饮博，皇太子引博局提杀之，吴王怨望不朝，而文帝赐之几杖，盖自度能制之也。且崩时，诫景帝，'即有缓急，周亚夫真可任将兵'。盖知崩后，吴、楚之必反也。盖文帝以老、庄、申、韩之术合而为一，故能及此。"②

三、老庄异同与老孔释比较

章太炎认为老庄都主张"自然""无为"，在核心要义上（"大旨"）是一致的，"庄子的根本学说，和老子想去不远"③"老、庄二氏之说，大同小异"。④但二者还是具有许多差异。其一，老子偏重谈"政治"，而庄子偏重谈人生，"老子多政治语，庄子无之。庄子多超人语，老子则罕言。虽大旨相同，而各有偏重，所以异也。"⑤其二，老子有"权术"，而庄子主"自然"，"其术似于老子相同，其说乃与老子绝异。故《天下篇》历叙诸家，已与关尹、老聃裂分为二。其褒之以至极，尊之以博大真人者，以其自然之说，为己所取法也。其裂分为二者，不欲以老子之权术自污也。"⑥其三，老子仅仅主张"摄生""卫生"，庄子则有"不生不死之说"，庄子主张"无古今"，"无古今者，无时间观念，死生之念因之灭绝，故能证知不死不生。"⑦其四，老子"以有身为累"，而庄子"未尝以身为累""老子曰：'物之苦，苦于有身'，如饮食起居，皆以苦其身者也，此则以有身为累矣。至于庄子，主物以各适其性为乐，如言鹏鸟抟扶摇而上者九万里，然不能不有待于风，鲲鱼水击三千里，然不能不有待于水，惟其不知

① 章太炎.国故论衡[M].张渭毅点校.北京：商务印书馆，2010：157.
② 章太炎全集（演讲集下）[M].章念驰编订.上海：上海人民出版社，2015：1002.
③ 章太炎.国学概论[M].汤志钧导读.上海：上海古籍出版社，1997：34.
④ 章太炎全集（演讲集上）[M].章念驰编订.上海：上海人民出版社，2015：211.
⑤ 章太炎全集（演讲集下）[M].章念驰编订.上海：上海人民出版社，2015：1001.
⑥ 章太炎的白话文[M].陈平原选编.贵阳：贵州教育出版社，2014：113.
⑦ 章太炎全集（演讲集下）[M].章念驰编订.上海：上海人民出版社，2015：1009.

自适其性，故蜩与学鸠笑之，则庄子固未尝以身为累矣。"①其五，老子不谈来世，庄子有"近乎佛家轮回之说""盖庄子有近乎佛家轮回之说，而老子无之。《庄子》云：'若人之形者，万化而未始有极也，其为乐可胜计邪？'此谓虽有轮回而不足惧，较之'精气为物，游魂为变'二语，益为明白。"②其六，老子"议不踰方"，而庄子"巨细有校""庄周述儒、墨、名、法之变，已与老聃分流，尽道家也，有其异""老聃据人事嬗变，议不踰方。庄周者，旁罗死生之变、神明之运，是以巨细有校。"③其七，老子的主张"使人不容易捉摸"，而庄子的主张"比较的容易明白些""庄子自以为和老子不同，《天下篇》是偏于孔子的。但庄子的根本学说，和老子想去不远。不过老子的主张，使人不容易捉摸，庄子的主张比较的容易明白些。"④

自汉代"独尊儒术"以来，学者更关注老孔思想之分，尤其是儒家思想的虔诚信仰者，总想要隔绝老孔联系，把孔子视为"空前绝后"的"玄圣素王"、独一无二的"至圣先师"，故老子与孔子思想的差异不断被人为强化和夸大，晚清时期，这种夸大老孔思想差异的潮流仍然没有根本改变，章太炎一开始也是这样。后来在会通西学、佛学、老学、庄学、孔学、荀学、韩学等古今中西之学后，章太炎就改变了这种认识，更多地看到了老孔思想的相通之处，章太炎开始确证老子为孔子之师，老子思想对孔子思想发生了重大影响，对当时流行的疑老思潮展开严厉批判。章太炎大体从六个方面对老子与孔子思想之同作了说明。其一，老子与孔子都有"权术"，只求"王佐""孔子受学老聃，故儒家所希，只在王佐，可谓不背其师说矣"，孔子的"权术"继承且超过老子，"老子以权术授之孔子，而征藏故书，亦悉为孔子诈取。孔子之权术，乃有过于老子者。"孔学与老学之分，乃是出于维护孔学"独尊"的需要，"惧老子发起覆""孔学本出于老，以儒道之形式有异，不欲崇奉以为本师，而惧老子发起覆也。"⑤章太炎这种"孔子权术过于老子"的思想并非一开始就存在，大体上，在维新时期，章太炎主要批评老子有"阴鸷"，孔子则没有（"仲尼不称伊、吕"），

---

① 章太炎全集（演讲集上）[M].章念驰编.上海：上海人民出版社，2015：211.

② 章太炎全集（演讲集下）[M].章念驰编订.上海：上海人民出版社，2015：1008.

③ 章太炎.国故论衡[M].张渭毅点校.北京：商务印书馆，2010：153.

④ 章太炎.国学概论[M].汤志钧导读.上海：上海古籍出版社，1997：34.

⑤ 章太炎的白话文[M].陈平原选编.贵阳：贵州教育出版社，2014：113.

"儒与道辨，当先其阴骘，而后其清静""其（老聃）治天下同，其术甚异于儒者矣。故周公诋齐国之政，而仲尼不称伊、吕，抑有由也。"①在抛弃"维新"专向"革命"之后，章太炎开始大批孔子的"权术"。当然，章太炎对老子与孔子的批评，大体属于"荆轲刺老子""荆轲刺孔子"之类，"醉翁之意不在酒"，明显针对的是清政府，故中华民国诞生之后，章太炎基本上停止了对老子与孔子的批评，更多转向对新制度与新道德的探讨，对老子与孔子思想的共性进行深入阐述。其二，老子与孔子都主张"道德仁义"，且"道德"高于"仁义"，"老子以道德高于仁义，仲尼亦云：'志于道，据于德，依于仁。'"②其三，老子与孔子都主张"无我""克己""老以诏孔，其所就为无我；孔以诏颜，其所就为克己。授受不爽如此，而儒者多忽之。"③其四，老子与孔子都"详于外王""以经国治民利益厚生为职志""支那广土众民，竞于衣食，情实相反，故学者以君相之业自效，以经国治民利益厚生为职志。孔老应之，则世间之法多，而详于外王。"④其五，老子与孔子都主张"上礼""克己复礼""孔子问礼于老聃，《戴记》所述，则其仪文节奏，斯非孔、老之本。《老子列传》记其言曰：'去子之骄气与多欲，态色与淫'，是乃老子所称'上礼'。即仲尼所以告颜回者，亦曰：'克己复礼'而已，正本老子义耳。世儒乃云孔老相对，裁及仪容，未举大道，何其粗妄。"⑤其六，老子与孔子都"不喜言生死之理""儒家不喜言生死之理，如孔子曰：'未知生，焉知死？'皆六合之外存而不论之义。道家亦然，庄子祖述老子者也，其言曰：'死于此不生于彼乎。'此虽言此死彼生，而于此死彼生之理，则未尝言及，亦与儒家类也。"⑥

　　章太炎在会通老学、孔学与佛学之后，致力于以老孔之学或老庄之学与佛学作比较。

　　其一，老子与孔子以入世为出世，主张"爱其身""贵其患"，而佛教仅仅主张出世，"最观儒释之论，其利物则有高下远迩，而老聃兼挟之。仲尼所

①　章太炎.訄书初刻本　重订本[M].朱维铮编校.上海：中西书局，2012：8.
②　章太炎.菿汉三言[M].虞云国校点，上海：上海书店出版社，2011：12.
③　章太炎.菿汉三言[M].虞云国校点，上海：上海书店出版社，2011：80.
④　章太炎.菿汉三言[M].虞云国校点，上海：上海书店出版社，2011：27.
⑤　章太炎.菿汉三言[M].虞云国校点，上海：上海书店出版社，2011：37.
⑥　章太炎全集（演讲集上）[M].章念驰编订.上海：上海人民出版社，2015：211.

谓忠恕，亦从此出也。夫不持灵台而爱其身，涤除玄览而贵其患，义不相害，道在并行矣。"① 其二，老子与庄子"盛言缘起、内证"，而佛教多言"涅槃""老庄盛言缘起、内证，少言涅槃。"② 其三，老子与孔子都有"用世之心"，关注"政治""社会""团体"，而佛教"走入清谈一路"，章太炎从地理、经济与政治、社会、思想的关系角度作了深入分析，"盖儒以修己治人为本，道家君人南面之术，亦有用世之心。如专讲此等玄谈，则超出范围，有决江救涸之嫌。故略示其微而不肯详说，否则其流弊即是清谈。非惟祸及国家，抑且有伤风俗，故孔、老不为也。印度地处热带，衣食之忧，非其所急，不重财产，故室庐亦无多用处，自非男女之欲，社会无甚争端，政治一事，可有可无，故得走人清谈一路而无害。中土不然，衣食居处，必赖勤力以得之，于是有生存竞争之事。团体不得不结，社会不得不立，政治不得不讲。目前之急，不在乎'有我''无我'，乃在衣食之足不足耳。故儒家、道家，但务目前之急，超出世间之理，不欲过于讲论，非智识已到修养已足者，不轻为之语也。此儒、道与释家根本虽同，而方法各异之故也。"③

四、"贵因"："君人南面之术"解读

章太炎认为《老子》多谈"政治"，属于"君人南面之术"。章太炎对老子政治思想极为推崇，他在《自述学术次第》中申言："余既解齐物，于老氏亦能推明。佛法虽高，不应用于政治社会，此则惟待老庄也。儒家比之，邈焉不相逮矣。"④ 老子之术的根本要道何在？章太炎认为，老子之术的根本在于"贵因"，何谓"因""因之也者，以百姓心为心也"⑤ "以百姓心为心"为老子政治思想的核心要义，"老子论政，不出因字，所谓'圣人无常心，以百姓心为心'

① 章太炎全集（訄书初刻本　訄书重订本）[M]. 朱维铮点校. 上海：上海人民出版社，2014：437.

② 章太炎. 菿汉三言 [M]. 虞云国校点. 上海：上海书店出版社，2011：24.

③ 章太炎全集（演讲集下）[M]. 章念驰编订. 上海：上海人民出版社，2015：1006.

④ 章太炎自述（1869—1936）[M]. 文明国编. 北京：人民日报出版社，2011：51.

⑤ 章太炎全集（訄书初刻本　訄书重订本）[M]. 朱维铮点校. 上海：上海人民出版社，2014：438.

是也。"① 老子探讨的"用世之法",一言以蔽之,"就世法言,以百姓心为心也。"②
章太炎批评古人虽然研究老子、重视老子,但并不理解老子思想的核心要义,
"王夷甫(王衍)重老子,知其无为,不知其无不为。王介甫(王安石)重老
子,并知申韩之法,亦出于是矣。殊途同归,俱用败亡者,何哉? 不知以百姓
心为心也。"③ 章太炎所言"圣人常无心,以百姓心为心",为老子思想的核
心,无疑是准确的。因为老子自己所言"我有三宝":第一宝曰"慈",即要
求统治者必须对人民有慈爱之心,"爱民治国",④ "圣人皆孩之(把老百姓
视为自己的孩子去慈爱他)"⑤ "圣人不仁("不仁"即"大仁",不自以为仁,
真正有仁爱之心),以百姓为刍狗("刍狗"乃祭祀所用神圣之物,"以百姓
为刍狗"即谓要慈爱百姓)"⑥ 第二宝曰"俭",即要求统治者对人民休养生息,
勤俭治国,不要滥用民力,浪费民脂民膏,"治人事天,莫如啬"⑦ "圣人去甚,
去奢,去泰"⑧ "圣人不积,既以为人己愈有,既以与人己愈多"。⑨ 第三宝"不
敢为天下先",即要求统治者以民生为重,以人民利益为先,"圣人后其身而
身先",⑩ "欲先民,必以身后之",⑪ 如果统治者能够做到大公无私,完全以
人民利益为本,即"受国之垢""受国不祥",就可以成为"社稷主""天下王"。⑫

　　根据对老子核心思想"以百姓心为心"的认识,章太炎澄清了对老子治国
理政思想的许多误解,其一,老子主张统治者治国理政要"应合人(民)情",
制度选择"只看当时人情所好""善者,无善之,不善者,吾亦善之,德善。信者,
吾信之,不信者,吾亦信之,德信",统治者应该"辅万物之自然而不敢为"。

---

① 章太炎全集(演讲集下)[M]. 章念驰编订. 上海:上海人民出版社,2015:1002.

② 章太炎. 菿汉三言 [M]. 虞云国校点. 上海:上海书店出版社,2011:23.

③ 章太炎. 菿汉三言 [M]. 虞云国校点. 上海:上海书店出版社,2011:30.

④ 陈鼓应. 老子今注今译(参照简帛本最新修订版)[M]. 北京:商务印书馆,2016:445.

⑤ 陈鼓应. 老子今注今译(参照简帛本最新修订版)[M]. 北京:商务印书馆,2016:463.

⑥ 陈鼓应. 老子今注今译(参照简帛本最新修订版)[M]. 北京:商务印书馆,2016:443.

⑦ 陈鼓应. 老子今注今译(参照简帛本最新修订版)[M]. 北京:商务印书馆,2016:467.

⑧ 陈鼓应. 老子今注今译(参照简帛本最新修订版)[M]. 北京:商务印书馆,2016:454.

⑨ 陈鼓应. 老子今注今译(参照简帛本最新修订版)[M]. 北京:商务印书馆,2016:476.

⑩ 陈鼓应. 老子今注今译(参照简帛本最新修订版)[M]. 北京:商务印书馆,2016:444.

⑪ 陈鼓应. 老子今注今译(参照简帛本最新修订版)[M]. 北京:商务印书馆,2016:470.

⑫ 陈鼓应. 老子今注今译(参照简帛本最新修订版)[M]. 北京:商务印书馆,2016:474.

章太炎强调，老子不是无政府主义者，不是专制主义者，也不是自由民主主义者（立宪主义者），"不是纯然排斥礼法，打破政府""只要应合人情，自己没有善恶是非的成见。所以老子的话，一方是治天下，一方是无政府。只看当时人情所好，无论是专制，是立宪，是无政府，无不可为。"① 章太炎批评后人离开老子所在的时代谈老子政治思想，没有"审其时世"，特别是批评严复的老子"倡民主政治"论，"严几道附会其说，以为老子倡民主政治。以余观之，老子亦有极端专制语，其云'鱼不可脱于渊，国之利器不可以示人'，非极端专制而何？凡尚论古人，必审其时世。老子生春秋之世，其时政权操于贵族，不但民主政治未易言，即专制政治亦未易言。故其书有民主语，亦有专制语。"② 其二，老子主张"不敢为天下先""必以身后之"，不是要统治者懦弱无能，胆怯不为，是要求统治者必须遵循民心民意，遵循社会发展的规律，"欲成方圆而随其规矩，则万物之功形矣。万物莫不有规矩""圣人尽随万物之规矩"，老子不是复古主义者（"慕往古"），不是主张完全模仿外国者（"师异域"），"不慕往古，不师异域，清问下民，以制其中。"③ 其三，老子主张"无为而治""不为而成""辅万物之自然而不敢为"，不是要统治者无所作为，而是反对统治者胡乱作为，大胆妄为，而是主张"随时以举事，因资而立功，用万物之能，而获利其上"，重视官吏才能与制度规范，"明不为在于任官，非旷务也"。④ 章太炎批评那些"偷以苟容，怯以自全者""自以为得老聃之道，曾未窥其大体也"。⑤ 章太炎对老子"无为而治"的解读无疑是极为精到的。老子对统治者（"圣人"）的要求是"圣人之道，为而不争"，即圣人的治国理政应该是"为而不恃""功成而不有"，甚至是"下不知有之"。"无为"，不是不为，而是要以"无"（"无之以为用"）的方法去积极作为（"无不为"），老子列举了许多关于"无"的方法，如"不自见""不自是""不自伐""不自矜""绝智弃辩"（"不小慧"，"不小辩"，"无知"，"不以智治国"）"绝伪去诈"

① 章太炎全集（演讲集上）[M].章念驰编订.上海：上海人民出版社，2015：157.
② 章太炎全集（演讲集下）[M].章念驰编订.上海：上海人民出版社，2015：1002.
③ 章太炎.国故论衡[M].张渭毅点校.北京：商务印书馆，2010：155.
④ 章太炎.国故论衡[M].张渭毅点校.北京：商务印书馆，2010：156.
⑤ 章太炎全集（訄书初刻本 訄书重订本）[M].朱维铮点校.上海：上海人民出版社，2014：437.

（"不伪诈"）"绝巧弃利"（"不争"，不搞投机取巧，不搞与民争利）"少私寡欲"（"无私"，"无欲"，"俭"，"啬"，"不为目"）。这些"无"的方法，看似简单易行，但统治者基本上是做不到的，故老子感慨万分地说道，"吾言甚易知，甚易行。天下莫能知，莫能行。"① 其四，老子主张"非以明民，将以愚（朴）之"，并非主张"愚民政策"，而是主张"稽查两方的情形""洞见专制之真相""去民之诈""以其明之，所以愚之"，② 老子主张"非以明民，将以愚之""斯言乃可谓洞见专制之真相矣。何以知之？老聃尝言'知此两者亦稽式'。稽者，稽查也；式者，试验也。稽查两方的情形，而灼知其故，则专制之威不得逞，愚民之术不得施。老氏之言，所以揭示专制之真相，其所稽者至精，而所试者亦至巧矣。后儒谓老聃以愚民政策道人君，非真知老子者矣。"③ 章太炎的看法是准确的，老子不仅不主张愚民政策，而且极为明白地反对愚民政策，要求"明白四达，无无知（智）乎"，④ "无知（智）"并非不要智慧，而是要有"明白四达"的大智慧，不要要小聪明，不要自以为有智慧，老子不仅希望统治者有"爱民治国"的大智慧（"政善治，事善能，动善时"），也希望老百姓有"上善若水"的大智慧（"居善地，心善渊，与善仁，言善信"）。其五，老子反对"以智（"伪"与"诈"）治国"，主张"去君之诈""绝伪弃诈"，并非主张"权术"，而是"在使民户知诈""今是驵侩则欺罔人，然不敢欺罔其类，交知其术也，故耿介甚。以是知去民之诈，在使民户知诈。故曰：'以智治国，国之贼，不以智治国，国之福，知此两者亦稽式。'何谓'稽式'？谓人有发奸擿伏之具矣""'常知稽式，是谓玄德。玄德深远，而与物反。'伊尹、大（太）公、管仲虽知道，其道，盗也。得盗之情以网捕者，莫若老聃。"⑤ 其六，老子主张"绝圣弃智"（郭店楚简作"绝智弃辩"），并非反对"圣智"（"大智"），而是反对要"小智（小慧）"，主张深入探讨事物的"本末"与"未睹"，获得认识事物的"大智慧""事有本末，物有未睹，不以小慧隐度也。"⑥

① 陈鼓应.老子今注今译（参照简帛本最新修订版）[M].北京：商务印书馆，2016：471.

② 章太炎.国故论衡[M].张渭毅点校.北京：商务印书馆，2010：154.

③ 章太炎全集（演讲集上）[M].章念驰编订.上海：上海人民出版社，2015：209.

④ 陈鼓应.老子今注今译（参照简帛本最新修订版）[M].北京：商务印书馆，2016：445.

⑤ 章太炎.国故论衡[M].张渭毅点校.北京：商务印书馆，2010：154.

⑥ 章太炎.国故论衡[M].张渭毅点校.北京：商务印书馆，2010：155.

老子反对"私智",即个人偏见,主张"因众"(统治者应该遵循大众意见)"废私智,绝县娱。不身质疑事,而因众以参伍。"① 老子主张"玄之又玄,众妙之门""涤除玄览",是主张"破除所知障""自知而不自见""知不知,尚(上)矣"② "明玄亦当遣,即破除所知障"。③ 其七,老子反对"前识",批评"前识者,道之华也,愚之首也",章太炎把老子"前识"解释为"卜筮""图谶""建除""堪舆""相人",谓"不事前识,则卜筮废,图谶断,建除、堪舆、相人之道黜矣。巫守既绝,智术穿凿,亦因以废,其事尽于征表。此为道艺之根,政令之原。是故私智不效则问人,问人不效则求图书,图书不效则以身按验。"④ 其八,老子主张"绝学无忧",并非要人们放弃对书本知识的学习,"置书册于不问",而是在"为学日益"的前提下提醒人们不要"过信其言""警示学者慎于读书""老聃读书甚多,而教人则曰'绝学无忧',非如王阳明之讲心学、释氏之谈寂灭,可置书册于不问也。"章太炎引证孟子"尽信书,则不如无书"的话来解释老子"绝学无忧"的道理,"盖有周以前,流播之书甚多,如《尚书》所载,《春秋》所纪,文献无征,语或失实,故孟子曰:'尽信书,则不如无书。'非矕言也,亦当日之情势异耳。读征实之纪则怿,读荒诞之书则忧,亦非书中之言能使人忧也,过信其言,反以自陷,未有不赅终身之忧者。老聃之言,亦警示学者慎于读书之意也。"⑤ 章太炎提醒学者要多采用比较与贯通的学习方法,不要搞教条主义,"古今异,方国异,详略异,则方策不独任也。"⑥ 其九,老子主张"不上(尚)贤,使民不争",并非真正反对"尚贤",而是反对仅仅崇尚"贤人"的"名誉、谈说、才气",却不崇尚真正有"才力、技能、功伐"的贤人,章太炎谓"老子言贤者,谓名誉、谈说、才气也",章太炎推断老子"不尚名誉""不尊谈说""不贵才气""不尚名誉,故无朋党;不尊谈说,故无游士;不贵才气,故无骤官。然则才力、技能、功伐举矣"。⑦ 章太炎推断老子"以

① 章太炎.国故论衡[M].张渭毅点校.北京:商务印书馆,2010:156.
② 陈鼓应.老子今注今译(参照简帛本最新修订版)[M].北京:商务印书馆,2016:472.
③ 章太炎.菿汉三言[M].虞云国校点.上海:上海书店出版社,2011:23.
④ 章太炎.国故论衡[M].张渭毅点校.北京:商务印书馆,2010:154.
⑤ 章太炎全集(演讲集上)[M].章念驰编订.上海:上海人民出版社,2015:210–211.
⑥ 章太炎.国故论衡[M].张渭毅点校.北京:商务印书馆,2010:155.
⑦ 章太炎.国故论衡[M].张渭毅点校.北京:商务印书馆,2010:160.

事观功""不贵豪杰""以事观功，将率必出于介胄，宰相必起于州部；不贵豪杰，不以流誉用人也。"① 其十，老子主张"法令滋章（彰），盗贼多有"，不是要求废除法令，无法无天，而是要求政府不要随心所欲改变法令，法令的改变要因循民意，"明官府征（政）令，不可亟易，非废法也。"②

章太炎把老子思想视为救国良药，无论是"承平"时期，还是"戡乱"时期，老子思想都是法宝，"历来承平之世，儒家之术，足以守成，戡乱之时，即须道家，以儒家权谋不足也。凡戡乱之傅佐，如越之范蠡，汉初之张良、陈平，唐肃宗之李泌，皆有得于老子之道。盖拨乱反正非用权谋不可，老子之真实本领在此。然即'无为而无不为'一语观之，恐老子于承平政事亦优为之。"③

老子认为其道简单易行，"吾言甚易知，甚易行"。④ 章太炎亦谓，老子"内以尊生，外以极人事"，不仅君主应该完全掌握，"将吏"与老百姓也应该好好学习，"非独君守矣"。对君主而言，治国理政"成事皆待众人""筹策者犹在将吏"，故"其道简易""君之能，尽乎南面之术矣。其道简易，不名一器，下不比于瓦缶，上又不足当玉卮。又其成事皆待众人，故虽庤地万里，破敌巨亿，分之即一人斩一级矣。大施钩梯，凿山通道，分之即一人治一坡（堡）矣。其事至微浅，而筹策者犹在将吏。故夫处大官载神器者，佻人之功，则剽劫之类也。"⑤ 因为人君治国理政之道"简易"，故"人君者，剽劫之类，奄尹之伦"。但人君能真正行"君术"者少之又少，老子谓"天下莫能知，莫能行"，故"君术"并非简单"同于剽劫、奄尹"，"道者，内以尊生，外以极人事，笯析之以尽学术，非独君守矣。"⑥

根据老子"以百姓心为心"的思想，章太炎反对简单模仿西方，主张中国现代化应该走自己的路，"无轻效人""以不类方更为荣"，反对西化论者"以不类远西为耻"的论调，"夫赡于己者，无轻效人。若有文木，不以青赤雕镂，惟散木为施镂。以是知仪刑（型）者散，因任者文也。然世人大共僔弃，以不

---

① 章太炎.国故论衡[M].张渭毅点校.北京：商务印书馆，2010：155.

② 章太炎.国故论衡[M].张渭毅点校.北京：商务印书馆，2010：156.

③ 章太炎全集（演讲集下）[M].上海：上海人民出版社，2015：1003.

④ 陈鼓应.老子今注今译（参照简帛本最新修订版）[M].北京：商务印书馆，2016：471.

⑤ 章太炎.国故论衡[M].张渭毅点校.北京：商务印书馆，2010：161.

⑥ 章太炎.国故论衡[M].张渭毅点校.北京：商务印书馆，2010：163.

类远西为耻。余以不类方更为荣，非耻之分也。《老子》曰：'天下皆谓我道大，似不肖。夫惟大，故似不肖；若肖，久矣其细也夫。'此中国、日本之校已"。^①中国是有悠久历史传承、长期创新传统的巨型文明大国，"夫惟大，故似不肖"，因此，中国应该走自己的现代化道路，"中国之不可委心远西，犹远西之不可委心中国也"。^②

五、"道德之极则"："建之以常无有"新解

章太炎根据《庄子·天下篇》"老聃建之以常无有，主之以太一"的论断，谓"老子之道最高之处"，即老子之道的宇宙观与人生观，乃是"常"（"常有""常无"）、"无"（"万物实无所始"）、"无我"（"毋以有己"）、"无所得"（"上德不德"）。"老子之道最高之处，第一看出'常'字，第二看出'无'字，第三发明'无我'，第四倡立'无所得'三字，为道德之极则。"^③

"建之以常无有，主之以太一"，为老子哲学思想的根本，章太炎谓"常无有"当包括"常无"与"常有""有名"（"非常"）与"无名"（"常"）。"'常无有'，'常无'、'常有'之简语也。《老子》曰：'常无欲，以观其妙，常有欲，以观其徼。'又云：'无名，天地之始，有名，万物之母。'无名，故谓常，有名，故非常。徼者，边际界限之意。夫名必有实，实非名不彰，撤去界限，则名不能立，故云'常有欲，以观其徼'。"^④为了更好理解老子哲学思想，章太炎从佛学角度对"建之以常无有，主之以太一"进行了新的解释，"'建之以常无有'者，如实空也^⑤；'主之以太一'者，等同一味唯一真如也。"^⑥章太炎也从佛学角度对"常有""常无"作了新的解释："无名，天地之始"，即"依他起自性"，"有名，万物之母"，即"遍计所执自性"；"故常无，欲以观其妙"，即"随顺依他（依他起自性），不取不舍，故以是观其妙"；"常

① 章太炎的白话文 [M]. 陈平原选编. 贵阳：贵州教育出版社，2014：147.

② 章太炎的白话文 [M]. 陈平原选编. 贵阳：贵州教育出版社，2014：14.

③ 章太炎全集（演讲集下）[M]. 章念驰编订. 上海：上海人民出版社，2015：1004.

④ 章太炎全集（演讲集下）[M]. 章念驰编订. 上海：上海人民出版社，2015：1004.

⑤ 章太炎在《菿汉微言》中言："关尹、老聃以空虚不毁万物为实"，"空虚不毁万物者，不坏相而即泯也；即此为实者，泯相显实也。"

⑥ 章太炎. 菿汉三言 [M]. 虞云国校点. 上海：上海书店出版社，2011：23.

有，欲以观其徼"，即"应用遍计（遍计所执自性），宣说义谛，故以是观其徼"；
"此两者，同出而异名，同谓之玄。玄之又玄，众妙之门"，即"两者本一自性，
故曰'同出而异名'，'同谓之玄，玄之又玄'，则舍遍计所执自性，而入圆
成实自性"；"涤除玄览"，即"尤有玄览，则未离遍计（遍计所执自性）也"。①

　　老子主张"万物生于有，有生于无"，章太炎曾从唯物论视角来看待老子
这个宇宙生成论，谓即"万物生于有物，有物生于无物"。章太炎对"唯物论"
的理解是，"宇宙一切皆由物质所成，无物质则无宇宙。"② 这个解释符合西
方唯物论的含义，但章太炎唯物论存在两大缺陷，其一，时空是非物质的，"言
空间时间，则轶于唯物论之外矣。"③ 其二，唯物论"不能离唯心论而独立"。④"万
物生于有，有生于无"，章太炎的解释是，"盖有无者，以对待而得名，未知有，
何能知无？有者，有物之谓，离物以言有，则不得谓之有。无者，无物之谓，
离物以言无，亦不得谓之无。故吾谓有无以物得名，无物则有即是无，无即有也；
离有物以言无物，则其为有物也，无物也，以不得而辨也。"⑤ 辩证唯物论认为，
世界的起源与本质都是物质的，章太炎则把世界的起源追究到"无物"，"夫
万物生于有物，则万物为果，有物为因，有物生于无物，则有物为果，无物为因，
故有物为万物之因，而无物又为万物因中之因也。如此因果递推，叠出不穷，
必至有果可求，而无因可推矣。"⑥ 章太炎在解释老子"万物生于有"属于唯物论，
而解释"有生于无"则陷入了唯心论，"万物生于有物，即吾国之形而下学，
亦即西人之唯物论也。有物生于无物，即吾国之形而上学，即西人之唯心论也。"⑦
最终在对世界的可知性问题上，章太炎陷入不可知论，"万物生于有物，有理
可寻，生于无物，无理可言。有物生于无物，当可推之以理，至有物何以生于
无物，则不可推之以理。"⑧ 章太炎晚年的解释则脱离了唯物论与唯心论的框架，

---

① 章太炎 . 菿汉三言 [M]. 虞云国校点 . 上海：上海书店出版社，2011：79.
② 章太炎全集（演讲集上）[M]. 章念驰编订 . 上海：上海人民出版社，2015：210.
③ 章太炎全集（演讲集上）[M]. 章念驰编订 . 上海：上海人民出版社，2015：210.
④ 章太炎全集（演讲集上）[M]. 章念驰编订 . 上海：上海人民出版社，2015：210.
⑤ 章太炎全集（演讲集上）[M]. 章念驰编订 . 上海：上海人民出版社，2015：209–210.
⑥ 章太炎全集（演讲集上）[M]. 章念驰编订 . 上海：上海人民出版社，2015：210.
⑦ 章太炎全集（演讲集上）[M]. 章念驰编订 . 上海：上海人民出版社，2015：210.
⑧ 章太炎全集（演讲集上）.[M] 章念驰编订 . 上海：上海人民出版社，2015：210.

谓老子主张"万物实无所始",老子所言"无",即"元",即"始",即"道","《老子》云:'天下万物生于有,有生于无。'后之言佛法者,往往以此斥老子为外道,谓'无何能生有?'然非外道也。《说文》:'无,奇字无也,通于元者,虚无,道也。'《尔雅》:'元,始也。'夫万物实无所始。《易》曰:'大哉乾元','首出庶物',是有始也。又曰:'见群龙无首','天德不可为首',则无始也。所谓有始者,毕竟无始也。"①

正如老子把"以百姓心为心"作为政治思想的核心要义,老子人生观的核心要义是主张"无我"("无己"),"毋以有己""去子之骄气与多欲,态色与淫志""爱人终无己",②章太炎进一步从佛学角度对"毋以有己"予以全面阐释,"'毋以有己'者,'无我'也。骄气,我慢也;多欲,我爱也;态色,我慢所呈露也;淫志,我爱所流衍也;是皆去之,与'毋以有己'相成。"③章太炎会通老子、孔子、颜回、庄子思想,谓老子"无我"思想深刻影响孔子与颜回,孔子"四毋",颜回"克己",都是老子思想影响的结果,"太史公《孔子世家》:'老子送孔子曰:'为人臣者毋以有己,为人子者毋以有己。'二语看似浅露,实则含义宏深。盖空谈无我,不如指切事状以为言,其意若曰一切无我,固不仅言为人臣为人子而已。所以举臣与子者,就事说理,《华严》所谓事理无碍矣。于是孔子退而有犹龙之叹。夫唯圣人为能知圣,孔子耳顺心通,故闻一即能知十。其后发为'毋意、毋必、毋固、毋我'之论,颜回得之而克己。"④

老子道德观的核心要义是主张"上德不德",最好的道德是不带任何功利目的的道德,即所谓"望道而未之见"之"道","无所得"之"德","德者,得也,不德者,无所得也。'无所得'乃为'有德',其旨与佛法归结于'无所得'相同,亦与文王'视民如伤','望道而未之见'符合。盖道不可见,可见即非道。望道而未之见者,实无有道也。所以望之者,立文不得不如此耳。其实何尝望也。"⑤

① 章太炎全集(演讲集下)[M].上海:上海人民出版社,2015:1004.

② 章太炎全集(訄书初刻本 訄书重订本)[M].朱维铮点校.上海:上海人民出版社,2014:437.

③ 章太炎.菿汉三言[M].虞云国校点.上海:上海书店出版社,2011:80.

④ 章太炎全集(演讲集下)[M].章念驰编订.上海:上海人民出版社,2015:1005.

⑤ 章太炎全集(演讲集下)[M].章念驰编订.上海:上海人民出版社,2015:1005.

老子主张"贵身""爱身"，即统治者应该尊重和爱护老百姓的生命，每一个人也应该尊重和爱护他人的生命，其"宠辱若惊""贵大患若身"的说法，就是这种思想的表达，"夫吾无身者，吾无患矣。斯乃桑门小乘尪劣之行，怖畏生死，而期于远离五阴，彼大乘者，适贵其身与患俱，未遽避患也。"章太炎反对小乘佛教关于"无身"即"无患"的说法，认为老子"贵身""爱身"的思想与大乘佛教相通，人生的意义恰恰在于生命本身有价值，即让生命过得很精彩，"宠辱若惊"其实是一种入世修行，历练的最终结果是"宠辱不惊"，"老聃所言，谓其尝惊宠辱，非谓其终惊宠辱也；谓其洒落所知，而残留大患，以权制贵，非谓其豖縶于彼也。"①"身外之物""身外之患"，不要看得太重，只看作是对生命的一种磨练，只有看重生命本身的价值，而不是"大患"与"天下"，这样的人，才没有"大患"，才值得寄托"天下"，"夫有身不期于大患，而大患从之；大患不期于托寄天下，而托寄天下从之；此老聃所为贵爱者哉"。②章太炎批评慎到、申不害、韩非子都没有准确理解老子的"贵身""爱身"思想，故导致法家有"惨核少恩"的思想主张，"夫慎（到）、申（不害）、韩（非）者，独闻自然，弗能以大患商度情性，此惨核少恩所由起。"③

六、从"阴谋""权术"论到"揭穿权术""警戒权谋"论

关于老子政治思想的认识，章太炎前后有重大变化，在维新变法和辛亥革命时期，偏重于老子政治思想的批判，主要批判老子思想中所谓"权术""任权数""阴谋""任智"等，章太炎的意图其实是"荆轲刺老子"，即名义上批老子，实际上批清政府。借老子批清政府并非章太炎的独创，而是维新变法时期流行的一种学术与政治浑然一体的潮流——"批老"思潮，当时还有"批荀"思潮，这是近代新公羊学派常用的一种阐述微言大义的重要方法。

在维新变法期间，章太炎主要批判老子的"阴谋"，虽然已经把批判的矛

---

① 章太炎全集（訄书初刻本　訄书重订本）[M].朱维铮点校.上海：上海人民出版社，2014：436、437.

② 章太炎全集（訄书初刻本　訄书重订本）[M].朱维铮点校.上海：上海人民出版社，2014：437.

③ 章太炎全集（訄书初刻本　訄书重订本）[M].朱维铮点校.上海：上海人民出版社，2014：438.

头对准清政府，但对清政府还有幻想，不敢公开批判，对孔子没有任何批判，且誉之为"素王"与"独圣"。在《訄书》初刻本（1894—1900）中，章太炎重点批判老子思想中的"阴谋""阴鸷""庙算"，认为老子《道德经》以总结历史经验的方式，创立了"后世阴谋者"效法的劣政思想，"老聃为柱下史，多识掌故，约《金版》《六弢》之旨，著五千言，以为后世阴谋者法。"①章太炎列举其证据为，"'将欲取之，必固与之。'②其所以制人者，虽范蠡、文种，不阴鸷于此矣。"老子的"阴鸷"比范蠡、文种还要厉害，比《诗》《礼》还要高明，"得木不求盈，财帛妇女不私取，其始与之，而终以取之，比于诱人以《诗》《礼》者，其庙算已多。"老子的"权术"比儒家高明多了，查考历史，儒家权术不过形成"王莽改制"，而老子权术却造成"田氏代齐"与"汉高代秦"，"儒家之术，盗不过为新莽，而盗道家之术者，则不失为田常、汉高祖。"③

在辛亥革命时期，章太炎已经完全赞同"革命"，对清政府已经不抱任何希望，因此这一时期重点批判老子"胆怯"，不敢"革命"，"不敢为帝王"，④孔子的"素王""独圣"地位已经被否定，公开激烈批判孔子的"权术"，在《诸子学略说》（1906）中，章太炎批判老子"去力任智，以诈取人"，"知放任之不可久也。群龙无首，必有以提倡之，又不敢以权首自居。是故去力任智，以诈取人，使彼乐于从我。故曰：'善为道者，非以明民，将以愚之'。'弱之胜强，柔之胜刚，天下莫不知。'老氏学术，尽于此矣。"在此，章太炎把老子政治思想的核心要义归之于"去力任智，以诈取人"，进而批判孔子继承

---

① 《訄书》（初刻本）中这句话，在《国故论衡·原道》中被修改为，"老聃为周征藏史，多识故事，约《金版》《六弢》之旨，著五千言以极其情，则伊、吕无所用，亡所用故归于朴。"说明《国故论衡·原道》已经改变了老子"阴鸷"论。

② 老子这句话全文为，"将欲歙之，必固张之；将欲弱之，必固强之；将欲废之，必固兴之；将欲取之，必固与之。"载《老子》第三十六章。陈鼓应认为，这句话被后人"普遍误解为含有阴谋的思想，而韩非子是造成曲解的第一个大罪人。"这句话其实是老子对"物极必反""势强必弱"的一种说明，说明事物"对立转化"（"反者，道之动"）的道理。载《老子今注今译》（商务印书馆2016）第210页。在此，章太炎严重误解了老子"将欲取之，必固与之"的本义，这句话本来体现了老子"对立统一"与"对立转化"的辩证法思想。

③ 章太炎.訄书初刻本 重订本 [M].朱维铮编校.上海：中西书局，2012：8.

④ 章太炎的白话文 [M].陈平原选编.贵阳：贵州教育出版社，2014：112.

了老子的"权术"且比老子更加厉害，"老子以其权术授之孔子""孔子之权术，乃有过于老子者。"① 又批判老子"胆怯"，不敢"革命"，成为新的"权首"，"以怵于利害，胆为之怯，故事事以卑弱自持。所云'无为权首，将受其咎'。'人皆取先，己独取后'者，实以表其胆怯之征。"老子作为不敢"革命"的"胆怯"者只能耍阴谋诡计，玩弄"权术"，"天下惟胆怯者权术亦多，盖力不能取，而以智取，此事势之必然也。"②

大约从《国故论衡·原道》（初版 1910，增订 1915，校定 1919）开始，章太炎开始改变对老子有所谓"权术""阴谋"的认知，而谓老子不仅不是"任权数"，反而是"深黜圣知"，对"权术""阴谋"深恶痛绝，"谈者多以老聃任权数，其流为范蠡、张良。今以庄周《胠箧》《马蹄》相角，深黜圣知（智），为其助大盗，岂遽与老聃异哉！"③

章太炎从"揭穿权谋""随顺人情""破除所知障"三个视角，论证了老子之术非"权谋之术"。其一，老子之术是"揭穿权谋"，在《国故论衡》中，章太炎指出，"老聃所以言术，将以撢前王之隐慝，取之玉版，布之短书，使人人户知其术则术败。"④ 老子之术不仅不是"阴谋之术"，反而是"撢前王之隐慝"，即揭发"阴谋之术"，使得人人明白"阴谋之术"，从而开启民智，导致"阴谋之术"失败。老子不仅不是开启让"后世阴谋者"纷然效法的劣政思想，反而是开创让民心"归于朴"的教化思想，"伊（尹）吕（尚）亡（无）所用，亡（无）所用故归于朴。"⑤1910 年 3 月，章太炎在《教育今语杂志》"社说"中，以"正言若反"来解释老子之术为何不是"权术"，而是"揭穿权术"，"有人说老子好讲权术，也是错了。以前伊尹、太公、管仲，都有权术。老子看破他们的权术，所以把那些用权术的道理，一概揭穿，使后人不受他的欺罔。老子明明说：'正言若反'，后来人却不懂得老子用意，若人人都解得老子的意，又把现在的人情参看，凭你盖世的英雄，都不能牢笼得人，惟有平凡人倒

① 章太炎的白话文 [M]. 陈平原选编. 贵阳：贵州教育出版社，2014：113.
② 章太炎的白话文 [M]. 陈平原选编. 贵阳：贵州教育出版社，2014：112.
③ 章太炎. 国故论衡 [M]. 张渭毅点校. 北京：商务印书馆，2010：153.
④ 章太炎. 国故论衡 [M]. 张渭毅点校. 北京：商务印书馆，2010：153.
⑤ 章太炎. 国故论衡 [M]. 张渭毅点校. 北京：商务印书馆，2010：153.

可以成就一点事业，这就是世界公理大明的时候了。"①1935年，章太炎在《诸子略说》中指出，既然老子把权谋语"书之以为戒"，那就不是"权谋"，"《老子》书中有权谋语，'将欲歙之，必固张之；将欲弱之，必固强之；将欲废之，必固兴之；将欲夺之，必固与之'是也。凡用权谋，必不明白告人。而老子笔之于书者，以此种权谋，人所易知故尔。亦有中人权谋而不悟者，故书之以为戒也。"②

其二，老子之术是"随顺人情"。1911年10月，章太炎在日本"佛学演讲"中，以佛学"应机说法"，来解释所谓老子"权术"，不过是"随顺人情"而已，"仿佛佛法中有三乘的话，应机说法。老子在政治上也是三乘的话，并不执着一定的方针，强去配合。一方说：'以道莅天下，其鬼不神。'是打破宗教；一方有说：'人之所教，我之教之。强梁者不得其死，吾将以为教父。'又是随顺宗教。所以说'不善者，吾亦善之，不信者，吾亦信之'，并不是权术话，只是随顺人情，使人人各如所愿罢了。"③

其三，老子之术是"破除所知障"。老子所谓"绝圣弃智""以智治国，国之贼""愚民之心"，并非"权术""阴谋""反智""愚民"，而是通过"破除所知障"，最终达到"上德不德"的最高道德境界。其《诸子略说》云："所知障"为"下德"，"念念不舍，心存目想，即有所得，即所谓所知障，即不失德之下德也"，④章太炎极为认同佛学关于"破除所知障"的说法，"佛家以有所见为所知障，又称理障。有一点智识，即有一点所知障。纵令理想极高，望去如有物在，即所知障也。今世讲哲学者不知此义，无论剖析若和精微，总是所知障也。"⑤章太炎强调老子"破除所知障"（"上德不德""绝圣弃智"）的思想，对孔子、颜回、庄子有较大的影响，"孔子云：'吾有知乎哉？无知也。'无知，故所知障尽。颜子语孔子曰：'回益矣，忘仁义矣。'孔子曰：'可矣，犹未也。'它日复见曰：'回益矣，忘礼乐矣。'孔子曰：'可矣，犹未也。'它日，复见曰：'回益矣，坐忘矣。'孔子乃称：

① 章太炎的白话文 [M]. 陈平原选编. 贵阳：贵州教育出版社，2014：61.
② 章太炎全集（演讲集下）[M]. 章念驰编订. 上海：上海人民出版社，2015：1003.
③ 章太炎全集（演讲集上）[M]. 章念驰编订. 上海：上海人民出版社，2015：157–158.
④ 章太炎全集（演讲集下）[M]. 章念驰编订. 上海：上海人民出版社，2015：1006.
⑤ 章太炎全集（演讲集下）[M]. 章念驰编订. 上海：上海人民出版社，2015：1005–1006.

'而（尔）果其贤乎！丘请从而（尔）后。'盖'坐忘'者，'一切皆忘'之谓，即'无所得'之'上德'也。"①

七、提出"道教无关于老子"论

章太炎提出"老子非宗教家"论，认为老子反对鬼神，破除迷信，"要使民智"，反对"强梁"，故老子思想与宗教无关。其一，老子"崇虚无，明自然""极力破除迷信"。"老子崇虚无，明自然，独树一帜，与孔子对峙于南方，观其著书，极力破除迷信，何尝有一语似宗教家言？及为后世术士所依托，则为教矣"。②后来老子思想演化为宗教思想，那是"后世术士所依托"，不是老子本来的思想，老子明确反对鬼神，有哲学思想，有政治思想，有世俗的人生观，没有宗教思想，"老子很反对宗教，他说：'以道莅天下，其鬼不神。'"③

其二，老子思想"要使民智"，而宗教思想"要使民愚"。"大概中国几家讲哲理的，意见虽各有不同，总是和宗教相远。就有几家近宗教的，后来也必定把宗教话打洗净了。总不出老子划定的圈子。这个原是要使民智，不是要使民愚。"④老子反对"前识"，反对"愚民"，主张"以百姓心为心"，吸取历史经验，希望统治者实行"不言之教，无为之益"，不会"假宗教言以愚民""假宗教言以愚民，老聃所不赞成者也。前识者，道之华，而愚之始。前识者，宗教之预言也。古人之经验多，而积理富者，曷尝无事前之识？然冥心一意，以求前识，则积之日久，未有不堕魔障者。此宗教言，所以为识者不取也。"⑤

其三，老子没有宗教家释迦牟尼、穆罕默德（亦称"默罕默德"）、耶稣那样的"强梁之最"，不可能创造宗教，主张世俗化的"随顺人情"，即所谓"人之所教，我亦教之"。"（老子）不敢为教主。故云'强梁者不得其死，吾将以为教父。'大柢为教主者，无不强梁，如释迦以勇猛无畏为宗，尊曰大雄，亦曰调御；而耶苏（稣）、默罕默德辈，或称帝子，或言天使，遇事奋迅，有

① 章太炎全集（演讲集下）[M].章念驰编订.上海：上海人民出版社，2015：1006.
② 章太炎全集（演讲集上）[M].章念驰编订.上海：上海人民出版社，2015：195.
③ 章太炎.国学概论 [M].汤志钧导读.上海：上海古籍出版社，1997：4.
④ 章太炎的白话文 [M].陈平原选编.贵阳：贵州教育出版社，2014：63.
⑤ 章太炎全集（演讲集上）[M].章念驰编订.上海：上海人民出版社，2015：209.

慭不畏死之风。此皆强梁之最也。老子胆怯，自知不堪此任，故云'人之所教，我亦教之'，如是而已。"①章太炎批评世人对老子"强梁不得其死，吾将以为教父"一语存在严重误解，故以此作为老子"崇奉宗教之意"，而其实这句话洽为老子"不喜宗教之证"，"世之误解老子者，以'强梁不得其死，吾将以为教父'之言，为崇奉宗教之证。然其书又曰：'以道莅天下，其鬼不神'。又作何解？道者，政治修明之谓，政治修明，而鬼为之不神，则非崇奉宗教之意矣。窥老聃之意，以其人而果强梁也，守其教旨，死生不渝，曷尝不以教主奉之？然天下强梁者少，不强梁者多，苟修明政治，厉禁其说，有不戢戢于捶拊之下者乎！其有敢倡妖言以惑众者，则刑戮随之，如是而邪说不息，正理不伸者，未之有也。故以二语为老聃不喜宗教之证。"②

因为老子思想非宗教思想，故章太炎提出"道教与老子无关"论，道教虽然推老子为"教祖"，却与老子没有多大关系，"《老子》'谷神不死，是谓玄牝'等语，未知何指。道士依傍其说，推为教祖，实与老子无与。"③具体而言，其一，老子注重"贵身"，但并不追求长生不老，而道教有不死之说，"以登仙为极则"。④诠释老子思想的先秦经典《庄子》明确记载了老聃之死，《庄子》也主张"齐生死"。"老子说的：'吾所有有大患，为吾有身；若吾无身，吾又（有）何患？'庄子说的：'莫寿于殇子，而彭祖为夭。'和道士追求长生的意儿，截然相反。怎么能合做一家？"⑤其二，道教有"鬼神信仰"，老子排斥"鬼神信仰"，注重历史经验，老子主要是一个"史官"，意在总结历史的经验教训。"道家老子，本是史官，知成败祸福之事，悉在人谋，故能排斥鬼神"，⑥老子开创的道家思想主流是"排斥鬼神""道家如老庄辈，皆无崇信鬼神之事，列子稍近神仙，亦非如汉世方士所为也。"⑦其三，老子对道教发生影响始于东汉末年，汉末张道陵、张鲁注释《老子》，开始迁合老子入道教，后世道教深受影响。

① 章太炎的白话文 [M]. 陈平原选编. 贵阳：贵州教育出版社，2014：112.

② 章太炎全集（演讲集上）[M]. 章念驰编订. 上海：上海人民出版社，2015：209.

③ 章太炎的白话文 [M]. 陈平原选编. 贵阳：贵州教育出版社，2014：112.

④ 章太炎全集（演讲集下）[M]. 章念驰编订. 上海：上海人民出版社，2015：1007.

⑤ 章太炎的白话文 [M]. 陈平原选编. 贵阳：贵州教育出版社，2014：91.

⑥ 章太炎. 菿汉三言 [M]. 虞云国校点. 上海：上海书店出版社，2011：175.

⑦ 章太炎的白话文 [M]. 陈平原选编. 贵阳：贵州教育出版社，2014：112.

"道经本是张道陵开头，虽则脱名老子，到底和老子不相干。"①章太炎严厉批判历代学者把诸子百家列入《道藏》与道教经典的行为，"若为张道陵托名老子，就把道家、道士看成一样，那么《道藏》里头，连墨子、韩非子也都收去，也好说古来的九流，个个都是道士么？不晓得怎么样，万斯同修《明史》，把老子、庄子的注解，和道士的书录在一块。近代的《四库提要》，也依着这种谬见，真是第一种荒唐了。"②其四，老子不讲炼丹，道教讲炼丹，"晋朝葛洪，好讲练（炼）丹，倒还痛骂老庄。"③其五，道教的神仙派与老子无关，"《老子》精深博大，非羽流之书"④"神仙家、道家，《隋志》犹不相混。清修《四库》，始混而为一。"⑤其六，道教的劾禁派亦与老子无关，"劾禁一派，非但与老子无关，亦与神仙家无关。求之载籍，盖与墨子为近。"⑥其七，道教的茅山派、龙虎山派、龙门派均与老子无关。"今之道士，有此三派，而皆与老子无关者也。"⑦

八、章氏新老学话语体系的特点与影响

章太炎是近代中国新子学话语体系的主要奠基人，是近代中国新子学话语体系建构之中公认的影响最大、学问最高的"国学大师"。⑧其在新老学、新孔学、新墨学、新庄学、新名学、新荀学、新韩学等新子学领域，都具有重大影响。胡适推章太炎为近代新子学话语体系的奠基人，"到章太炎，方才于校勘训诂的诸子学之外，别出一种有条理系统的诸子学。"⑨钱穆亦推章太炎为近代新子学话语体系的创始人，"最先为余杭章炳麟，以佛理及西说阐发诸子，

---

① 章太炎的白话文 [M]. 陈平原选编. 贵阳：贵州教育出版社，2014：91.

② 章太炎的白话文 [M]. 陈平原选编. 贵阳：贵州教育出版社，2014：91.

③ 章太炎的白话文 [M]. 陈平原选编. 贵阳：贵州教育出版社，2014：91.

④ 章太炎. 蓟汉三言 [M]. 虞云国校点，上海：上海书店出版社，2011：175.

⑤ 章太炎全集（演讲集下）[M]. 章念驰编订. 上海：上海人民出版社，2015：1008.

⑥ 章太炎全集（演讲集下）[M]. 章念驰编订. 上海：上海人民出版社，2015：1008.

⑦ 章太炎全集（演讲集下）[M]. 章念驰编订. 上海：上海人民出版社，2015：1008.

⑧ 陈永忠在《章太炎与近代学人》（天津：百花文艺出版社2011）一书中高度称赞章太炎为"近代中国国学第一人"。

⑨ 胡适. 中国哲学史大纲 [M]. 北京：商务印书馆，2011：21.

于墨、庄、荀、韩诸家皆有创建。"①章太炎对老子评价很高，推之为"域中四圣"之一，②且在"玄远"与"救世"方面首屈一指。③故其构建的近代新老学话语体系在其近代新子学话语体系之中极为重要，具有如下几个显著的特点：其一，突出老子在哲学、史学、教育学、政治学等方面的开创性地位。从哲学、史学、教育学、政治学等多个维度分析老子对中国历史发展的伟大贡献。重点突出了老子"以百姓心为心"的政治思想对中国政治文化和政治制度的重大贡献。其二，突出老子思想的非宗教性。认为老子反对鬼神，没有迷信，注重总结历史经验，注重民心向背，是一位"史官"与"哲人"，而非"宗教家"。其三，突出老子思想的现代意义。章太炎研究老子思想，构建新老学话语体系，在维新变法和辛亥革命时期有"荆轲刺老子"的特点，以批判老子讥刺清政府，此后则突出以老学救世（挽救道德人心）、救国（寻找救国方案）的特点。这一特点体现了章太炎"有学问的革命家"的风范。其四，对老子思想的认识前后有变化。章太炎对老子思想的看法，前后并不一致，前期政治性强，受维新变法时期批老思潮影响，章太炎一开始也批评老子有"阴谋""权术"，如《訄书》的初刻本（1894—1900）和重订本（1901—1904）都是如此，大概从《国故论衡》（1910）和《检论》（1914—1915）之后，章太炎对老子思想就更强调其道德与政治价值。其五，注重以老子思想反思西方政治制度中存在的问题与西方现代性的缺陷。在《原道》中重点批判了西方政党政治制度的缺陷，"观远西立宪之政，至于朋党争权，树标揭鼓，以求选任。处大官者，悉以苞苴酒食得之，然后知老子、韩非所规深远矣。"④其六，注重比较与贯通研究，会通古今中西之学，综合运用多种诠释学方法，把西学、佛学、孔学、颜学、庄学、韩学等古今中西之学都用于对老子思想的释读，从而使得其构建的新老学话语体系博大精深，达到前所未有的认识高度。

---

① 钱穆. 国学概论 [M]. 北京：商务印书馆，1997：322.

② 章太炎在《菿汉微言》中谓"文（周文王）、孔、老、庄，是为域中四圣"。

③ 章太炎在《菿汉微言》中谓"仲尼之功，贤于尧舜，其玄远终不敢望老、庄矣"。在孙思昉《老子政治思想概论》序言中谓"老子以内圣外王之道自持，得其政治之术者，莫若韩非。其后，微言渐绝，其绪余犹足以为天下。"

④ 章太炎. 国故论衡 [M]. 张渭毅点校. 北京：商务印书馆，2010：155.

章太炎是近代中国新老学话语体系的重要奠基人，有构建新老学话语体系的专门著作《儒道》①《原道》②《道本》③，其他涉及诸子学的论著之中④亦有关于新老学话语体系的阐述，目前的中国近代老学史研究，对章太炎的新老学话语体系建构研究有所忽视。章太炎以老子为中国哲学之祖，对胡适、陈鼓应等人的中国哲学史书写发生了重要影响；以老子为诸子学派的奠基人，为中国学术的开创者，对中国思想史、中国学术史的书写有长期影响；以老子孔子为中国史学之祖，构建近代新史学话语体系，对于中国传统史学的现代化发生了深刻影响；关于老子思想无神论、唯物论的论断，对中国近现代老学发展发生了重要影响；关于老子之术的核心要义是"以百姓心为心"，对当代中国政治文化的建设有重要的参考价值；关于老子道德思想的最高境界是"上德不德""无我"，对当代中国社会主义核心价值观建设具有重要的滋养作用。

结语

面对"千年大变局"，西方崛起，中国沉沦，仁人志士亟需"救国""救世"，章太炎推老子为"大医"，构建新老学话语体系，"得其本"，精彩绝伦，有其独创性贡献。其对老子其人其书的考证，为郭店楚简所佐证；推老子为中国哲学之祖、中国学术之祖，为中国哲学史、中国思想史、中国学术史的重新书写所采用；其剥离老子与道教的论断，推动了近代国人的思想解放；其总结老子之术的核心要义是"以百姓心为心"，有助于当代中国的政治文化建设；其总结老子道德的最高境界为"无我"，有助于当代中国的价值观建设；其对黄老学派与黄老政治的研究，有助于当代中国黄老学派与黄老政治的新探索。当然，章太炎新老学话语体系构建之中的一个缺憾，就是对老子"将欲歙之，必固张之；

---

① 载《訄书》初刻本（1894—1900）与重订本（1901—1904）。

② 载《国故论衡》初刻本（1910年国学讲习会本）、重校本（1915年右文社《章氏丛书》本）与校订本（1919年浙江图书馆《章氏丛书》本）。

③ 载《检论》（1914—1915）。

④ 如《诸子学略说》（1906）、《论诸子学的大概》（1907—1910）、《在被袁世凯幽禁期间的国学演说》（1913）、《菿汉微言》（1914—1916）、《国学概论》（1922）、《诸子略说》（1935）等。

将欲弱之，必固强之；将欲废之，必固兴之；将欲取之，必固与之"一语的解说，存在严重误解，视之为老子主张"阴谋"与"权术"的重大证据，后来虽然视之为老子"揭穿权术"与"警戒权谋"的主要证据，但这种根本误解仍然没有改变。

第二章　章氏新老学话语体系之变

晚清民国时期，随着西学的传播与刺激，诸子学持续复兴，老子研究极为盛行。但是，此时的老子研究看似学术研究，其实并非纯然的学术研究，而是深深地卷入了东方与西方、西学与中学、西化与本土、维新与革命、专制与民主、侵略与反侵略的博弈之中。章太炎的老子研究①就是其中的一个显著案例。章太炎少时学习老子，参加维新变法以来一直到老，均致力于老学的探索。但其老子研究并非一成不变，前后反差大。从维新时期的批判老子走向革命以后的表彰老子。而且在不同的时期，应对不同的形势，其所阐发的义理并不一样。从借老子批判清政府的专制统治，到借老子批判袁世凯的专制与尊孔；从借老子批判本国文化到借老子反思西方文化；从革命时期注重老子的治国方略，到治学时期注重老子的道德理想；从以西学与佛学解老子，到以儒学与本土文化解老子。

一、从批判老学到表彰老学

《訄书·儒道》无论是初刻本，还是修订本，对老子都是持严厉的批判态度。《訄书》初刻本成书的时代，正是中国爆发立宪维新的时代。章太炎这时写了《儒

---

① 系统探讨章太炎老子研究的文章鲜有。《船山学刊》2008 年第 3 期发表吴建伟《略论章太炎老子研究的学术特点》，侧重从老学诠释近代化、诸子比较研究和强烈现实关怀三方面予以论述，本文则注重从章太炎老学内在演化的趋向及其原因进行论述。

道》。据朱维铮考证，该文作于 1899 年 7 月前。[①]该文对老子学说中的"阴鸷""阴谋"展开了激烈批判，认为儒家与道家的根本区别在于道家（老子）有阴谋，而儒家（孔子）有仁义。"老氏之清静，效用于汉。然其言曰：'将欲取之，必先与之。'其所以制人者，虽范蠡、文种，不阴鸷于此矣。故吾谓儒与道辨，当先其阴鸷，而后其清净。韩婴有言：'行一不义，杀一不辜，虽得国可耻。'儒道之辨，其扬榷在此耳。"章太炎指出，老子精通历史，因此极为熟悉各种阴谋诡计，虽然治天下的目标与儒家相同，但其方法与儒家大异。"老聃为柱下史，多识故事，约《金版》《六弢》之旨，著五千言，以为后世阴谋者法。其治天下同，其术甚异于儒者矣。故周公诋齐国之政，而仲尼不称伊、吕，抑有由也。"章太炎还特别强调，即使儒家有阴谋，其阴谋的厉害之处也远不及道家，不仅开国治国如此，就是做强盗也是如此。"且夫儒家之术，盗之不过为新莽，而盗道家之术者，则不失为田常、汉高祖。得木不求赢，财帛妇女不私取，其始与之，而终以取之，比于诱人以《诗》《礼》者，其庙算已多。夫不幸污下以至于盗，而道犹胜于儒。然则愤鸣之夫，有讼言伪儒，无讼言伪盗，固其所也。虽然，是亦可谓防窃钩而逸大盗者也。"[②]

1906 年章太炎在国学讲习会讲《论诸子学》。[③]不仅继续批判老子的"阴谋"学说，而且深入揭批其流毒于孔子与儒家的后果。认为老子胆怯，不敢争先，缺乏进取精神。"以怵于利害，胆为之怯，故事事以卑弱自持。所云'无为权首，将受其咎'，'人皆取先，己独取后'者，实以表其胆怯之征。"老子的这种心态传承到孔子与儒家身上，所以儒家不敢革命，不敢为帝王。"孔子受学老聃，

---

① 《儒道》先后收入《訄书》初刻本、重订本。结合朱维铮、姜义华的考证，初刻本于 1899 年夏秋间编定，50 篇，梁启超题名，初版于 1900 年 2 月至 4 月间，1900 年夏秋间有补佚本，增加 2 篇。重订本于 1902 年始删革，1903 年春完稿，65 篇，邹容题名，1904 年 4 月、10 月、1905 年有东京翔鸾社本。1910 年对《訄书》再次修订，《儒道》全删，为《原道》（上、中、下）取代，原件藏北京图书馆。1914 年秋冬间再次修订，《訄书》易名为《检论》，《儒道》全删，《原道》已收入《国故论衡》，以《道本》《道微》代之。1915 年 5 月《检论》定稿，9 卷 67 篇。7 月《检论》由上海右文社出版，收入《章氏丛书》。1919 年《章氏丛书》由浙江图书馆增订再版。
② 章太炎全集（訄书初刻本，等）[M].朱维铮点校.上海：上海人民出版社，2014：8-9.
③ 载《国学讲习会略说》，有 1906 年 9 月日本秀光社本，又载《国粹学报》1906 年 9 月 8 日与 10 月 7 日。

故儒家所希，只在王佐，可谓不背其师说矣。"老子不仅软弱教人不敢为帝王，也教人不敢为教主。"老子非特不敢为帝王，亦不敢为教主，故云'强梁者不得其死，吾将以为教父'。"因此，老子在教育的内容方面不敢有所创新。"老子胆怯，自知不堪此（教主）任，故云'人之所教，我亦教之'，如是而已。"胆怯者为了战胜别人往往使用阴谋诡计。"然天下惟胆怯者权术亦多，盖力不能取，而以智取，此事势之必然也。"老子是胆怯者，主张自然进化，在社会上必然是弱肉强食，因此不得不使用阴谋。"由其博览史事，而知生存竞争，自然进化，故一切以放任为主。虽然，亦知放任之不可久也。群龙无首，必有以提倡之，又不敢以权首自居。是故去力任智，以诈取人，使彼乐于从我。故曰'善为道者，非以明民，将以愚之'；'弱之胜强，柔之胜刚，天下莫不知。'老氏学术，尽于此矣。"在这里，阴谋被视为老子学说的根本。孔子得老子阴谋之术发扬光大，反过来对付老子并流毒于后世，使得专制制度与阴谋权术融为一体。"虽然，老子以其权术授之孔子，而征藏故书，亦悉为孔子诈取。孔子之权术，乃有过于老子者。"① 既然阴谋论是老学根本，《儒道》与《论诸子学》批判老子的阴谋论其实就是根本否定老子学说。

1907 年至 1910 年讲于日本的《中国文化的根源和近代学问的发达》，② 开始检讨此前的错误论点，认为老子不仅不是阴谋论者，而是恰恰相反，是尖锐地揭破阴谋论之第一人。"有人说老子好讲权术，也是错了。以前伊尹、太公、管仲，都有权术，老子看破他们的权术，所以把那些用权术的道理，一概揭穿，使后人不受他的欺罔。老子明明说的：'正言若反'，后来人却不懂老子用意，若人人都解得老子的意，又把现在的人情参看参看，凭你盖世的英雄，都不能牢笼得人。"③

1910 年 6 月发表的《原道》④ 进一步为老子洗雪阴谋论的嫌疑，认为老庄之学是一脉相传的，既然庄子"深黜圣知"，可见老子也不会有阴谋论。"谈

① 章太炎 . 章太炎演讲集 [M]. 章念驰编 . 上海：上海人民出版社，2011：40.
② 载《教育今语杂志》第一册，1910 年 3 月 10 日刊行。后又刊于《章太炎的白话文》。
③ 章太炎 . 章太炎演讲集 [M]. 章念驰编 . 上海：上海人民出版社，2011：58.
④ 《原道》三篇作于旅日时，刊于《国粹学报》庚戌年第五号，1910 年 6 月 26 日出版。原计划收入《訄书》删订本，同年收入《国故论衡》，日本秀光社铅印本，3 卷 26 篇，1915 年 5 月增订。

者多以老聃为任权数，其流为范蠡、张良。今以庄周《胠箧》《马蹄》相角，深黜圣知，为其助大盗，岂遽与老聃异哉？"老子戳穿阴谋，正是为了使阴谋之术无处可施。"老聃所以言术，将以撢前王之隐匿，取之玉版，布之短书，使人人户知其术则术败。会前世简毕重滞，力不行远，故二三奸人得因自利，及今世有赫蹏雕镂之技，其书遍行，虽权数亦几无可施矣。"只有"使民户知诈"，才能"去民之诈"，老子是真正能够"得盗之情以网捕者"。"老聃称：'古之善为道者，非以明民，将以愚之。民之难治，以其智多。'愚之何道哉？以其明智，所以愚之。今是驵侩则欺罔人，然不敢欺罔其类，交知其术也，故耿介甚。以是知去民之诈，在使民户知诈。故曰：'以智治国国之贼，不以智治国国之福，知此两者亦稽式。'何谓稽式？谓人有发奸摘伏之具矣。粤无镈，燕无函，秦无卢，胡无弓车，夫人而能之，则工巧废矣。常知稽式，是谓玄德。玄德深远，而与物反。伊尹、大公、管仲虽知道，其道，盗也。得盗之情以网捕者，莫若老聃。"①

1913 年的讲学中也否认老子之学有"专制"与"愚民"的成分，而是"洞见专制之真相"，使"愚民之术不得施"。《国学会听讲日记》②12 月 27 日记载："老聃之言曰'古之善为道者，非以明民，将以愚之。'斯言乃可谓洞见专制之真相矣。何以知之？老聃尝言'知此两者亦稽式'。稽者，稽察也，式者，试验也，稽察两方面之情形，而灼知其故，则专制之威不得逞，愚民之术不得施。老氏之言，所以揭示专制之真相，其所稽者至精，而所试者亦至巧矣。后儒谓老聃以愚民政策导人君，非真知老子者矣。"③

1935 年《诸子学略说》也说所谓老子权谋语乃是老子"书之以为戒"。"《老子》书中有权谋语，'将欲歙之，必故张之；将欲弱之，必固强之；将欲废之，必固兴之；将欲夺之，必故与之'是也。凡用权谋，必不明白告人。而老子笔之于书者，以此种权谋，人所易知故尔。亦有中人权谋而不悟者，故书之以为

① 章太炎.国故论衡·原道上 [M].长沙：岳麓书社，2013：163.

② 1913 年 12 月 18 日至 27 日有金毓黻记录的《国学会听讲日记——余杭章太炎先生主讲》，载《东北丛刊》第七期，1930 年 7 月出版。后以《在被袁世凯幽禁期间的国学演说》为题，收入《章太炎讲演集》。

③ 章太炎.章太炎演讲集 [M].章念驰编.上海：上海人民出版社，2011：144.

戒也。"①

为什么约在 1907—1910 年，章太炎对老子的态度发生了重大变化，此前只是一味的批评，此后对老学的表彰与深度解读成为主流？

批判老学是维新变法时期的一种思潮。当时批判古文经学、荀学、老学、韩学与秦政、推崇并重新解释公羊学，是为宣传维新变法服务的。批判古文经学是批判当时的意识形态，消除君主专制制度的观念根基，为推行新的君主立宪制度作舆论宣传。批判荀学、老学、韩学与秦政的用意是批判当时的君主专制制度与官僚体制。推崇并重新解释公羊学是推出新的意识形态，用来自西方的进化论与自由民主理论对儒家今文经典进行微言大义的阐发。章太炎对老学的批判当归属此思潮。康有为对老学"阴谋"的批判，对章太炎可能有所影响。康有为 1896 年在万木草堂讲学时批判老子的"权术"与"愚民"遗祸两千年："下经（德经）则专权术，开飞钳、捭阖二派，可恶极矣"；"《老子》'天地不仁'，开申、韩一派"；"老子言夫治'非以明民，将以愚之'，开秦始皇焚书之祸害"；"数千年治天下，皆老学"；②"老子之学，遗祸最酷"；"学术与心术相关者，老子之学最坏。"③康有为的批老对当时的维新派的批老思潮产生了影响。章太炎的批老，可能也受到韩非子的误导，维新时期章太炎对荀、韩之学极为推崇，《訄书》初刻本首《尊荀》，与梁启超、谭嗣同等排荀大为不同。《菿汉微言》自述："遭世衰微，不忘经国，寻求政术，历览前史，独于荀卿、韩非所说，谓不可易。"④但韩非之学对老学有很大扭曲。"韩非假借老子所引申出来的几种法术，都是讲求驾驭阴谋的诈术，完全曲解老子的原意。"⑤

从维新走向革命之际，主张推翻清政府的革命派不再仅仅如维新派改造儒家意识形态，而是开始放弃并激烈批判儒家意识形态、儒家信仰与儒家道德，而对西学、佛学、老庄之学、墨学开始予以表彰认同，并作为构建革命及其革

---

① 章炳麟.国学概论 外一种：国学讲演录 [M].长沙：岳麓书社，2009：207.

② 康有为.万木草堂口说（外三种）[M].姜义华，张荣华编校.北京：中国人民大学出版社，2010：70、72、74.

③ 张伯桢整理.南海师承记.康有为.万木草堂口说（外三种）[M].姜义华，张荣华编校.北京：中国人民大学出版社，2010：222.

④ 章太炎.菿汉三言 [M].虞云国点校.上海：上海书店出版社，2011：71.

⑤ 陈鼓应.老子注译及评价（修订增补本）[M].北京：中华书局，2009：354.

命后之新社会的信仰与道德的材料。章太炎是为代表。革命时期，章太炎对作为主流意识形态的儒学是批判的，孔子已不再是圣人，而只是一个历史学家。"若夫孔氏旧章，其当考者，惟在历史。"① 而老子之学不仅是极高尚的道德之学，更是极高明的政治之学。"政治社会，此则惟待老庄也。"② 同时章太炎也在反思韩非子法家学说的合理性，不再像以前那样极端崇拜韩非子，而是对韩非学说的不合情理之处予以犀利批判。认为韩非子学说所养成的国民将只是一群没有人性、人格、道德与情感的"虎狼之民、牛马之士"。1910年6月发表的《原道》指出："韩非虽《解老》，然佗篇娓娓以临政为齐，反于政必黜，故有《六反》之训、《五蠹》之诟。夫曰：'斩敌者受赏，而高慈惠之行。拔城者受爵禄，而信廉（兼）爱之说。坚甲厉兵以备难，而美荐绅之饰。富国以农，距敌恃卒，而贵文学之士。废敬上畏法之民，而养游侠私剑之属。举行如此，治强不可得也。'（《五蠹》）然不悟政之所行，与俗之所贵，道固相乏。所赏者当在彼，所贵者当在此。今无慈惠廉爱，则民为虎狼也。无文学，则士为牛马也。有虎狼之民、牛马之士，国虽治、政虽理，其民不人。世之有人也，固先于国。且建国以为人乎？将人者为国之虚名役也？韩非有见于国，无见于人；有见于群，无见于孑。政之弊以众暴寡，诛岩穴之士。法之弊以愚割智；'无书简之文，以法为教；无先王之语，以吏为师'。"③ 既然"韩非有见于国，无见于人；有见于群，无见于孑。"章太炎对韩非子所解说的老子阴谋论当然也就不再相信了。

当中华民国诞生却由于师西不化（章太炎对民国立国究竟应该采取何国政治制度与法律时，反对事事更张，主张因地制宜，不尚虚美，但革命派多主张照抄美国与法国。④）未能真正立国而第一次世界大战又突然爆发，章太炎师西失望，又遭袁世凯囚禁，转而对中国自己的文化深入研究，对儒家道德也日益有好感，此后的老学研究不再以批判为主，而走向深入探讨，主体取向是同情理解与文化表彰。章太炎对老子为孔子之师深信不疑，随着他在信仰与道德方

---

① 章太炎.答铁铮.中国近代思想家文库　章太炎卷 [M].姜义华编.北京：中国人民大学出版社，2015：181.

② 章太炎.菿汉三言 [M].虞云国点校.上海：上海书店出版社，2011：192.

③ 章太炎.国故论衡·原道下 [M].长沙：岳麓书社，2013：173.

④ 章太炎.中国近代思想家文库　章太炎卷 [M].姜义华编.北京：中国人民大学出版社，2015：92.

面向儒学的逐渐复归，对老学的推崇也不遗余力。1935年6月6日的《答张季鸾问政书》明确宣示"中国文化本无宜舍弃者""今日格外阐扬者，曰以儒兼侠。"①对于老子之学，更是认为可作为救急之学。"今国家之乱，甚于春秋七国之间，（孙）思昉（著《老子政治思想概论》）诚有意为国，于此得无深思之乎？"②

二、从学习西方视觉到本土文化视角

1914年第一次世界大战爆发以前，章太炎对老学的态度主要是从学习西方与西学视角出发。梁启超在《清代学术概论》中指出：此时的章太炎"既亡命日本，涉猎西籍，以新知附益旧学，日益闳肆。"③《訄书》时代是章太炎从激进维新走向激进革命的时代，也是其激进西化的时代，虽然其西化采取的是国粹主义（古学复兴）的形式，但国粹主义运动只是中国的文艺复兴运动。古学，即诸子学，只是中国的西学，只是增进国人爱国热肠的手段。其政治目标，甚至道德理想，仍然是学习西方与西化。章太炎极为向往的无政府主义、社会主义（1906年7月15日章太炎在东京留学生欢迎会上的演讲中指出："我们今日崇拜中国的典章制度，只是崇拜我的社会主义"）就是当时西化主张的各种形式之一。1910年3月发表《中国文化的根源和近代学问的发达》一文对老子的解读就主要是基于西方的哲学、科学的角度，对老子发明哲学、不信鬼神、讲究质验大加表彰。"中国头一个发明哲理的，算是老子"；"老子出来，就大翻了。并不相信天帝鬼神和占验的话。孔子也受了老子的学说，所以不相信鬼神，只不敢打扫干净。老子以后，有二百年，庄子出来，就越发骏逸不群了。以前论理论事，都不大质验，老子是史官出身，所以专讲质验。以前看古来的帝王都是圣人，老子看得穿他有私心。以前看万物都有个统系，老子看得万物没有统系。及到庄子《齐物论》出来，真是件件看成平等，照这个法子做去，就世界万物各得自在。不晓怎么昏愚的道士，反用老子做把柄，老子的书现在再也不能附会上去。"④但此时的章太炎并不主张完全学习西方，他在1912年中华民国联合会第一次大

---

① 章太炎. 中国近代思想家文库 章太炎卷[M]. 姜义华编. 北京：中国人民大学出版社，2015：114.

② 章太炎自述（1869—1936）[M]. 文明国编. 北京：人民日报出版社，2012:116.

③ 梁启超. 清代学术概论[M]. 朱维铮校订. 北京：中华书局，2011：141.

④ 章太炎. 章太炎演讲集[M]. 章念驰编. 上海：上海人民出版社，2011：58.

会演说辞中指出："中国本因旧之国，非新辟之国，其良法美俗，应保存者，则存留之，不能事事更张也""如悉与习惯相反，必不能行。①"

1914 年第一次世界大战爆发以后，章太炎对西学的态度发生重大变化，不再一味推崇西学以及被称为中国式西学的墨学，反对"菲薄旧日文明，皮傅欧风"，② 而重新认同儒学，但继续反对把儒学宗教化，亦侧重从本土环境和中国文化内在演化视角解读老学。1914 至 1916 年间的国学演讲《菿汉微言》很强调儒学、老庄之学与佛学的贯通理解。譬如对道德高于仁义的认识，就被视为老学、孔学与佛法的内在共识："老子以道德高于仁义，仲尼亦云：'志于道，据于德，依于仁。'何平叔说：'道不可体，故志之而已。德有成形，故可据。仁者，功施于人，故可倚之，是道德果在仁义上矣。'仁义唯有施、戒、忍、进四度，而定智皆劣，通在人乘；道德则六度晐之，惟菩萨乘，是故其言有别。仲尼言仁复有兼晐万善者，此则菩萨行中，一切波罗蜜具一切波罗蜜，其别言者，但据本行耳。以是为说，通别无碍。"③1917 年 3 月 4 日，章太炎在上海主办亚洲古学会，其第一次大会的演讲中强调了第一次世界大战对中国人改变对西方文化印象的影响："近者欧战发生，自相荼毒，残酷无伦，益证泰西道德问题扫地以尽，而东方高尚之风化，优美之学识，固自有不可灭者。"④1922 年章太炎在上海的国学演讲，就特别强调中国文化、西方文化与印度文化的不同，是基于地理环境的不同。他指出西方文化、印度文化为宗教型文化，而中国文化属政治型文化。"中国自古即薄于宗教思想，此因中国人都重视政治；周时诸学者已好谈政治，差不多在任何书上都见他们政治的主张。这也是环境的关系：中国土地辽广，统治的方法，急待研究，比不得欧西地小国多，没感着困难。印度土地也大，但内部实分着许多小邦，所以他们的宗教易于发达。中国人多以全力着眼政治，所以对宗教很冷淡。"因此，"老子很反对宗教"，"孔子对于宗教也反对"。⑤1924 年《救学弊论》反对学者"歆慕远西，堕其国性"，

---

① 章太炎.中华民国联合会第一次大会演说辞.章太炎自述（1869—1936）.[M]文明国编.北京：人民日报出版社，2012：399.

② 汤志钧.章太炎年谱长编（增订本）（上册）[M].北京：中华书局，2013：320.

③ 章太炎.菿汉三言[M].虞云国点校.上海：上海书店出版社，2011：12–13.

④ 汤志钧.章太炎年谱长编（增订本）（上册）[M].北京：中华书局，2013：320.

⑤ 章炳麟.国学概论　外一种：国学讲演录[M].长沙：岳麓书社，2009：4.

认为除物质之学、国际法之外，"若夫政治经济，则无以是为也。"①

1931年日本发动侵华战争以来，章太炎的文化民族主义思想受到进一步的刺激，极其强调学习儒学与中国历史，对老学的研究更强调其积极用世、戡乱、文化认同的一面。1935年8月27日，章太炎在江苏吴县纪念孔子诞生大会上的演说中指出："从孔子以来，二千余年，中国人之受外国欺负，不知凡几。自汉以来，迭受外人欺负，无有不能恢复者。晋受五胡逼至江南，而尚不与之通款，南宋则甚至称臣称侄，元则不必论矣。然韩林儿辈，并不读书，尚能恢复一部分故业。无他，孔子学说深中于人心耳。明末满人攘我神州，近三百年，我人今日独能恢复我固有之国土。盖亦以儒者提倡民族主义，已深入人心，故满夷一推到，即能还我中原耳。今日国难当前，尊重孔子，犹为当务之急。纪念孔子，必须以自己身体当孔子看，又须将中华民族当孔子看。"② 在这里，章太炎强调要每个人把自己当孔子看，把中华民族当孔子看，强调孔子的民族主义象征意味，强调孔子学说的民族主义认同价值。同样，作为孔子之师的老子，其象征意味与文化认同价值不言而喻。不仅老子及其学说有文化民族主义的认同价值，章太炎还指出老子学说在遇到大事，在戡乱方面，甚至在承平之世，也有重要价值。晚年的讲学稿《诸子略说》指出："老子之术，平时和易，遇大事则一发不可当。"戡乱时期，特别是抗日时期，尤其需要老子学说："历来承平之世，儒家之术，足以守成；戡乱之时，即须道家，以儒家权谋不足也。凡戡乱之傅佐，如越之范蠡，汉初之陈平，唐肃宗时之李泌，皆有得于老子之道。盖拨乱反正非用权谋不可，老子之真实本领在此。然即'无为而无不为'一语观之，恐老子于承平政事亦优为之，不至如陈平之但说大话。承平而用老子之术者，文帝之前曹参曾用盖公，日夜饮酒而不治事，以为法令既明，君上垂拱而臣下守职，此所谓'无为而无不为'也。至于晋人清谈，不切实用，盖但知无为，而不知无不为矣。"在《诸子略说》中，章太炎还从地理与社会环境的视角回答了为何中国的儒家与道家均能够积极用世，而不务清谈玄理，而印度佛教却走向清谈玄理一路。"盖儒以修己治人为本；道家君人南面之术，亦有用世之心。如专讲此等玄谈，则超出范围，有决江救涸之嫌。政略示其微

---

① 章太炎自述（1869—1936）[M]. 文明国编. 北京：人民日报出版社，2012：278.

② 章太炎演讲集 [M]. 章念驰编. 上海：上海人民出版社，2011：444.

而不肯详说，否则，其流弊即是清谈。非惟祸及国家，抑且有伤风俗，故孔老
不为也。印度地处热带，衣食之忧，非其所急；不重财产，故室庐亦多无用处；
自非男女之欲，社会无甚争端。政治一事可有可无，故得走入清谈一路而无害。
中土不然，衣食居处，必赖勤力以得之，于是又生存竞争之事。团体不得不结，
社会不得不立，政治不得不讲。目前之急，不在乎有我无我，乃在衣食之足不
足耳。故儒家、道家，但无目前之急；超出世间之理，不欲过于讲论，非智识
已到修养已足者，不轻为之语。此儒、道与释家根本虽同，而方法各异之故也。"①
根据此观点，章太炎在 20 世纪 30 年代提倡儒学与老学的复兴，特别是儒学复兴。
刊于 1935 年 5 月的《章氏星期讲演会记录》第二期的演讲《论读经有利而无弊》，
系统批驳了社会上对读儒家经典的指责，论证了读经之利、读经不会导致顽固、
顽固之弊反赖读经拯救。"读经之利有二：一、修己；二、治人。治人之道，
虽有取舍，而保持国性实为最要。"② 同样，对于老子之学，《诸子略说》也是
极为推崇："余谓老子譬之大医，医方众品并列，指事施用，都可疗病。五千
言所包亦广矣，得其一术，即可以君人南面矣。"③

三、从重政治走向重道德

章太炎在积极从事维新、革命、倒袁等政治活动的时候，其老学研究并非
纯粹的学术研究，而是与政治研究融为一体，服务于其政治活动的需要。从维
新变法到辛亥革命，一直到反对北洋军阀的革命斗争，章太炎不仅参与各种革
命活动与政治活动，而且以学术为理论武器进行革命宣传与社会批判活动，即
使其道德主张亦与革命相关，如拟以法相唯识学为主体融合老庄之学与墨学构
建革命之道德，没有革命道德，革命就不会成功。"道德堕废者，革命不成之
原。"④ 从《儒道》《论诸子学》《原道》《道本》到《菿汉微言》都是如此。《儒
道》与《论诸子学》批判老子的阴谋，意在批判清政府的专制与阴谋；《原道》
赞赏老子揭发阴谋，《道本》赞赏老子托寄天下之论，意在欣赏老子的政治道

① 章炳麟.国学概论 外一种：国学讲演录[M].长沙：岳麓书社，2009：207–208、210.
② 章太炎演讲集[M].章念驰编.上海：上海人民出版社，2011：408.
③ 章炳麟.国学概论 外一种：国学讲演录[M].长沙：岳麓书社，2009：206.
④ 中国近代思想家文库 章太炎卷[M].姜义华编.北京：中国人民大学出版社，2015：28.

德与治国之术;《莉汉微言》等幽囚时期的讲学则赞赏老子揭发专制、不信宗教，又宽容大度，意在批判袁世凯的专制、尊孔与心肠狭小。

载于 1906 年 9 月日本秀光社出版的《国学讲习会略说》之《论诸子学》完全是从政治角度去解读老子与孔子的师生关系，此文所描述的老子既胆怯又有阴谋，孔子在阴谋方面则青出于蓝而胜于蓝，不仅完全继承了老子的阴谋术，而且还反过来迫害老子，诈取了老子的藏书与学术，导致老子不得不流亡到秦地写《道德经》以发起覆。"老子以其权术授之孔子，而征藏故书，亦悉为孔子所诈取。孔子之权术，乃有过于老子者。孔学本出于老，以儒道之形式有异，不欲崇奉以为本师，而惧老子发其覆也，于是说老子曰'乌鹊孺，鱼傅沫，细要者化，有弟而兄啼。'老子胆怯，不得不曲从其请。逢蒙杀羿之事，又其素所怵惕也。胸有不平，欲一举发，而孔氏之徒，遍布东夏，吾言朝出，首领可以夕断。于是西出函谷，知秦地之无儒，而孔氏之无如我何，则始著《道德经》以发起覆。藉令其书早出，则老子必不免于杀身。如少正卯在鲁，与孔子并，孔子之门'三盈三虚'，犹以争名致戮，而况老子之陵驾其上者乎？呜呼！观其师徒之际，忌刻如此，则其心术可知，其流毒之中人，亦可知已。"① 这种观点虽然是如此荒诞不经，但却可从中窥视此时章太炎的政治心态。

当 1912 年中华民国成立之际，许多政治家要求在中国复制美国、或法国、或日本的政治与法律时，章太炎运用老子之学进行尖锐批驳："政治法律，皆依习惯而成，是以圣人辅万物之自然而不敢为，其要在去甚、去奢、去泰。若横取他国已行之法，强施此土，斯非大愚不灵者弗为。"②

而当他逐渐淡出政治活动潜心于学术的时候，他则开始强调为学与为人（个人道德修养）的融合，对老子的道德思想予以特别的关注。《国学概论》③《诸

---

① 章太炎演讲集 .[M] 章念驰编 .上海：上海人民出版社，2011：41.

② 章太炎 .中国近代思想家文库　章太炎卷 [M].姜义华编 .北京：中国人民大学出版社，2015：92.

③ 《国学概论》系 1922 年 4 月 1 日至 6 月 7 日在上海江苏教育会的十次国学演讲，由曹聚仁记录，上海泰东图书局 1923 年版。另有张冥飞记录的《章太炎先生国学讲演集》。

子略说》①都是从道德角度对老子思想进行学术研究。1922年《国学概论》认为老子道德的根本主张是"上德不德",也就是说,只有不标榜、不显露、不自以为道德,才是具有真正的道德。"老子道德底根本主张,是'上德不德',就是无道德可见,才可谓真道德。"1935年《诸子略说》则对老子学说达到"道德极则"大加赞赏。特别阐发了老子的"有生于无""建之以常无有""无我""上德不德"的道德理想。"老子之道最高之处,第一看出常字,第二看出无字,第三发明无我之义,第四倡立无所得三字,为道德之极则。"②特别是"无我"与"上德不德",被视为老子道德的最高境界。

虞云国据高景成《章太炎年谱》引《民国名人图鉴》指出:"1925年,章太炎杜门却客。有与论学,则怃然曰:'论学不在多言,要在为人。昔吾好为《菿汉微言》,阐于微而未显诸用,核于学而未敦乎仁。博溺心,文灭质,虽多,亦奚以为?'"③"论学不在多言,要在为人"是章太炎治学多年的心态总结,也是章太炎对学者的金玉良言。"核于学而未敦乎仁",则难以"知人论世",人文学术尤其如此。这也是为何章太炎晚年学术能够大放光彩的根本原因。

四、从佛老会通走向儒老会通

章太炎早年学习与信奉儒学,对诸子学与史学也有所涉猎,但不喜宋学、公羊学与佛学。"少年本治朴学,亦唯专信古文经典。"④《口述少年事迹》云:"余十一、二岁,外祖朱左卿授予读经。"⑤《自述学术次第》谈及少时学习经学、史学与政事:"余少年独治经史、《通典》诸书,旁及当代政事而已,不好宋学,尤无意于释氏。"⑥《菿汉微言》自陈少时学习经学与子学:"少时治经,谨守朴学,所疏通证明者,在文字器数之间。虽尝博观诸子,略识微言,以随

---

① 《诸子略说》系章太炎1935年在苏州讲学稿。其中《诸子略说上》,载《章氏国学讲习会讲演记录》第七期;《诸子略说下》载《章氏国学讲习会讲演记录》第八期,均于1935年12月印行。《道家略说》刊载于《诸子略说下》。

② 章炳麟.国学概论 外一种:国学讲演录[M].长沙:岳麓书社,2009:28、208.

③ 章太炎.菿汉三言[M].虞云国点校.上海:上海书店出版社,2011:前言2.

④ 章太炎书信集[M].马勇编.石家庄:河北人民出版社,2003:741.

⑤ 章太炎自述(1869—1936)[Z].文明国编.北京:人民日报出版社,2012:70.

⑥ 章太炎.菿汉三言[M].虞云国点校.上海:上海书店出版社,2011:191.

顺旧义"。①《太炎先生自定年谱》自述其十六岁（1883）时就开始"浏览老庄"。②
光绪十二年（1886）始，花费两年时间通读《学海堂经解》188 种 1408 卷。光
绪十四年（1888），"通读《南菁书院经解》209 种 1430 卷，兼治老、庄、荀、
韩诸子著作及史传。"③《自述治学之功夫及志向》自述其少时学习经学之经
历："读《十三经注疏》，暗记尚不觉苦。毕，读《经义述闻》，始知运用侪
辈，忖路径近曲园先生，乃入诂经精舍。"④诂经精舍时期，是其深入研究儒家，
同时进一步学习子学的时期。子学虽然有所涉猎，但还没有深入研究。

　　维新时期章太炎推崇于治国大有裨益的西学、荀学、韩非之学，对佛学亦
有所涉猎。章太炎师俞樾于 1897 年写的《诂经精舍课艺》八集《序》言："此
三年（1895—1897）中，时局一变，风会大开，人人争言西学矣。"其弟子章
太炎也不例外。⑤《自述学术次第》谈到学习佛学的缘起："三十岁顷，与宋
平子交，平子劝读佛书，始观《涅槃》《维摩诘》《起信论》《华严》《法华》
诸书，渐近玄门，而未有所专精也。"⑥《菿汉微言》亦自述学习佛学的艰难：
"继阅佛藏，涉猎《华严》《法华》《涅槃》诸经，义解渐深，卒未窥其究竟。"
⑦此时对杨朱与墨子亦有好感。1898 年 5 月 16 日《忘山庐日记》载章太炎言："杨
子志在励己，损己之节以救人，不为也。墨子志在救世，故虽污己之名，亦为之。"⑧

　　与清政府决裂参加革命以后转而深入了解并有意信奉西学、佛学与墨学，
特别是佛学，想通过佛学与墨学构建革命之道德。《菿汉微言》自述苏报案后
囚禁上海监狱之中学习佛学的心得："及因系上海，三岁不觌，专修慈氏世亲
之书。此一术也，以分析名相始，以排遣名相终，从入之涂，与平生朴学相似，
易于契机，解此以还，乃达大乘深趣。私谓释迦玄言，出过晚周诸子不可计数；程、

①　章太炎 . 菿汉三言 [M]. 虞云国点校 . 上海：上海书店出版社，2011：71.

②　章太炎自述（1869—1936）. 文明国编 . 北京：人民日报出版社，2012：5.

③　中国近代思想家文库　章太炎卷 [M]. 姜义华编 . 北京：中国人民大学出版社，2015：
442.

④　章太炎演讲集 [M]. 章念驰编 . 上海：上海人民出版社，2011：360.

⑤　汤志钧 . 章太炎年谱长编（增订本）（下册）[M]. 北京：中华书局，2013：572.

⑥　章太炎 . 菿汉三言 [M]. 虞云国点校 . 上海：上海书店出版社，2011：191.

⑦　章太炎 . 菿汉三言 [M]. 虞云国点校 . 上海：上海书店出版社，2011：71.

⑧　汤志钧 . 章太炎年谱长编（增订本）（下册）[M]. 北京：中华书局，2013：581.

朱以下，尤不足论。"①《自述学术次第》亦谈及在狱中的学习佛学的内容："遭祸系狱，始专读《瑜伽师地论》及《因明论》《唯识论》，乃知《瑜伽》为不可加。"②此时章太炎把佛学看得高于诸子学与宋学，进入"倾倒佛法，鄙薄孔子、老、庄"③的时期。

出狱之后，前往日本东京参加革命，出任《民报》主编。对西方哲学、印度哲学、佛学、墨学、老庄之学、荀学无不加以深究。希望既能找到立国治国之道，也能找到培育革命道德与适应新形势的国家人民道德信仰。《菿汉微言》自述学习希腊哲学、德国哲学与印度哲学的经历："既出狱，东走日本，尽瘁光复之业。鞅掌余闲，旁览彼土所译希腊、德意志哲人之书，时有概述邬波尼沙陀及吠檀多哲学者，言不能详，因从印度学士咨问。梵土大乘已忘，胜论、数论传习亦少；唯吠檀多哲学今所盛行，其所称述，多在常闻之外，以是数者，格以大乘，霍然察其利病，识其流变。"④通过西方哲学与大乘佛学的比较研究，加深了对佛学的认识。比较西方哲学与佛学之后，对佛学更加推崇。《自述学术次第》言："既东游日本，提倡改革，人事繁多，而暇辄读《藏经》。又取魏译《楞伽》及《密严》诵之，参与近代康德、萧宾诃尔之书，亦信玄理无过《楞伽》《瑜伽》者。"⑤章太炎特别期许以佛学构建革命之道德。

老庄之学因与佛学相近而受到章太炎高度重视，章太炎认为庄子之学与佛学最近。《菿汉微言》的老子研究，就是用佛理与老学贯通比较。《菿汉微言》自述在日本东京讲学时豁然贯通佛学与庄子之学："为诸生说《庄子》，间以郭义敷释，多不惬心，旦夕比度，遂有所得。端居深观，而释齐物，乃与《瑜伽》《华严》相会，所谓摩尼见光，随见异色，因陀帝纲，摄入无碍，独有庄生明之，而今始探其妙，千载之秘，睹于一曙。"认为儒学的哲理远不如老庄之学："以为仲尼之功，贤于尧舜，其玄远终不敢望老、庄矣。"⑥章太炎对自己通过法相之学而领悟庄子之学极为得意，《自述学术次第》言："少虽好周秦诸子，于

① 章太炎．菿汉三言 [M]．虞云国点校．上海：上海书店出版社，2011：71．
② 章太炎．菿汉三言 [M]．虞云国点校．上海：上海书店出版社，2011：191．
③ 汤志钧．章太炎年谱长编（增订本）（上册）[M]．北京：中华书局，2013：357．
④ 章太炎．菿汉三言 [M]．虞云国点校．上海：上海书店出版社，2011：71．
⑤ 章太炎．菿汉三言 [M]．虞云国点校．上海：上海书店出版社，2011：191–192．
⑥ 章太炎．菿汉三言 [M]．虞云国点校．上海：上海书店出版社，2011：71．

老庄未得统要，最后终日读《齐物论》，知多与法相相涉。而郭象、成玄英诸家悉含胡虚冗之言也。既为《齐物论释》，使庄生五千言，字字可解，日本诸沙门亦多慕之。"虽然佛法对于国民信仰与道德建设大有裨益，但治理国家社会，章太炎看好老庄之学，特别是老子之学："余既解《齐物》，于老氏亦能推明。佛法虽高，不应用于政治社会，此则惟待老庄也；儒家比焉，邈焉不相逮矣。"①只有把佛学与老庄之学结合起来，才能救国。1911 年 10 月章太炎在日本讲演佛学时认为："若专用佛法去应世务，规划总有不周"；"唯有把佛法与老庄和合，这才是'善权大士'，救时应务的第一良法。"②

　　晚清民国时期墨学一直被认为与西学关系最近，西方的基督教、科学、平等、民主、革命、社会主义、马克思主义、乃至列宁主义均认为与墨学相关。章太炎一度致力于墨学研究，《菿汉微言》自述其对墨学、荀学的深入探究："次及荀卿、墨翟，莫不抽其微言。"③章太炎亦认为墨子之道德比孔子与老子要高明。1906 年 9 月刊行的《论诸子学》指出："虽然，墨子之学，诚有不逮孔、老者，其道德则非孔、老所敢窥视也。"④刊于 1906 年 10 月《民报》上的《革命之道德》亦推墨子、禽滑厘道德为最高。"天步艰难，如阪九折，墨翟、禽滑厘之俦，犹不能期其必效，由乃况于柔脆怯弱如吾属者。"⑤

　　革命时期章太炎基本上放弃了对儒家的信仰，转而批判儒家不适合做中国人的信仰与道德规范，重建中国人的信仰与道德规范应当是西学、佛学（大乘佛学）、老庄之学与墨学的融合。1906 年 7 月 15 日在东京留学生欢迎会上的演说中指出："我们今日想要实行革命，提倡民权，若要夹杂一点富贵利禄的心，就像微虫霉菌，可以残害全身，所以孔教（章太炎指出：孔教最大的污点，是使人不脱富贵利禄的思想）是断不可用的。"⑥1906 年 9 月章太炎在国学讲习会讲诸子学时指出："用儒家之道德，故艰苦卓励者绝无，而冒莫奔竞者皆

---

①　章太炎 . 菿汉三言 [M]. 虞云国点校 . 上海：上海书店出版社，2011：192.

②　章太炎演讲集 [M]. 章念驰编 . 上海：上海人民出版社，2011：111.

③　章太炎 . 菿汉三言 [M]. 虞云国点校 . 上海：上海书店出版社，2011：71.

④　章太炎 . 章太炎演讲集 [M]. 章念驰编 . 上海：上海人民出版社，2011：42.

⑤　中国近代思想家文库　章太炎卷 [M]. 姜义华编 . 北京：中国人民大学出版社，2015：22.

⑥　章太炎演讲集 .[M] 章念驰编 . 上海：上海人民出版社，2011：3.

是。"①1922 年 6 月 15 日在致柳诒征的一封信中曾经谈到："深恶长素孔教之说，遂至激而诋孔。"②放弃并批判儒家作为宗教、意识形态和道德的主体性，是章太炎作为革命家的主要贡献之一。

中华民国建立之初政治制度师西的失败与第一次世界大战西方世界的惨烈内斗，使得章太炎对西学深感失望，而佛学又"不切人事"，于是重新致力于对本土之学的研究，在信仰、道德与人事方面又复归于儒学，对儒学源头老学也大加赞赏。"中年以后，古文经典笃信如故，至诋孔则绝口不谈。"③《菿汉微言》重新肯定孔子的仁义道德，并认为与老子相通。1917 年 10 月至 1918 年 10 月章太炎在四川的演讲中重新肯定孔子的"为道为学"，也就是"忠恕之道"。④在演讲中还表示反省："我从前倾倒佛法，鄙薄孔子、老、庄，后来觉得这个见解错误，佛、孔、老、庄所讲的，虽都是心，但是孔子、老、庄所讲的，究竟不如佛的不切人事。孔子、老、庄自己比较，也有这样情形，老、庄虽高妙，究竟不如孔子的有法度可寻，有一定的做法。"⑤1922 年《国学概论》认为孔子与孟子的道德主张与老子的"上德不德"的"真道德"是一样的。"孔子的道德底主张，也和这种差不多。就是孟子所谓'由仁义行，非行仁义也'，也和老子主张一样的。"由于老子完全没有名利观念，其道德更加纯洁，敢于放胆说出。"老子为久远计，并且他没有一些名利观念，所以敢放胆说出；孔子急急要想做官，竟是'三月无君，则皇皇如也'，如何敢放胆说话呢！"⑥

日本发动侵略中国战争以来，章太炎更是主张大力复兴儒学与学习中国历史，以儒学与史学构建中华民族的文化认同与抗日救国精神。会通儒学与老学也是其应有之义。1935 年《诸子略说》认为"无我"是老子、孔子、颜回共同的道德理想境界。老子的"毋以有己"是孔子"毋意、毋必、毋固、毋我"观念的来源，而孔子的"四毋"又是颜回"克己"观念的来源。孔子的"无知"、颜回的"坐忘"正是老子的无所得之"上德"。"无我之言，《老子》书中所无，

①　章太炎 . 章太炎演讲集 [M]. 章念驰编 . 上海：上海人民出版社，2011：40.

②　章太炎书信集 [M]. 马勇编 . 石家庄：河北人民出版社，2003：741.

③　章太炎书信集 [M]. 马勇编 . 石家庄：河北人民出版社，2003：741.

④　章太炎演讲集 [M]. 章念驰编 . 上海：上海人民出版社，2011：183.

⑤　汤志钧 . 章太炎年谱长编（增订本）（上册）[M]. 北京：中华书局，2013：357–358.

⑥　章炳麟 . 国学概论　外一种：国学讲演录 [M]. 长沙：岳麓书社，2009：28.

而《庄子》详言之。太史公《孔子世家》：'老子送孔子曰：'为人臣者毋以有己，为人子者毋以有己'。'二语看似浅露，实则含义宏深。盖空谈无我，不如指切事状以为言，其意若曰一切无我，固不仅言为人臣、为人子而已。所以举臣与子者，就事说理，《华严》所谓事理无碍矣。于是孔子退而有犹龙之叹。夫唯圣人为能知圣，孔子耳顺心通，故闻一能知十，其后发为'毋意、毋必、毋固、毋我'之论，颜回得之而克己。此如禅宗之传授心法，不待繁词，但用片言只语，而明者自喻。然非孔子之聪明睿智，老子亦何从语之哉！"[1]"无我"精神，与当时社会所急需的忘我牺牲精神正相契合。章太炎还认为儒家与道家均不务"清谈"，而务"目前之急"。儒家以"修己治人"为本，道家则为"君人南面之术"，二者均为积极用世之学说。

章太炎老学之变，无疑反映了章太炎以老子经世的思想。时局变化，其老学研究也往往跟着变化。章太炎对老学的评价愈来愈高，不仅与他对老子的持续深入研究有关，而且与中华民族面临的愈来愈严重的民族危机相关，他要在老学之中寻找民族文化认同与救国方略。其老学义理从法家化，向西学化、佛学化，进而向儒学化的演化，既反映了章太炎在孜孜不倦寻找理解老子高深学理的理论武器，也反映了他从学习西方向立足本土的回归，这并非保守的表现，而是深入认识西学与中国社会的结果。其老学研究从政治化逐渐向学术化的转化，是章太炎放弃政治回归学术的反映，也是章太炎学术日益成熟的表现。

结语

近代中国内忧外患严重，学人的忧患意识极为强烈，学术研究与社会变迁息息相关，章太炎的老子研究可为一例。从服膺老子，到鄙薄老子，最后又倾心老子，章太炎的转变可谓一波三折。分析这一历史现象的背后，是严峻的近代社会危机与民族危机，而章太炎则是极为具有忧患意识的学者，对时局有敏感的把握，其学术随之而变，反映了其学术用世之心。当然，章太炎求学无止境，随学术深入，对老子的把握更加精到，也促使其学术发生变化。

---

① 章炳麟.国学概论　外一种：国学讲演录[M].长沙：岳麓书社，2009：209.

第三章 "惊心动魄"：章氏新老学话语体系重估

近代中国老学复兴，章太炎是其中一位重要代表。章太炎认为老子是第一个开创学派[①]、第一个发明哲理的人[②]，也是最能"得盗（窃国大盗）之情而网捕"[③]者。老子之学，比佛学则非玄理化而应用化，[④]比儒学则非名利化而道德化，[⑤]比墨学非执著化而徇通化，[⑥]比庄学则非超人化而政治化，[⑦]比韩非之学则非严酷化而人道化。[⑧]总之，章太炎认为老子之学"博大精深"，[⑨]既有理论，又有应用；既有理想，又有方法；既有人性，又不偏执，极为喜爱，用功甚深。因此，在老子研究方面，章太炎取得的成绩令人惊心动魄。他引入了西学、佛学、儒学、墨学来与老子义理会通，使得我们对于老子义理的理解能够明白通透，而且有了更多的现代气息，但又没有如严复一样过分地牵强附会，反而对严复根据西学作出的解释过于牵强附会提出了严厉的批评。[⑩]章太炎也破除了前人对老子"不尚贤"的误解，打通了墨子"尚贤"与老子"不尚贤"的鸿沟，破除了老

[①] 章太炎的白话文 [M]. 陈平原选编. 贵阳：贵州教育出版社，2014：90.

[②] 章太炎的白话文 [M]. 陈平原选编. 贵州教育出版社，2014：55.

[③] 章太炎. 国故论衡·原道上 [M]. 长沙：岳麓书社，2013：163.

[④] 中国近代思想家文库　章太炎卷 [M]. 姜义华编. 北京：中国人民大学出版社，2015：432.

[⑤] 章炳麟. 国学概论　外一种：国学讲演录 [M]. 长沙：岳麓书社，2009：28.

[⑥] 章太炎. 菿汉三言 [M]. 虞云国点校. 上海：上海书店出版社，2011：42.

[⑦] 章太炎国学讲演录 [M]. 诸祖耿，王謇，王乘六等记录. 上海：中华书局，2013：257.

[⑧] 章太炎. 国故论衡·原道下 [M]. 长沙：岳麓书社，2013：173.

[⑨] 章太炎. 菿汉雅言劄记. 菿汉三言 [M]. 但焘记录，虞云国点校. 上海书店出版社，2011：175.

[⑩] 章太炎在1935年《诸子略说》中批判严复所谓老子倡导民主政治论属于附会老子的"圣人无常心，以百姓心为心"。

子晚出于墨子说的依据。还打破了韩非子及其法家对《老子》的曲解，破除了老子阴谋论与权谋说的依据。章太炎也对《老子》一书的性质作了重新认识，谓《老子》实达"读史致用"之极致，进而提出了"九流皆史"说，对当时的疑古史学进行了抨击。

一、西学的引入：对老学的现代性解读

章太炎在维新与革命时期，对西学，特别是自然科学、社会学与政治学，如饥似渴地吸收，[①] 使得他在老子研究一开始就用西学的眼光来解释老子，即以西方现代性的一些核心观念，如自然进化论与社会进化论、自由平等论、大我小我论、文明野蛮论、唯物唯心论来重新认识老子思想的伟大之处及其现代意义。

自然进化论与社会进化论是近代中国极为流行的学说，社会进化论对中国的影响尤其大。章太炎在维新、革命和其后的一段时间也深受这种学说的影响，甚至在此基础上还推演出俱分进化论。1914—1916 年仲春在囚禁期间的国学演讲中，章太炎论证老子教训孔子之言"六经先王之陈迹，时不可止，道不可壅"含有社会进化论思想，而老子书中所言"天地不仁，以万物为刍狗"则含有自然进化论思想。《庄子·天运篇》说："孔子见老聃自言：'论先王之道，明周召之迹，一君无所钩用。'老子答以'六经先王之陈迹，时不可止，道不可壅。'此言世务日移，不可守故也。孔子三月不出，复见曰：'丘得之矣。乌鹊孺，鱼傅沫，细要者化，有弟而兄啼，久矣。夫丘不与化为人！不与化为人，安能化人？'老子曰：'可！丘得之矣。'此正今之进化论尔。先说群生孳乳，次'有弟而兄啼'者，自然淘汰，后来居上，即所谓'天地不仁，以万物为刍狗'，以此推证，而故迹之不可守，明矣，故曰'丘得之矣'。"[②] 但章太炎并不完全相信社会进化论，认为这种学说很容易被殖民主义者用作侵略的方便武器。因为侵略者往往会凭借自己的先进武器、强大科技和国力就自以为进化得更快、更好、更文明，就可以肆无忌惮地侵略进化慢的所谓"野蛮"国家，这实际上

---

① 梁启超在《清代学术概论》中指出，章太炎深入阅读西方著作的年代是在亡命日本时期，并开始以"以新知附益旧学"。参阅该书中华书局 2011 年版第 141 页。《菿汉微言》与《自述学术次第》也谈到这一时期深入学习希腊哲学与德国哲学。

② 章太炎．菿汉三言 [M]．虞云国点校．上海：上海书店出版社，2011：26.

是在信奉"丛林"法则，鼓励弱肉强食。社会进化论实际上在人类各文明之间建立起一套线性的等级法则，人为地在人类各文明之间划出一道鸿沟。

自由平等论也是近代中国极为流行的学说。自由论略先于平等论，而平等论比自由论更流行。在维新、革命期间，章太炎对自由平等论极为欣赏。通过老庄学说的深入比较，章太炎认为老子学说亦具有自由平等思想，庄子是根本继承老子的，无非是庄子的自由平等思想更明白易懂。"庄子自以为和老子不同，《天下篇》是偏于孔子的。但庄子的根本学说，和老子相去不远。不过老子底主张，使人不容易捉摸，庄子底主张比较的容易明白些。庄子底根本主张，就是'自由''平等'，'自由平等'的愿望，是人类所公同的，无论那一种宗教，也都标出这四个字。"①但章太炎也指出，庄子的自由平等，和近人所指有所不同。庄子的"自由"不仅仅是人与人之间的自由，而是"无待"，庄子的"平等"，也不仅仅是人与人之间的平等，人与动物之间的平等，人与万物的平等，而是要去掉是非之心。因此，庄子的自由平等思想更彻底，更令章太炎向往，其《五无论》就是庄子自由平等思想的系统阐发。

大我小我论，是清季民国时期解释群体与个人关系的一种论调。如当时流行的社会主义、国家主义、无政府主义等学说都有这种思想。章太炎以大我小我论来理解老子的"无我"，深得老子"无我"之旨。他认为老子、孔子、颜回、庄子、佛学都具有"无我"思想。老子的"无我"思想启发了孔子、颜回与庄子。所谓"无我"就是融"小我"于"大我"之中。"庄子底'无我'和孔子底'毋我'、颜子底'克己复礼'也相同，即一己与万物同化，今人所谓融'小我'于'大我'之中。这种高深主张，孟、荀见不到此；原来孔子也只推许颜回是悟此道的。所以庄子面目上是道家，也可说是儒家。"②

文明野蛮论是近代西方政治学、人类学、社会学的基本概念，这种概念其实是西方文化中心主义的一种表现，章太炎利用老庄学说对此进行了严厉的批判，认为这种论调只是西方人推行殖民主义侵略的一种理论武器。这种论调是社会进化论的理论逻辑，而章太炎在崇信一段时间社会进化论之后很快就扬弃了，提出了自己的"俱分进化论"——善恶双重进化论，进而对社会进化论进

---

① 章炳麟.国学概论 外一种：国学讲演录 [M].长沙：岳麓书社，2009：30.

② 章炳麟.国学概论 外一种：国学讲演录 [M].长沙：岳麓书社，2009：31-32.

行大张挞伐。1911 年 10 月在日本主讲佛学时指出，无论是进化论政治家，无政府主义者，还是野心家，乃至一般舆论，都相信文明与野蛮的说法。"文明野蛮的见，最不容易消去。无论进化论政治家的话，都钻在这个洞窟子里，就是现在一派无政府党，还看得物质文明，是一件重要的事，何况世界许多野心家。所以一般舆论，不论东洋西洋，没有一个不把文明野蛮的见横在心里。学者著书，还要增长这种意见。"后果是：文明野蛮这套论调成为西方殖民主义侵略弱小国家的利器："以至怀着兽心的强国，有意要并吞弱国，不说贪他的土地，利他的物产，反说那国本来野蛮，我今灭了那国，正是使那国的人民获享文明幸福。这正是'尧伐三子'的口柄。"章太炎利用老庄学说分析：文明与野蛮不过一种偏执的见解，乃是一种心理幻象。"不晓得文明野蛮的话，本来从心上的幻想现来。只就事实上看，甚么唤做文明，甚么唤做野蛮，也没有一定的界限。而且彼此所见，还有相反之处。所以庄子又说'没有正处，没有正味，没有正色。'只看人情所安，就是正处、正味、正色。易地而施，却象使海鸟啖大牢，猿猴着礼服，何曾有甚么幸福？"因此，必须打破文明野蛮的偏见，剥夺侵略者的堂皇借口。"第一要造成舆论，打破文明野蛮的见，使那些怀挟兽心的人，不能借口，任便说我爱杀人，我最贪利，所以要灭人的国，说出本心，到也罢了。文明野蛮的见解，既已打破，那边怀挟兽心的人，到底不得不把本心说出，自然没有人去从他。这是老庄的第一高见。"① 章太炎把老庄学说视为打破文明野蛮偏见之首要利器，确实有独到眼光。

唯物与唯心、唯物论与唯心论在近代西方哲学和马克思主义哲学中似乎是绝对相反的两种概念与理论，而章太炎却在以此观察老子哲学时，居然发现老子把这两大概念神奇地统合在一起。这就是老子所言"万物生于有，有生于无"，章太炎谓即"万物生于有物，有物生于无物"。"万物生于有物"为唯物论，"有物生于无物"为唯心论。"万物生于有物，即吾国之形下而（而下）学，亦即西人之唯物论也。有物生于无物，即吾国之形而上学，亦即西人之唯心论也。"1913年 12 月 27 日章太炎在国学讲学中指出，《老子》言"万物生于有，有生于无"，宜改为"万物生于有物，有物生于无物"。其特别精到的提法是"离物以言有，

① 章太炎．佛学演讲．章太炎演讲集 [M]．章念驰编．上海：上海人民出版社，2011：110–111．

则不得谓之有""离物以言无，亦不得谓之无""盖有无者，以对待而得名，未知有，何能知无？有者有物之谓，离物以言有，则不得谓之有。无者无物之谓，离物以言无，亦不得谓之无。"章太炎深刻地领会到老子所谓"有无"，皆是指客观"物质"而言，若没有客观物质，则"有无"这一相对概念也不成立。从因果关系和逻辑关系上推断，万物既然从有物中产生，那么有物又从何处而来呢？有物产生之前必然是无物。"有无以物得名，无物则有即无，无即有也；离有物，以言无物，则其为有物也，无物也，亦不得而辨也，盖其中实有因果之关系焉。夫万物生于有物，则万物为果，有物为因，有物生于无物，则有物为果，无物为因，故有物为万物之因，而无物又为万物因中之因也。如此因果递推，叠出不穷，必至有果可求，而无因可推矣。"章太炎既指出了唯物论的长处，也批评了唯物论的缺失，就是无法解释时间现象与空间现象。"言唯物论者，言宇宙一切皆由物质构成，无物质则无宇宙。然有物质，莫不有空间有时间，言空间时间，则轶于唯物论之外矣。若谓宇宙皆物质所成，则可舍空间时间而不言，夫舍空间时间以言物质，则物质将何所附丽乎？"章太炎据此得出的结论是唯物论并不能离开唯心论而独存，这可以说是章太炎的重要发现。"此唯物论，所以不能离唯心论而独立也。唯物论有因果可寻，唯心论无因果可寻，如：言三加二等于五，比有因果可寻者也，至问以何以等于五之理，则瞠目挢舌不能对矣。故万物生于有物，有理可寻，生于无物，无理可言。有物生于无物，当可推之以理，至有物何以生于无物，则不可推之以理。"① 这是深刻的洞悉。过去我们对唯物与唯心，只是简单地、绝对地、二元地对立，没有思考二者的相对关系，更没有思考二者的内在联系，即没有思考二者之间的因果关系或互相转化关系。

反对宗教与迷信，崇尚科学，亦是清季以来的流行思潮，是西学流化的一个结果。章太炎对西方自然科学与社会科学均是如饥似渴地吸收，并以此为武器来反对儒家的宗教化、反对道家的宗教化，反对宗教的迷信化，而对哲学化的佛学、哲学化的道家、道德化的墨家、道德化与史学化的儒家有所认同。章太炎谓老子不仅不赞成宗教，而且反对宗教预言，反对宗教愚民。金毓黻的《国

---

① 章太炎. 在被袁世凯幽禁期间的国学演说. 章太炎演讲集 [M]. 章念驰编. 上海：上海人民出版社，2011：145.

学会听讲日记》1913年12月27日记载："假宗教言以愚民，老聃所不赞成者也。前识者，道之华，而愚之始。前识者，即宗教之预言也。古人之经验多，而积理富者，曷尝无事前之识。然冥心一意，以求前识，则积之日久，未有不堕魔障者。此宗教言，所以为识者不取也。世之误解老子者，以'强梁者不得其死吾将以为教父'之言，为崇奉宗教之证。然其书又曰：'以道莅天下，其鬼不神。'又作何解？道者，政治修明之谓，政治修明，而鬼为之不神，则非崇宗教之意矣。"老子不仅没有丝毫的迷信，且极力破坏迷信。《国学会听讲日记》1913年12月20日记载："老子崇尚虚无，明自然，独树一帜，与孔子对峙于南方，观其著书，极力破坏迷信，（孔子之破除迷信，尚不如老子之甚。）何尝有一语似宗教家言？"[1]1922年的国学演讲中继续申论老子反对宗教的宗旨。"老子很反对宗教，他说：'以道莅天下，其鬼不神。'孔子对于宗教，也反对；他虽于祭祀等事很注意，但我们味'祭神如神在'底'如'字底意思，他已明白告诉我们是没有神的。"[2]

章太炎引入西方现代性观念来解释老子，有些说法也显得牵强，如老子具有进化论与自由平等思想，但章太炎并没有盲从西方观念，也没有停留在简单的比附上，而是尽量进行中西古今比较，找出这些思想的差异。甚至用批判的眼光审视西方观念，如对西方的进化论与文明论的严厉批判，这是难能可贵的。

二、佛学的引入：对老学义理的新解读

从中年时代到老，以佛学修身论世，是章太炎的一个重要特点。梁启超《清代学术概论》指出："中年以后，究心佛典，治《俱舍》《唯识》，有所入。"[3]大约在上海被关入租界监狱到被袁世凯囚禁这段时间，是章太炎"倾倒佛法、鄙薄孔子老庄"的时期，后来尽管对佛法仍然有所信奉，但对孔子老庄的却不再鄙薄。1917年10月至1918年10月在四川的演说中章太炎谓"我从前倾倒佛法，鄙薄孔子、老庄，后来觉得这个见解错误。佛、孔、老、庄所讲的，虽都是心，

① 章太炎.在被袁世凯幽禁期间的国学演说.章太炎演讲集[M].章念驰编.上海：上海人民出版社，2011：144、133.

② 章炳麟.国学概论 外一种：国学讲演录[M].长沙：岳麓书社，2009：4.

③ 梁启超.清代学术概论[M].朱维铮校订.北京：中华书局，2011：141.

但是孔子、老庄所讲的，究竟不如佛底不切人事。"①事实上这一时期章太炎鄙薄的主要是孔子，而非老庄，反而是大量地引入佛学以解老庄。章太炎以佛学解老庄，赢得了梁启超的极度颂扬："炳麟用佛学解老庄，极有理致。"②1911年10月章太炎在日本宣讲佛学，谓佛学无非就是世间法律道德的升华而已。"佛法本来称出世法，但到底不能离世间法。试看小乘律中，盗金钱五磨洒，便算重罪，也不过依着印度法律。大乘律脱离法律的见解，还有许多依着寻常道德。这且不论，但说三界以外，本来没有四界，虽说出世法，终究不离世间。"和佛学一样，老子思想也是对世间法的理论提升和理论抽象。"他的形而上学只是为了应合人生与政治的要求而建立的。"③老子"绝圣去智""涤除玄览"，具有"愚人之心"，正如佛学"断了所知障"，看破万法皆幻。"精细论来，世间本来是幻，不过是处识种子所现。有意要离脱世间，还是为处识幻象所蔽。所以断了所知障的人'证见世间是幻'就知道世间不待脱离。所以'不住生死，不住涅槃'两句话，是佛法中究竟的义谛。"老子也是"不住生死，不住涅槃"，故老庄也是中国之"菩萨一阐提"。"《大乘入楞伽经》唤作菩萨一阐提，经中明说：'菩萨一阐提，知一切法本来涅槃，毕竟不入。'象印度的文殊、普贤、维摩诘，中国的老聃、庄周，无不是菩萨一阐提。"鉴于社会面临的问题不同，老子与印度佛学在"发愿"方面同中有异。"这个菩萨一阐提发愿的总相，大概是同；发愿的别相，彼此有异。"因为印度社会和平简单，中国社会竞争激烈、政治压制严重。因此老子之学更加具有社会针对性和强烈现实性。"原来印度社会和平，政治简淡，所以维摩诘的话，不过是度险，设医药，救饥馑等几种慈善事业。到东方就不然，社会相争，政治压制，非常的猛烈。所以老庄的话，大端注意在社会政治这边，不在专施小惠，拯救贫穷，连兼爱、偃兵几句大话，无不打破。"④

老庄破除名言，与佛学破除"是非善恶"之障是一样的道理。章太炎谓"老

① 章太炎.在四川演说之九：研究中国文学的途径.章太炎演讲集[M].章念驰编.上海：上海人民出版社，2011：189.

② 梁启超.清代学术概论[M].朱维铮校订.北京：中华书局，2011：142.

③ 陈鼓应.老子哲学系统的形成.老庄新论[M].北京：商务印书馆，2008：138.

④ 章太炎.佛学演讲.章太炎演讲集[M].章念驰编.上海：上海人民出版社，2011：108-109.

庄第一的高见，开宗明义，先破名言。名言破了，是非善恶就不能成立。"所以，老子说的"常善救人，故无弃人。人之不善，何弃之有！"并不是说，把不善的人，救成善人，只是本来没有善恶，所以不弃。破除"是非善恶"之障，结果只能是随顺人心自然。章太炎谓"老庄也不是纯然排斥礼法，打破政府。"因为老子明明说的"辅万物之自然而不敢为"，又说："圣人无常心，以百姓心为心。善者吾善之，不善者吾亦善之，德善。信者吾信之，不信者吾亦信之，德信。圣人在天下，歙歙为天下浑其心，圣人皆孩之。"意思是说"只要应合人情，自己没有善恶是非的成见。"因此老子的国家治理之术"一方是治天下，一方是无政府。只看当时人情所好，无论是专制，是立宪，是无政府，无不可为。"章太炎谓老子之术与佛法相通。"仿佛佛法中有三乘的话，应机说法。老子在政治上也是三乘的话，并不执着一定的方针，强去配合。"老子治国是如此，对宗教也是如此。"一方说：'以道莅天下，其鬼不神。'是打破宗教；一方又说：'人之所教，我亦教之。强梁者不得其死，吾将以为教父。'又是随顺宗教。所以说'不善者吾亦善之，不信者吾亦信之'，并不是权术的话，只是随顺人情，使人人各如所愿罢了。"[1]

《检论·道本》[2] 运用大乘佛学道理对老子"宠辱若惊"进行了新的解释。批判所谓老子"患身""舍身"论："不察玄言，则群以老聃欲舍身"；"世或以为患身，期于灰灭，而更与'宠辱若惊'相戾。"章太炎根据《庄子·在宥篇》作"贵以身为天下，则可以托天下；爱以身于为天下，则可以寄天下"。认为老子之意谓"贵用其身于为天下，爱用其身于为天下，所谓施身及国也。"[3] 章太炎谓小乘佛学主张"舍身"，大乘佛学则"贵其身与患俱"。"夫吾无身者，吾无患矣。斯乃桑门小乘尫劣之行，怖畏生死，而期于远离五阴。彼大乘者，适贵其身与患俱，未遽避患也。"这与老子"宠辱若惊，贵大患若身"通。章

---

① 章太炎.佛学演讲.章太炎演讲集[M].章念驰编.上海：上海人民出版社，2011：109-110.

② 据朱维铮考证，辛亥革命之前，已经开始修订《訄书》，约在1914年11月至1915年3月结集为《检论》。据姜义华《章太炎年谱简编》，1914年秋冬间把《訄书》修订为《检论》，1915年5月《检论》定稿。

③ 章太炎.检论·道本.章太炎全集（訄书初刻本、訄书重订本、检论）[M].朱维铮点校.上海：上海人民出版社，2014：435.

太炎谓老子意为即使已经悟道，也应该"宠辱若惊"。因为只有经历更多的事情，才能对人生、对社会、对天道有深刻体会，人生才能丰富多彩。只有阅历复杂多样，才能"迻度物情，不间飘忽"，才能真正领悟"道本"。"虽知道者，其身固亦尝惊是矣。后始超卓返于大冲，其先所履涉，未忘也。故能迻度物情，不间飘忽。此其言不可以语高士逸民，而道本反更在是。浮屠大乘之义，无以驾之也。""浮屠大乘之义，无以驾之也"是章太炎对老子真正悟道的无上表彰。老子贵爱身与贵爱大患均有深意。"夫有身不期于大患，而大患从之；大患不期于托寄天下，而托寄天下从之；此老聃所为贵爱者哉！"老学兼有儒学与佛学，而超越其上。"最观儒释之论，其利物则有高下远迩，而老聃兼挟之。"老子思想看似矛盾，其实合情、合理、合道。"夫不持灵台而爱其身，涤除玄览而贵其患，义不相害，道在并行矣。"① 在佛学的启发下，章太炎对老子"宠辱若惊"的解释确实发前人所未发。

1914—1916 年的国学讲演《菿汉微言》也大量利用佛学来解读老子。② 如对老子"贵玄"却又"涤除玄览"的解释，用的就是佛学"破除所知障"。"《老子》言：'玄之又玄，众妙之门'，其贵玄可知。又言：'涤除玄览'，明玄亦当遣，即破除所知障矣。苟非以是释之，终莫得解也。"对关尹、老聃"以空虚不毁万物为实"的解释，也是以佛学的"泯相显实"来解释。"空虚何以不毁万物？空虚何以为实邪？此义当思。空虚何以不毁万物者，不坏相而即泯也；即此为实者，泯相显实也。周颙之难张融曰：'即色非有，佛绝群家诸法真性，老无其旨。'何不取斯语观之。"在章太炎看来，老子所谓"空虚"，非谓"邻碍之空"，"邻碍之空"今所谓"真空"。庄子谓老子"建之以常无有，主之以大一"，在章太炎据佛学看来，当为："建之以常无有，如实空也；主之以大一者，等同一味唯一真如也。"③

1925—1933 年间渐次写成的《菿汉昌言》对老子的"无死地""毋以有己""上德不德"也作了佛学的解释。

---

① 章太炎.检论·道本.章太炎全集(訄书初刻本、訄书重订本、检论)[M].朱维铮点校.上海：上海人民出版社，2014：436、437.

② 梁启超《清代学术概论》谓《菿汉微言》"深造语极多"。载该书中华书局 2011 年版第 142 页。

③ 章太炎.菿汉三言[M].虞云国点校.上海：上海书店出版社，2011：23.

《老子》有言："盖闻善摄生者，陆行不遇兕虎，入军不被甲兵，兕无所投其角，虎无所措其爪，兵无所容其刃。夫何故，以其无死地。"历来对此句的理解出现重大分歧。章太炎谓韩非子的解释完全错误："《韩非·解老》以为重生者无忿争之心，无害人之心，故不设备而必无害。"他认可王弼的解释："王辅嗣注：'善摄生者，无以生为生，故无死地也。'"为何章太炎会认同王弼的解释？他运用了佛学"达生空"的概念来理解"无死地"。"无死地者，达生空也。我尚自空，兕虎兵刃触之，正如搏虚，故曰无所，非谓其不犯也。释子有身啖虎狼者，有晏处深山猛兽驯服者，既达生空，则二途非异己。"既"无以生为生"，则生为虚幻，何来死地。犹如婴儿，不畏惧任何东西。"含德之厚，比于赤子。蜂虿虺蛇不螫，猛兽不据，攫鸟不搏。"义亦若此。[①] 所谓"初生牛犊不怕虎"，大概就属于老子"无死地"这种心境。但章太炎以佛学"达生空"来会通更显深刻。

"毋以有己"，即"无我"，也是老子哲学的核心概念。章太炎不仅以西学的"大我""小我"来理解，也以佛学中的消除"我慢"和"我爱"来理解。"老聃所以授仲尼者，《世家》称：'为人臣者毋以有己，为人子者毋以有己'，《列传》称：'去子之骄气与多欲，态色与淫志。''毋以有己'者，无我也。骄气，我慢也；多欲，我爱也；态色，我慢所呈露也；淫志，我爱所流衍也；是皆去之，与'毋以有己'相成。"[②]

《老子》的"上德不德，是以有德。下德不失德，是以无德"一直令人费解，章太炎从唯识学角度理解，豁然贯通。《唯识三十颂》云："现前立少物，谓是唯识性。以有所得故，非实住唯识。若时于所缘，智都无所得。尔时住唯识，离二取相故。""下德不失德"，即外有所得，所以非实住唯识，"上德不德"，则外无所得，而内有所得，乃是唯识。"德者，内得于己也。有所得反无德，无所得反有德，是即唯识义也。"[③]

1929年章太炎在上海震旦大学演讲，谈论老学与佛学的差异，并以"有我"（依自证）、"无我"（依他证）来解读老子的"常有""常无"。"只为中

① 章太炎.菿汉三言[M].虞云国点校.上海：上海书店出版社，2011：87.
② 章太炎.菿汉三言[M].虞云国点校.上海：上海书店出版社，2011：80.
③ 章太炎.菿汉三言[M].虞云国点校.上海：上海书店出版社，2011：81.

国圣人所做的事，本来与释迦不同，一切社会政治，无不要管理周到，无我是依据自证，有我是依据大众的知识。老子说：'常无，欲以观其妙；常有，欲以观其徼。'也是一样的道理。究竟在学说方面，无我并不是反对有我，却是超过一层。在实行方面，有我也不能障碍无我，只像镜里现出影像。"①

三、"治子在义理"：对老学道德极则的新解读

章太炎研究诸子，重在义理的解读。这是章太炎与所谓科学派、疑古派、史料派等极为不同的地方。1919年3月27日章太炎致胡适信中说："诸子学术，本不容易了然，总要看他宗旨所在，才得不错。"隐然批判胡适"但看一句、两句好处，这都是断章取义的所为。"②1923年11月15日章太炎致章士钊的信中反复申说"诸子多明义理"的道理，要求治诸子必须明白其义理，光是训诂考据还只是入门功夫，而且不明义理，训诂考据也会不得其当。"诸子多明义理"，"此就大略言之，经中《周易》亦明义理，诸子中管、荀亦陈事实，然诸子专言事实，不及义理者绝少。""诸子多明义理，有时下义简贵，或不可增损一字。""诸子诚不尽如墨辩，然大抵明义理者为多。"批判胡适"校勘训诂，为说经说诸子通则"，谓"以治经治诸子，特最初门径然也。"③

章太炎是如此说的，也是如此做的。他一直倾注心血于老子根本义理的理解。1922年4月1日至6月7日在上海江苏教育会的国学演讲中，章太炎谓老子根本义理是道德，而其道德的根本主张是"上德不德"。"老子道德底根本主张，是'上德不德'，就是无道德可见，才可谓真道德。""无道德"是不标榜、不显现道德，不是有意地表现道德，一切道德行为都自然地无心地体现出来。章太炎认为在道德问题上，老子、孔子、孟子是基本一致的。差异在于老子道德范围大，完全没有名利观念，儒家道德范围小，有名利观念。"孔子的道德底主张，也和这种差不多。就是孟子所谓'由仁义行，非行仁义也'，也和老子主张一样的。道、儒两家底政治主张，略有异同；道家范围大，对于一切破

---

① 章太炎.说我.章太炎演讲集[M].章念驰编.上海：上海人民出版社，2011：298.
② 章太炎书信集[M].马勇编.石家庄：河北人民出版社，2003：665.
③ 章太炎.与章士钊.章太炎书信集[M].马勇编.石家庄：河北人民出版社，2003：787-788.

除净尽；儒家范围小，对于现行制度，尚是虚与委蛇；也可以说是'其殊在量，非在质也'。老子为久远计，并且他没有一些名利观念，所以敢放胆说出；孔子急急要想做官，竟是'三月无君，则皇皇如也'，如何敢放胆说话呢！"章太炎在《诸子略说》中亦谓"上德不德"与佛法"无所得"相通。"《德经》以上德、下德开端，云：'上德不德，是以有德；下德不失德，是以无德。'德者，得也，不德者，无所得也。无所得乃为德，其旨与佛法归结于无所得相同，亦与文王视民如伤、望道而未之见符合。"①

1935年章太炎在苏州的讲学中着重阐释了"老子之道最高之处"，谓达到"道德之极则"。"至于老子之道最高之处，第一看出常字，第二看出无字，第三发明无我之义，第四倡立无所得三字，为道德之极则。"②

章太炎对庄子所谓"老聃建之以常无有"的解释可谓精湛绝伦。③章太炎释"常无有"为"常无""常有"，以"无名""天则"释"常无"之境，以"有名""人事"释"常有"之境。章太炎谓"《庄子·天下篇》称'老聃建之以常无有，主之以太一'。常无有者，常无、常有之简语也。老子曰：'常无欲以观其妙，常有欲以观其徼。'又云：'无名天地之始，有名万物之母。'无名故有常，有名故非常。徼者边际界限之意。夫名必有实，实非名不彰，彻去界限，则名不能立，故云'常有欲以观其徼也。'圣人内契天则，故常无以观其妙。外施于事，故常有以观其徼。建之以常无有者，此之谓也。"④

《老子》书中有："天下万物生于有，有生于无。"过去的解释受西方哲学影响大，往往纠结于唯物与唯心的争执，没有从中国文化本身视角来加以检视。章太炎则从词源学、道家、儒学、佛学等多个视角来加以认识。章太炎运

---

① 章炳麟.国学概论 外一种：国学讲演录[M].长沙：岳麓书社，2009：28、209.

② 章炳麟.国学概论 外一种：国学讲演录[M].长沙：岳麓书社，2009：208.

③ 对"主之以太一"，章太炎没有解释。郭店竹书《老子》与《太一生水》同时出土，令学界震惊。对此，学界有种种解释。美国达慕思大学艾兰教授谓，两种出土文献作为共同的一篇单独编联，是否表明二者原为一种文献，《太一生水》曾经为《老子》的一个部分后为人所删略，或者《太一生水》是为了澄清《老子》之中的隐晦思想而新增的部分。但目前的材料无法下定论。载艾氏著《太一·水·郭店（老子）》，武汉大学中国文化研究院.郭店楚简国际学术研讨会论文集[M].武汉：湖北人民出版社，2000：526、531.

④ 章炳麟.国学概论 外一种：国学讲演录[M].长沙：岳麓书社，2009：208.

用《说文》《尔雅》，解"无"为"元""始"。"《说文》：'无，奇字也，通于元者。'虚无，道也。《尔雅》：'元，始也。'夫万物实无所始。""有生于无万物"实指"万物实无所始"。又通过《易》《庄子》、儒家之说进一步从中国文化内在演化视角论证"所谓有始者，毕竟无始也"的道理。"《易》曰：'大哉乾元。'首出庶务，是有始也。又曰：'见群龙无首。'天德不可为首，则无始也。所谓有始者，毕竟无始也。"《庄子》对老子宇宙生成论的推演更透彻："《庄子》论此更为明白，云：'有始也者，有未始有始也者，有未始有夫未始有始也者。'《说文系传》云：'无通于元者，即未始有始之谓也。'"儒家也有类似的说法："儒家无极、太极之说，意亦类是。"章太炎又从佛法"缘起之说"来会通老子的"有无之说"。谓佛法中的唯识宗、《起信论》均有"缘起之说"，即老子"有始"之说。"佛法有缘起之说，唯识宗以阿赖耶识为缘起；《起信论》以如来藏为缘起。二者均有始。"而《华严》所谓"无尽缘起"，即老子所谓"有生于无"之说。"《华严》则称无尽缘起，是无始也。其实缘起本求之不尽，无可奈何，乃立此名耳。本无始，无可奈何称之曰始，未必纯是；无可奈何又称之曰无始，故曰无通于元。"[1]"有始""无始"均为无可奈何之说，与唯物、唯心毫无关系。

　　章太炎谓《老子》中尽管没有明确宣示"无我"或"毋我"的言语，但老子确有"无我"的观念，《庄子》书中所谓"为人臣者毋以有己，为人子者毋以有己"确为老子本人的思想。"二语看似浅露，实则含义宏深。盖空谈无我，不如指切事状以为言，其意若曰一切无我，固不仅言为人臣、为人子而已。所以举臣与子者，就事说理，《华严》所谓事理无碍矣。于是孔子退而有犹龙之叹。夫唯圣人为能知圣，孔子耳顺心通，故闻一能知十，其后发为'毋意、毋必、毋固、毋我'之论，颜回得之而克己。此如禅宗之传授心法，不待繁词，但用片言只语，而明者自喻。然非孔子之聪明睿智，老子亦何从语之哉！"[2]章太炎谓孔子得

---

① 章炳麟.国学概论　外一种：国学讲演录 [M].长沙：岳麓书社，2009：208-209.

② 章炳麟.国学概论　外一种：国学讲演录 [M].长沙：岳麓书社，2009：209.

老子"无我"之真传，并传给颜回。① 通过研究老子义理，章太炎不仅没有得出如疑古史学家所谓老子在孔子后，甚至在庄子后的结论，而且反而进一步印证了老子对孔子与庄子的巨大影响。

四、"循名异，审分同"：对"不尚贤"的新解读

近代疑古史学谓老子"不尚贤"当为对墨子"尚贤"的批判，此种推测成为老子在墨子之后的证据之一。章太炎则早在1910年6月26日刊于《国粹学报》庚戌年第五号的《原道》之中，就已经详细分析了老子"不尚贤"的真实意思，即与墨子"尚贤"完全是一个意思，二者并没有根本区别，不过是因为二者对"贤"的理解不一致而已。"尚贤者，非舍功实而用人；不尚贤者，非投钩而用人。其所谓贤不同，故其名异。""尚贤"强调的是"功实"之贤，"功不后名而独隐"，"不尚贤"反对的只是虚誉之贤，"不由令名"，"虚伪不齿"，认同的还是"功实"之贤，"名不越功而独美"，要求"循名责实"，观察其"事功"，"事就则有劳，不就则无劳"。"古之能官人者，不由令名，问其师学，试之以其事。事就则有劳，不就则无劳，举措之分以此。"② 章太炎在此认同韩非子关于老子"不尚贤"的解释："'不上贤使民不争'者，以事观功，将率必出于介胄，宰相必起于州部，不贵豪杰，不以流誉用人也。""不尚贤"只是"不以流誉用人"而已。章太炎还联系中外历史指出，要真正做到"不尚贤"其实是很难的，"徇虚名"则普遍存在，即使西方的立宪民主体制还是免不了"树标揭鼓，以求选任"。"不上贤之说，历世守此者寡，汉世选吏多出掾吏，犹合斯义。及魏晋间而专徇虚名矣。其后停年格兴，弊亦差少。选曹之官，及古之司士，所不得废也。观远西立宪之政，至于朋党争权，树标揭鼓，以求选任。处大官者，悉以苟苴

---

① 在此章太炎确认老子的确为孔子之师。章太炎相信《庄子》多处记载的孔老关系不是寓言，而是信史。他在《菿汉微言》中指出："庄周述孔，容有寓言，然而频频数见，必非无因，则知孔氏绪言遗教，辞旨闳简，庄生乃为敷畅其文。"（《菿汉三言》，上海：上海书店出版社，2011：33）章太炎除认同"六经皆史"说外，又提倡"九流皆史"说。王中江在《简帛文明与古代思想世界》一书中认为简本《老子》的发现，进一步证明了《老子》为老子所著，特别是更证明了《老子》一书的早出。它应该比《论语》和《墨子》还要早，的确出现于春秋后期。载氏著.简帛文明与古代思想世界[M].北京：北京大学出版社，2011：548、549.

② 章太炎.国故论衡·原道中[M].长沙：岳麓书社，2013：169–170.

酒食得之。然后知老子、韩非所规深远矣。"①

在章太炎看来，老子"不尚贤"非但不是对墨子"尚贤"的批判，墨子"尚贤"反倒是对老子"不尚贤"的继承与发展。章太炎谓老子"不尚贤"之"贤"指的是"名誉、谈说、才气"，而墨子"尚贤"之"贤"指的是"材力、技能、功伐"，二者"审分同"，完全没有矛盾，仅仅是"循名异"而已。"老聃不尚贤，墨家以尚贤为极，何其言之反也？循名异，审分同矣。老之言贤者，谓名誉、谈说、才气也；墨之言贤者，谓材力、技能、功伐也。不尚名誉，故无朋党；不尊谈说，故无游士；不贵才气，故无骤官。然则材力、技能、功伐举矣。墨者曰：'以德就列，以官服事，以劳殿赏。'"②

深得老子"不尚贤"之道的典范治理，章太炎推崇诸葛亮。谓"诸葛治蜀，庶有冥符。夫其开诚心，布公道，尽忠益时者，虽雠必赏；犯法怠慢者，虽亲必罚；服罪输情者，虽重必释；游辞巧饰者，虽轻必戮。庶事精炼，物理其本，循名责实，虚伪不齿。声教遗言，经事综物，文采不艳，而过于丁宁周至。公诚之心，形于文墨，老氏所经，盖尽于此。"但章太炎谓诸葛亮的"不尚贤"仍然没有坚持到底，这是他未能领导蜀国统一中国的重要原因所在。"诸葛之缺，犹在上贤。刘巴方略未著，而云：'运筹帷幄，吾不如子初远矣。'马谡言过其实，优于兵谋，非能亲莅行阵者也，而违众用之，以取覆败。盖汉末人士，务在崇奖虚名，诸葛亦未能自外尔。""崇奖虚名"的所谓"尚贤"，连诸葛亮也未能超脱。章太炎还认为西晋之速亡亦与"尚贤"相关："晋之乱端，远起汉末，林宗、子将，实惟国蠹。祸始于前王，而衅彰于叔季。若厉上贤之戒，知前识之非，浮民夸士，何由至哉？"司马迁虽然信服道家学说，但章太炎指责其评论历史时没有坚持贯彻老子"不尚贤"的思想，"扇虚言以流闻望，借玄辞以文膏粱"，"适与老子尚朴之义相戾"，对李广与晁错的评价就是明证："太史持论，过在上贤，不察功实。李广数败而见称，晁错立效而被黜，多与道家背驰，要其贵忠任质则是也。"③

老子为什么倡导"不尚贤"？章太炎并不认为是反对墨家"尚贤"，而认

① 章太炎.国故论衡·原道上 [M].长沙：岳麓书社，2013：164.
② 章太炎.国故论衡·原道中 [M].长沙：岳麓书社，2013：169.
③ 章太炎.国故论衡·原道上 [M].长沙：岳麓书社，2013：166、167.

为是针对当时的社会现实、"有见于国，无见于人"：对法家曲解老子的批判，他的分析是："世之言贤"不过是"炫其名氏"，"众之所与，不由质情"。而"会在战国，奸人又因缘外交，自暴其声，以舆马、瑞节之间，而得淫名者众。"①

五、"有见于国，无见于人"：对法家曲解老学的批判

章太炎虽然佩服韩非子及其法家，一度对其相当推崇，但对其严重忽视人的生命，一味注意国家富强，过分赋予君主权力，极为不满。认为法家缺乏基本的人文关怀，虽然起源于老子，但老子具有深刻的人道主义精神，与法家根本不同。"法家者，削小老氏以为省，能令其国称娖，而不能与之为人。"法家政治缺乏社会的宽容度、丰富性与多样性，太强调统一性，忘记了差异性、人性与个体性，只能把全社会的人民训练成为"虎狼"与"牛马"，国家之强只是"虎狼"，人民听话，只是"牛马"。由"虎狼之民"与"牛马之士"构成的国家，是个不值得人居住的国家。"韩非虽《解老》，然佗篇娖娖以临政为齐，反于政必黜，故有《六反》之训、《五蠹》之诟。夫曰：'斩敌者受赏，而高慈惠之行。拔城者受爵禄，而信廉爱之说。坚甲厉兵以备难，而美荐绅之饰。富国以农，距敌恃卒，而贵文学之士。废敬上畏法之民，而养游侠私剑之属。举行如此，治强不可得也。'（《五蠹》）然不悟政之所行，与俗之所贵，道固相乏。所赏者当在彼，所贵者当在此。今无慈惠廉爱，则民为虎狼也。无文学，则士为牛马也。有虎狼之民、牛马之士，国虽治、政虽理，其民不人。世之有人也，固先于国。且建国以为人乎？将人者为国之虚名役也？"章太炎尖锐批判韩非子"有见于国，无见于人；有见于群，无见于孑。"②

韩非子虽然"言大体"，但章太炎批判他并不懂得治国大体。章太炎直接引证韩非子的原话的矛盾之处加以反驳，韩非子谓："不引绳之外，不推绳之内。不急法之外，不缓法之内矣。"章太炎质问："明行法不足具得奸邪？贞廉之行可贱邪？"韩非子谓："不逆天理，不伤情性。"章太炎质问："人之求智慧辩察者，情性也，文学之业可绝邪？"韩非子谓："荣辱之责，在于己不在于人。"章太炎质问："匹夫之行可抑邪？"章太炎进一步批评韩非子虽

---

① 章太炎.国故论衡·原道中 [M].长沙：岳麓书社，2013：169.

② 章太炎.国故论衡·原道下 [M].长沙：岳麓书社，2013：173、174.

然能解老、喻老，，但并没有真正领会老子之精髓，"老子曰：'常有司杀者杀。夫代司杀者杀，是谓代大匠斫。韩非虽贤犹不悟。'"① 慎到、申不害、韩非子都明白老子"道法自然"的道理，但都走向了偏执，"夫慎、申、韩者，独闻自然，弗能以大患商度情性，此惨礉少恩所由起。"② 只有庄子真正得老子深意，其使万物并行而不害，"分异政俗，无令干位"的国家治理理念才深得老子"天地不仁以万物为刍狗，圣人不仁以百姓为刍狗""圣人无常心，以百姓之心为心"的思想。"庄周明老聃意，而和之以齐物。推万类之异情，以为无正味、正色、以其相伐，使并行而不害。其道在分异政俗，无令干位。故曰：'得其环中，以应无穷'者，各适其欲以流解说，各修其行以为工宰，各致其心以效微妙而已矣。"③ 1914 年至 1916 年仲春间的讲学稿《菿汉微言》反复强调治理国家必须明白老子"以百姓心为心"的观念，否则一意孤行，只会导致败亡。"王夷甫重老子，知其无为，不知其无不为。王介甫重老子，并知申韩之法亦出于是矣。殊途同归，俱用败亡者，何哉？不知以百姓心为心也。"轻则失臣，躁则失君"，老聃以为至戒。"④ 章太炎关于老子政治学的基本原理是，"老子论政，不出因字，所谓'圣人无常心，以百姓心为心'是也。"⑤

六、"读史致用之妙"：对《老子》性质的新认识

章太炎虽然承认老子为中国第一个发明哲理的人，《老子》为中国第一部哲学著作。但并不认为《老子》仅仅为苦思冥想的玄理之作，而认为《老子》为历史经验的抽象总结，为另类的史学著作，而且是一种高深精妙的史学著作。1907—1910 年讲于日本的《中国文化的根源和近代学问的发达》说"老子在周朝，本是做征藏史，所以人事变迁，看得分明"。⑥ 同时讲于日本的《论诸子的大概》谓"老子本来做征藏史，所以说道家本于史官"，又谓"没有老子，

① 章太炎 . 国故论衡·原道下 [M]. 长沙：岳麓书社，2013：173–174.
② 章太炎全集（訄书初刻本　訄书重订本）[M]. 朱维铮点校 . 上海：上海人民出版社，2014：438.
③ 章太炎 . 国故论衡·原道下 [M]. 长沙：岳麓书社，2013：174.
④ 章太炎 . 菿汉三言 [M]. 虞云国点校 . 上海：上海书店出版社，2011：30.
⑤ 章炳麟 . 国学概论　外一种：国学讲演录 [M]. 长沙：岳麓书社，2009：206.
⑥ 章太炎的白话文 [M]. 陈平原选编 . 贵阳：贵州教育出版社，2014：61.

历史不能传到民间；没有历史的根据，到底不能成家。所以老子是头一个开学派。"① 载于《制言》第 52 期的《论读史之利益》，明确谓《老子》一书达到了"读史致用之道"之上者，即得"读史致用之妙"。"读史致用之道有二：上焉者察见社会之变迁，以得其运用之妙；次则牢记事实，如读家中旧契，产业多寡，瞭如指掌。能得运用之妙，首推道家。《汉志》言道家者流，出于史官。老子为周守藏史，根据社会之变迁，以著成道家之议论，故能妙徼浑然，语无执著。"老子谓"六经先王之陈迹"，即"六经皆史"，但老子谓历史借鉴不等于重蹈覆辙，历史不会重演，因此总结历史经验只能是抽象的总结，因为具体的经验无法落实到应用层面，所以章太炎谓"庄子称孔子以六经说老聃，老聃云六经先王之陈迹，岂其所以迹哉？夫迹履之所出，而迹岂履哉？盖道家之意，读古人书，须超以象外，得其环中，不可泥于陈迹而屑屑为之。"② 载于《制言》第 55 期的《历史之重要》，进一步阐明《老子》为"史官博览群籍，而熟知成败利钝，以为人君南面之术。"③

章太炎不仅谓老子为史官，《老子》为史，亦认为九流均有历史之根据，诸子书中的故事并非寓言假托，即使其自称寓言，也不能完全当作寓言看，更何况古人的寓言并非今人的寓言的意思。《论诸子的大概》阐述了诸子"总不能离开历史"、诸子说的故事"并不是随意编造"的道理。"有人说诸子所说的故事，有许多和经典不同，怎么说九流都有历史的根据？这个也容易理解。经典原是正史，只为正史说的事迹，不很周详，自然还有别的记录。记录固然在官，在官的书，也有流传错误，况且时代隔了长久，字形训诂，也不免有些走失。所以诸子说的故事，许多和经典不同，并不是随意编造。"④《历史之重要》则不仅强调经史相通，也强调经子相通。"六经皆史"早有王阳明、章学诚等指出过，而"诸子皆史"，则唯有章太炎独倡。"史与经本相通，子与史亦相通。诸子最先为道家，老子本史官也，故《艺文志》称：道家者流，出于史官。史官博览群籍，而熟知成败利钝，以为人君南面之术。他如法家，韩非之书称引

---

① 章太炎的白话文 [M]. 陈平原选编. 贵阳：贵州教育出版社，2014：90.

② 章太炎国学讲演录 [M]. 诸祖耿，王謇，王乘六等记录. 北京：中华书局，2013：97–98.

③ 章太炎国学讲演录 [M]. 诸祖耿，王謇，王乘六等记录. 北京：中华书局，2013：12.

④ 章太炎的白话文 [M]. 陈平原选编. 贵阳：贵州教育出版社，2014：90.

史实甚多。纵横家论政治，自不能不关涉历史。名家与法家相近，惟农家之初，但知种植而已。要之，九流之言，注重实行，在在与历史有关。"①在章太炎看来，不仅《老子》为史之总结，《墨子》《庄子》皆如此。章太炎的"六经皆史""九流皆史"的说法，与当时流行的疑古史学大唱反调。疑古史学不仅疑子②，更重在疑经，其意显然要破除经学的神圣地位和中国五千年（或者更长）历史神话。由于先秦史之史料基本上由经子构成，疑古史学实际上把中国历史切去三千年以上，这是有着深刻的文化民族主义观念的章太炎所完全不能容忍的。因此，章太炎批评"疑古者流，其意但欲打破历史耳"③"必将维系民族之国史全部推翻"。④

章太炎对老子的义理研究成就多多，在此只是发掘其中的一部分加以说明。另外，章太炎对老子考据也很有贡献，《菿汉微言》对疑古史学所谓老子晚出说提出了尖锐批评，谓老子必在孔子之前，"老子不在孔后，的然无疑"。⑤不可否认，章太炎亦深受由来已久的疑古史学的影响，甚至可以说，民国时期疑古史学的扩大化与其相关，这在顾颉刚的《古史辩自序》中已有提及。其《菿汉微言》对《列子》与《文子》的严重怀疑，其《国学概论》对子书的广泛怀疑，就是明确的证据。

结语

章太炎的老子研究，引入了西学、佛学、儒学、墨学与之会通，使得老学义理的理解明白深透，而且有了强烈的"现代性"气息。破除了前人对老子"不

---

① 章太炎国学讲演录 [M]. 诸祖耿，王謇，王乘六等记录. 北京：中华书局，2013：12.

② 疑古史学把诸子很大部分判为伪书或部分伪书，如《老子》《列子》《文子》《孔子家语》《鹖冠子》《孔丛子》《孙子》《吴子》《管子》《商君书》等全伪，《墨子》《庄子》《韩非子》等为部分伪书。但银雀山、马王堆、郭店、上博等地出土简帛文献已经证明疑古史学疑古过勇，冤案甚多，方法失当，不明古书成书过程。章太炎对疑古史学的疑经批判猛烈，而对其疑子，则罕有批评。章太炎自己对子书之中的《吴子》《文子》《列子》《关尹子》《孔丛子》《孔子家语》《黄石公三略》《太公阴符经》等也是严重怀疑的，但章太炎对《老子》《庄子》没有怀疑。说见 1922 年的讲演记录稿《国学概论》。

③ 章太炎国学讲演录 [M]. 诸祖耿，王謇，王乘六等记录. 北京：中华书局，2013：13.

④ 章太炎国学讲演录 [M]. 诸祖耿，王謇，王乘六等记录. 北京：中华书局，2013：37.

⑤ 章太炎. 菿汉三言 [M]. 虞云国点校. 上海：上海书店出版社，2011：31.

尚贤"的误解。打破了韩非子及其法家对《老子》的曲解。对《老子》一书的性质作了重新认识，进而提出了"九流皆史"说。章太炎的老学研究在中国老学史上当有相当地位。

第四章 章太炎与近代新孔学话语体系的建构

章太炎是近代新孔学话语体系的主要奠基人之一，其建构新孔学话语体系的专著有《儒术真论》（1899）、《订孔》（1904）[①]、《驳建立孔教议》（1913）、《广论语骈枝》（1932）、《在吴县纪念孔子诞生大会上之演说》（1935）等，其他涉及新孔学话语体系的论著还有多篇,如《原儒》(1909)、《原经》(1909)、《经学略说》（1935）等。[②]孔子之道，章太炎一直坚持，在继承中创新，在创新中扬弃，不过，不同时期，他继承和扬弃的侧重点有所不同。他既是传统儒家文化的熏陶者，又是近代新孔学话语体系主要的奠基人之一。其新孔学话语体系，是围绕着戊戌维新、辛亥革命、新文化运动、抗日战争等重大历史事件而建构的，回应时代关切，具有强烈的社会针对性。既有思想的解放性，又有文化的认同性；

[①] 载于 1902—1904 年《訄书》重订本与 1914—1915 年《检论》。

[②] 章氏涉及新孔学话语体系构建的论著大体还包括：《诂经札记》（1890—1893）、《膏兰室札记》(1891—1893)、《春秋左传读》(1891—1896)、《后圣》(1897)、《客帝论》(1899)、《訄书》初刻本(1894—1900)、《訄书》重订本(1902—1904)、《春秋左传读叙录》(1902)、《在东京留学生欢迎会上之演讲》(1906)、《论诸子学》(1906)、《中国文化的根源和近代学问的发达》(1907—1910)、《经的大意》(1907—1910)、《论教育的根本要从自国自心发出来》（1907—1910）、《国故论衡》（1910）、《在被袁世凯幽禁期间的国学演讲》（1913）、《检论》（1914—1915）、《菿汉微言》（1914—1916）、《在四川演讲之五——说忠恕之道》（1917—1918）、《在四川演讲之六——说道德高于仁义》（1917—1918）、《在上海尚贤堂佛教讲会上之演说》（1918）、《研究中国文学的途径》（1920）、《国学概论》（1922）、《读〈论语〉小记》（1925）、《在长沙明德中学的演讲》（1925）、《在湘雅礼大学之演说》（1925）、《菿汉昌言》（1925—1933）、《说我》（1929）、《儒行要旨》（1932）、《国学之统宗》（1933）、《〈春秋〉三传之起源及其得失》（1933）、《自述治学功夫及志向》（1933）、《论读经有利而无弊》（1935）、《论经史实录不应无故怀疑》（1935）、《论经史儒之分合》（1935）、《经学略说》（1935）、《诸子略说》（1935）、《尚书故言》（1935—1936）、《书序》（1935—1936）、《菿汉雅言札记》（1948—1949）、《尚书略说》等。

既有继承性，亦有批判性与创新性；既有学术性，亦有启蒙性与革命性；既有一定的传统性，又有鲜明的过渡性与现代性。章太炎对待孔子及其儒学的态度，前后有重大变化。投身革命之前，把孔子看成是为万王制法的"素王""玄圣""独圣"；①投身革命之后，孔子则成为反思批判的对象，仅仅成为建构"国性"的"良史"。在革命建国时期，章太炎推崇"孔荀之道"，以为中华民国建章立制；而在中华民国建立之后，尤其是新文化运动以来，建立"新道德"之呼声日益强劲，章太炎则推崇"孔颜之道"。在破除"旧道德"之际，章太炎重在批评孔子的富贵利禄与权谋之心；在需要民族认同建设之际，章太炎则推孔子为"良史"。

一、从"独圣"到"良史"

戊戌维新时期，②章太炎赞成维新，加盟了康梁阵营，积极参与宣传变法，吸取了新公羊学派的"素王""改制"思想，打着"孔子改制"的旗号，为戊戌维新大造舆论，尊称孔子为"玄圣""素王""独圣"。其维新时期的新孔学话语体系建构，主要体现在《春秋左传读》（1891—1896）、《訄书初刻本》（1894—1900）、《儒术真论》（1899）等著作中。

章太炎在《春秋左传读》之《立素王之法》中，谓"匹夫而有圣德者为素王"，认可孔子为"玄圣""素王"。③与章太炎有所不同，钱穆对"素王"的解释是，"孔子以私人著史，而自居于周王室天子之立场。"④孟子与公羊学家均认为"《春秋》是孔子代天子所创作的"。⑤但其实章太炎在具体阐述"素王"含义时，亦采用了孔子为"新王"（"后王"）制法的"天子"立场，其《西狩获麟》

---

① 章太炎在《春秋左传读》（1891—1896）之《立素王之法》指出："庄子诋呵圣人，谯议儒学，而犹不敢削素王之名，是知孔子所自号，明矣"。其《郑伯克段》指出："《春秋》为万王准则，固非专为汉作。"在《訄书》初刻本（1894—1900）《独圣》（下），则称孔子为"病其怪神，植徽志以绌之者，独有仲尼"的"独圣"。

② 狭义的戊戌维新时期指的是1898年百日维新时期，广义的戊戌维新时期指的是从甲午战败到清末新政之前的阶段，即1895—1900年左右。

③ 章太炎全集（春秋左传读，等）[M].姜义华点校.上海：上海人民出版社，2014：45.

④ 钱穆.孔子传[M].北京：九州出版社，2020：122.

⑤ [日]内藤湖南.中国史学史[M].上海：上海古籍出版社，2017：48.

一文中谓，孔子作《春秋》阐发微言大义，"为后王法"，《春秋公羊传》"改制"说，即《左传》说，"孔子时，周道衰亡，已有圣德，无所施用，作《春秋》以见志。其言可从，以为天下法"。①

《訄书》初刻本之《尊荀》篇，章太炎以孔子为"素王"，谓荀子主张的"法后王"即"法素王"，而"素王改制"，非仅仅为汉制法，而是为新王制法，"素王改制"的微言大义尽在《春秋》之中，"仲尼有言：夏道不亡，商德不作；商德不亡，周德不作；周德不亡，《春秋》不作。《春秋》之作，以黑绿不足代苍黄，故反夏政于鲁，为新王制，非为汉制也。其所规摹，则政令粲然示于禘矣。故荀子所谓后王者，则素王是；所谓法后王者，则法《春秋》是。"②

《訄书》初刻本之《独圣》篇，章太炎从"贵仁"、主"人道"（"绌神怪"）、"传道"（传"六艺"）等方面，深入阐述了孔子何为是"素王"与"独圣"。其一，孔子"贵仁"而不言"寝兵"。章太炎的解释为，"'积爱为仁，积仁为灵。'夫灵，何眩谲奇觚之有？以其隐哀。人偶万物，而以己之发肤。发肤有触，夫谁不感觉？是故其疴养则知之，其怖怒哀喜则知之，其微声如蚨（金龟子）如蟋蟀则知之，其积算至不可布筹则知之。灵者，不以战斗申，非无战斗也，犹一身而有断爪与揗摵也。人之言寝兵也，谩矣哉！"③其二，孔子主张"人道"（人文主义）而"绌神怪"。章太炎高度评价孔子"知感生帝之谩"的态度，为"横于万纪矣"。④对孔子倡导的"人道"大加赞赏，"全面质而不能废神弔（吊），閟宫不驰，疑滞不雺，此夫秦襄公所以丧周礼，使父子同室，道人蛰伏而兼葭苍矣！于是则为之绌神怪。神怪绌，则人道始立。"章太炎反对"纬书或言仲尼为黑帝子"的说法，称"此后儒之谀诬。素王在德，不在符命也。"⑤其三，孔子传"六艺"。章太炎亦高度称赞孔子传中国文化之道的行为为"贤于尧、舜"。"俗士观于尧、舜之胼形胝足，以忧劳黔首，而曰'宪章'者，过之。夫宪章其业，以为六艺，使其道不至于队（坠）逸，则犹史佚之于文武也，亦庸能架轶之乎？余以后圣之作，必过于先民。今是世之道彝伦等礼者，必曰周、

① 章太炎全集（春秋左传读，等）[M].姜义华点校.上海：上海人民出版社，2014：732.

② 章太炎全集（訄书初刻本，等）[M].朱维铮点校.上海：上海人民出版社，2014：6.

③ 章太炎全集（訄书初刻本，等）[M].朱维铮点校.上海：上海人民出版社，2014：102.

④ 章太炎全集（訄书初刻本，等）[M].朱维铮点校.上海：上海人民出版社，2014：103.

⑤ 章太炎全集（訄书初刻本，等）[M].朱维铮点校.上海：上海人民出版社，2014：105.

孔，而不曰勋、华。彼诚知贤于尧、舜者，非特吾素王也，虽旦亦乘踌之矣。"①

章太炎尊称孔子为"素王"，深层次的原因是，"在笼罩着孔子的神圣光环面前，心中还不无敬畏之情，仍希望借助孔子的权威建立或增强自己论点的合法性基础。"②

在《儒术真论》（1899）中，章太炎亦谓孔子具有深刻的忧患意识，在复兴人文主义方面，继承文王，"以共主自任"，属于名副其实的"玄圣素王"，"玄圣素王，本见《庄子》。今观此义，则知始元终麟，实以自王，而河图不出，文王既丧，其言皆以共主自任，非图谶妄言也。"③

章太炎与康有为虽然都尊称孔子为"素王"，但"康有为尊孔是以孔子为'托古改制'的通天教主，而章太炎尊孔则是因孔子保护了汉族文化"。④

章太炎投身革命之后，则改变了尊孔子为"独圣""玄圣""素王"的说法，反对新公羊学派的"孔子改制"说，在《国故论衡》（1910）之《原经》篇，章太炎开始全面反思"素王"说，谓"素王"说有三种说法，"盖素王者，其名见于《庄子》，责实有三：伊尹陈九主素王之法，守府者为素王；《庄子》道玄圣素王，无其位而德可比于王者；太史公（司马迁）为素王眇论，多道货殖，其《货殖列传》已著素封，无其位，有其富厚崇高，小者比封君，大者拟天子。此三素王之辨也。"否定孔子自号为"素王"，"仲尼称素王者，自后生号之。"坚决反对公羊学派关于孔子"为汉制法"的说法，"顾言端门受命，为汉制法，循是以言，桓谭之为《新论》，则为魏制法乎？《春秋》二百四十二年之事，不足尽人事蕃变，典章亦非具举之，即欲为汉制法，当自作一通书，若贾生（贾谊）之草具仪法者。今以不尽之事，寄不明之典，言事则害典，言典则害事，令人若射覆探钩，卒不得其翔（详）实。故有公羊、谷梁、邹、夹之《传》，为说各异，是则为汉制惑，非制法也。言《春秋》者，载其行事，宪章文武，

①　章太炎全集（訄书初刻本，等）[M]. 朱维铮点校. 上海：上海人民出版社，2014：103.
②　姜义华. 章炳麟评传 [M]. 上海：上海人民出版社，2019：329.
③　章太炎政论集 [M]. 汤志钧编. 北京：中华书局，1977：120.
④　张昭军. 儒家近代之境：章太炎儒学思想研究 [M]. 北京：北京师范大学出版社，2020：43.

下尊时王，惩恶而劝善，有之矣，法制何与焉？"①

为了"革命建国"，章太炎不得不以历史建构"国性"，呼吁"爱惜我们汉种的历史"，②故推孔子为"良史"。《訄书》重订本（1901—1904）之《订孔》篇，章太炎称赞"孔氏，古良史也。"孔子与左丘明共同修订解释《春秋》，开启了中国史学书写与诠释的传统，为司马迁、刘歆等继承，在诸子百家中独树一帜，"辅以丘明而次《春秋》，料比百家，若旋机玉斗矣。（司马）谈、（司马）迁嗣之，后有《七略》。孔子死，名实足以伉（抗）者，汉之刘歆。"③在《论诸子学》（1906）中，章太炎把孔子与司马迁、班固并列，否定《春秋》中有微言大义，指出其学为"客观之学"。"孔子删定六经，与太史公（司马迁）、班孟坚（班固）辈，初无高下。其书既为记事之书，其学惟为客观之学。"④在《中国文化的根源和近代学问的发达》（1907—1910）中，章太炎强调了孔子开创史学教育的伟大历史意义，"自从孔子宣布（历史）到民间来，政府虽倒，历史却不会忘失，所以今日还晓得二三千年以前的事。这都是孔子赐的了"，进一步确认孔子开创民间书写历史传统的意义，"假如没有孔子，后来就有司马迁、班固，也不能作史。"否认孔子是儒教的教主，而认可"孔子是史学的宗师，并不是什么教主"。⑤

章太炎在《訄书》重订本之《订孔》篇，不仅恢复孔子为"良史"，而且强调孟子与荀子对孔子的超越，"夫孟（子）、荀（子）皆踊绝孔氏，惟才美弗能与等比，故终身无鲁相之政，三千之化。"⑥

章太炎对孔子"素王""独圣""玄圣""教主"地位的否认，具有深刻的启蒙色彩，对于解放思想，意义重大，"不但打掉了两千年来笼罩在孔子头

---

① 章太炎全集（国故论衡先校本　校订本）[M].王培军，马勇整理.上海：上海人民出版社，2017：232–233.

② 中国近代思想家文库　章太炎卷 [M].姜义华编.北京：中国人民大学出版社，2015：140.

③ 章太炎全集（訄书初刻本，等）[M].朱维铮点校，上海：上海人民出版社，2014：133.

④ 章太炎全集（演讲集上）[M].章念驰编订.上海：上海人民出版社，2015：49.

⑤ 章太炎全集（演讲集上）[M].章念驰编订.上海：上海人民出版社，2015：80、81.

⑥ 章太炎全集（訄书初刻本，等）[M].朱维铮点校.上海：上海人民出版社，2014：133.

上的旧的神圣光圈，而且打掉了清代公羊学家，特别是康有为加上的新的神圣光圈，将孔子从神还原为人，从圣人还原为一个凡人。这就使人们有了超越孔子所代表的话语系统的可能，有了挣脱经过儒学世代演变而形成的几乎无所不包的传统范式系统的可能。"①

二、从"孔荀之道"到"孔颜之道"

章太炎在戊戌维新和辛亥革命时期，特别提倡"孔荀之道"。1897年9月7日，章太炎在《实学报》第2册上发表《后圣》一文，尊荀子为"后圣"，高度评价荀学与孔学的一致性，"同乎荀卿者，与孔子同，异乎荀卿者，与孔子异"。②《訄书》初刻本之《尊荀》篇亦肯定荀子对孔子的高度认同，"荀子所谓后王者，则素王（孔子）是；所谓法后王者，则法《春秋》（孔子编订）是。"③推许荀子为孔"圣人"之后的"后圣"，"自仲尼而后，孰为后圣？曰：水精既绝，制作不绍，浸寻二百年，以踵相接者，惟荀卿足以称是。"④

章太炎为何倡导"孔荀之道"？即为何高度认同荀学对孔学的解释？章太炎谈了自己的三点认识。其一，荀子对于孔子的治国理政之道予以充分的阐述，有助于致富强，对后世产生了深远的影响。章太炎在《后圣》一文中谓，推重荀子，"非侈其传经也，其微言通鬼神，彰明于人事，键牵六经，谟及后世，千年而不能闿明者，曰《正名》《礼论》。"章太炎谓荀子的《正名》《礼论》《王制》《富国》《强国》《议兵》等篇都有独到的认识，足以富国强兵。"《礼论》以键六经，《正名》以键《春秋》之隐义。其他《王制》之法，《富》《强》之论，《议兵》之略，得其枝叶，犹足以此成、康。归乎！非后圣孰能不见素王而受共鬲翼铜瑁者乎！"⑤其二，荀子对于周代制度的损益的认识符合孔子本义。章太炎谓孔子因周制而作新法，"《春秋》作新法，而讥上变古易常。"荀子亦认同孔子"因周制而作新法"的思想，"古也者，近古也，可因者也。汉因于秦，唐因于周、隋，宋因于周，因之日以其法为金锡，而已形范之，或益而宜，或损而宜。损益曰变，

① 姜义华.章炳麟评传[M].上海：上海人民出版社，2019：331.
② 章太炎儒学论集（下册）[M].王小红选编.成都：四川大学出版社，2010：972.
③ 章太炎全集（訄书初刻本，等）[M].朱维铮点校.上海：上海人民出版社，2014：6.
④ 章太炎儒学论集（下册）[M].王小红选编.成都：四川大学出版社，2010：971.
⑤ 章太炎儒学论集（下册）[M].王小红选编.成都：四川大学出版社，2010：971-972.

因之曰不变。仲尼、荀卿之于周法，视此矣。其傣古也，视以便新也。"① 荀子"隆礼仪而杀《诗》《书》"的做法，属于对孔子"因周制而作新法"思想的落实，"亟涤则异老成之故法，将无以取信于流俗；故必言之守，而又足以乱大从。于是则荀子为之隆礼仪而杀《诗》《书》。礼仪隆，故《士礼》《周官经》，与夫公冠奔丧之典，杂沓并出，而皆列于经；《诗》《书》杀，故伏生删《百篇》而为二十九，《齐诗》之说'五际六情'，庋《颂》与《国风》，而举二《雅》。"② 其三，荀子对于孔子之道发挥了继承与创新的作用。章太炎谓"自东周之季，以至禹，《连山》息，《汩作》废，《九共》绝，墨子支之，祇以自隙。老聃丧其征藏，而法守亡，五曹无施。惟荀卿奄于先师（孔子），不用。"③ 荀子在"治身"和"治天下"方面，尤其是"正名"方面，都对孔子学说进行了创新性发展。"以积伪俟化治身，以隆礼合群治天下。不过三代，以绝殊瑰；不二后王，以綦文理。百物以礼穿斁：故科条皆务进取而无自庋。其正名也，世方诸仞识论之名学，而以为在琐格拉底（苏格拉底）、亚历斯大德（亚里士多德）间。由斯道也，虽百里而民献比肩可也。其视孔氏，长幼断可识矣。"④

在打倒"旧道德"之际，章太炎对孔子与儒家之道德进行了猛烈的批判，指出"孔教最大污点，是使人不脱富贵利禄的思想"，⑤"儒家之病，在以富贵利禄为心"。⑥ 在建立"新道德"之际，章太炎则推重符合道德境界"上德不德"的"孔颜之道"。1914—1916 年，章太炎在北京因禁时期的演说《菿汉微言》中开始大谈"孔颜之道"。认为"孔颜之道"主要记载在《庄子》书里。"孔子所言著在《论语》，而深美之说翻在庄周书中。庄周述孔，容有寓言，然而

① 章太炎全集（訄书初刻本，等）[M]. 朱维铮点校. 上海：上海人民出版社，2014: 6.

② 章太炎全集（訄书初刻本，等）[M]. 朱维铮点校，上海：上海人民出版社，2014: 106.

③ 章太炎全集（訄书初刻本，等）[M]. 朱维铮点校，上海：上海人民出版社，2014: 133.

④ 章太炎全集（訄书初刻本，等）[M]. 朱维铮点校，上海：上海人民出版社，2014: 133.

⑤ 中国近代思想家文库 章太炎卷 [M]. 姜义华编，北京：中国人民大学出版社，2015: 138.

⑥ 章太炎全集（演讲集上）[M]. 章念驰编订，上海：上海人民出版社，2015: 52.

频烦(繁)数见,必非无因,则知孔氏绪言遗教,辞旨闳简,庄生乃敷畅其文。""孔颜之道"是什么? 章太炎谓"无意无我""坐忘""知同""知化""克己复礼""为仁"等,就是"孔颜之道"的表达。"为仁""无意无我"是目标,"坐忘""知同""知化""克己复礼"等都是修行方法。"依何修习而能无意无我? 颜回自说坐忘之境,仲尼曰'同则无好也,化则无常也。'一切众生本无差别,是之谓同。知同,故能无好;能无好,而我爱遣除矣。结生流注本是退嬗,是之谓化。知化,故达无常;达无常,而我见我碍遣除矣。是颜回已证,仲尼为推见道之,因晓示来学,非为颜回告也。初晓颜回,但以'克己复礼'见端耳。凡人皆有我慢,我慢所见,一意胜人,而终未能胜己,以是自反则为自胜。自胜之谓'克己',慢与慢消,故云'复礼'。我与我尽平等,性智见前,此所以'为仁'也。颜回庶几之才,闻一知十,乍聆胜义,便收坐忘之效。"①

1922 年,章太炎在上海的国学演讲中,进一步解答"孔颜之道"的来历,章太炎谓"颜回是孔子极得意门生,曾承孔子许多赞美,当然有特别造就"。但孟子、荀子并不了解"孔颜之道","《孟子》和《荀子》是儒家,记载颜子的话很少,并且很浅薄。"只有庄子理解且能传承"孔颜之道","《庄子》载孔子和颜回底(的)谈论却很多,可见颜氏底(的)学问,儒家没曾传,反传于道家了。《庄子》有极赞扬孔子处,也有极诽谤孔子处,对于颜回,祇(只)有赞无议,可见《庄子》对于颜回是极佩服的。"章太炎的结论是,"道家传于孔子为儒家,孔子传颜回,再传至庄子,又入道家。"②章太炎反对庄子为儒家的说法。

1935 年,章太炎在《诸子略说》中深入阐述"孔颜之道"的核心是"克己",相当于佛教的"破我执","孔门弟子独颜子闻克己之说。克己者,破我执之谓。"孔子道德教育的四位高徒之中,颜回对道德的悟性最高,能够接受孔子"超出人格之语","孔子以四科设教,德行颜渊、闵子骞、冉伯牛、仲弓。然孔子语仲弓,仅言'出门如见大宾,使民如承大祭'而已。可知超出人格之语,不轻告人也。"庄子的"心斋""坐忘",深刻表达了"孔颜之道","颜子之事不甚著,独庄子所称'心斋''坐忘',能传其意。"老子的"上德不德",

① 章太炎.菿汉三言[M].虞云国校点.上海:上海书店出版社,2011:33、34.
② 章太炎全集(演讲集上)[M].章念驰编订.上海:上海人民出版社,2015:333.

亦深刻表达了"孔颜之道","老子亦见到此,故云:'上德不德,是以有德。下德不失德,是以无德。'德者得也。有所得非也,有所见亦非也。杨子云则见不到此,故云颜苦孔之卓,实则孔颜自道之语,皆超出人格语。"《论语》对"孔颜之道"亦有记载,"《论语》记颜子之语曰:'仰之弥高,钻之弥坚,瞻之在前,忽焉在后。'盖颜子始犹以为如有物焉,卓然而立。经孔子之教,乃谓'如有所立卓尔,虽欲从之,末由也已'。"《论语》中的"绝四"之说,全面表达了"孔颜之道",而且只有颜回能够真正理解,"(孔子)绝四之说,人我、法我俱尽。'如有所立卓尔,虽欲从之,末由也已'者,亦除法我执矣。此等自得之语,孔、颜之后,无第三人能道。"[①]1936年5月15日,章太炎在《答车铭深书》中,指出所谓"孔颜之道"就是"随顺法性而为人谋其正德利用厚生",只有庄子才能够理解和传承"孔颜之道",批评孟子、荀子、宋儒都没有达到"孔颜之道"的高度,"未尝执着生机以为不可舍置,亦未尝不随顺法性而为人谋其正德利用厚生者,能见斯旨,孔颜而后,唯有庄生,即孟、荀尚不能企,况于宋儒?"因为只有颜回能够理解真正的"孔子之道",故真正的"孔子之道"只传颜回,从而形成"孔颜之道","观孔子所以语颜渊者,其于曾(子)、闵(子骞)以下,初未一言及之,此所谓小大精粗无乎不在。"当然,章太炎认为"孔颜之道"不是任何时期任何人都可以达到的,在"世变已亟"的当今世道,"仕者得冉有、季路,隐者有季次、原宪,亦可以疗饥拯溺矣。"[②]

三、对孔学的批判

章太炎对孔子思想的态度,总体上看,是一分为二的,既有批评,又有认同,但在辛亥革命时期,出于革命的需要,批评往往显得更加突出,而在民国建立之后,出于文化认同与学术发展的需要,继承与创新则更加明显。章太炎对孔学的批评,集中表现在孔子为学目的与方法、政治态度与手段、道德教育内容及其成效等方面。

在为学目的方面,章太炎严厉批评孔学"湛心利禄","以富贵利禄为心"。1906年7月15日,章太炎在东京留学生欢迎会上之演讲指出,"孔教最大的污点,

---

① 章太炎全集(演讲集下)[M]. 章念驰编订. 上海:上海人民出版社,2015:980-981.

② 章太炎儒学论集(下册)[M]. 王小红选编. 成都:四川大学出版社,2010:970.

是使人不脱富贵利禄的思想。自汉武帝专尊孔教以来,这热中于富贵利禄的人,总是日多一日。"①1906年9月,章太炎在国学讲习会演说辞《论诸子学》中批评"儒家之病,在以富贵利禄为心"。当然,章太炎客观分析了春秋时代孔子"成就吏材,可使(弟子)从政"的合理性与必要性,"盖孔子当春秋之季,世卿秉政,贤路拥塞,故其作《春秋》也,以非世卿见志。其教弟子也,惟欲成就吏材,可使从政。"但章太炎也指出了为学"以富贵利禄为心"的危害,就是不敢革命,永远只能是"以王佐自拟","世卿既难猝去,故但欲假借事权,便其行事。是故终身志望,不敢妄希帝王,惟以王佐自拟。"章太炎严厉批评孔学与"做官"的紧密关联性,"孔子讥丈人,谓之'不仕无义'","苦心力学,约处穷身,心求得雠,而后意歉,故曰'沽之哉,沽之哉!'不沽,则吾道穷矣。"章太炎批评孔子带头积极入仕,同时也鼓励弟子积极入仕,"开游说之端"。"孔子干七十二君,已开游说之端,其后儒家率多兼纵横者。"②其实,孔子为学的目的并非求"富贵",而是求"道",孔子自己明确说过"志于道","朝闻道,夕死可矣。"③孔子弟子宰予是如此评价孔子为学目的的,"自臣侍从夫子以来,窃见其言不离道,动不违仁。尚义尚德,清素好俭。仕而有禄,不以为积。不合则去,退无吝心。妻不服彩,妾不衣帛,车器不雕,马不食粟。道行则乐其治,不行则乐其身,此所以为夫子也。"④从宰予"言不离道,动不违仁""道行则乐其治,不行则乐其身"的评价中,可以判断孔子为学的目的是"行道",而非"求仕"。

在为学方法方面,章太炎批评孔子"巧伪""哗众取宠"。其《论诸子学》引证《庄子》中的盗跖批评孔子之言,指出,"《(汉书)艺文志》说儒家云:'辟者,随时抑扬,违离道本,苟以讙(哗)众取宠。'不知讙(哗)众取宠,非始辟儒,即孔子固已如是。庄周述盗跖之言曰:'鲁国巧伪人孔丘,不耕而食,不织而衣,摇唇鼓舌,擅生是非,以迷天下之主。使天下学士,不反其本,妄作孝弟(悌),而徼(侥)幸于封侯富贵者也。'此犹道家诋毁之言也,而微生亩与孔子同时,

①　章太炎全集(演讲集上)[M].章念驰编订.上海:上海人民出版社,2015:5.
②　章太炎全集(演讲集上)[M].章念驰编订.上海:上海人民出版社,2015:52.
③　杨伯峻.论语译注·里仁篇[M].北京:中华书局,2009:36.
④　白冶钢.孔丛子译注·记义[M].上海:上海三联书店,2014:45.

已讥其佞，则儒者之真可见矣。"① 在这里，章太炎的论证明显属于捕风捉影，证据不足。其实，正如冯友兰所言，孔子一直主张，"人必须有真性情，有真情实感。"② 孔子明确批判虚伪，"巧言、令色、足恭，左丘明耻之，丘亦耻之。匿怨而友其人，左丘明耻之，丘亦耻之。"③ 章太炎严厉批评孔子为学"诈伪"，"趋时"，"无可无不可"，缺乏是非标准。"（孔子）其自为说曰：'无可无不可。'又曰：'可与立，未可与权。'又曰：'君子之中庸也，君子而时中④。'孟子曰：'孔子，圣之时者也，'荀子曰：'君子时绌则绌，时伸则伸也。'（见《仲尼篇》）然则孔子之教，惟在趋时，其行义从时而变，故曰：'言不必信，行不必果。'"⑤ 章太炎对孔子的"中庸"的为学理念采取否定的态度，认为这种为学方法会导致缺乏是非标准，"宗旨多在可否之间，论议止于函胡（含糊）之地。"⑥ 作为一种为学方法，"中庸"是一种"朴素的辩证法"，⑦ "反对偏执、片面，主张诸要素的兼济、统一与平衡"，反对无原则迎合，因此，"中庸"不是折中主义，"不是不讲原则，不是四处讨好、迎合所有的人"。⑧ 并非章太炎理解的"惟在趋时"，没有是非标准。

在政治态度方面，章太炎批评孔子"胆小"，自己不敢采取革命行动，也不敢教育弟子采取革命行动，以"推翻贵族政体"。在东京留学生欢迎会上之演讲中指出，"孔子最是胆小，虽要与贵族竞争，却不敢去联合平民，推翻贵族政体。"孔子在"《春秋》上虽有'非世卿'的话，只是口诛笔伐，并不敢实行的。"孔子的教育不是革命教育，而是"依人作嫁，最上是帝师王佐的资格，总不敢觊觎帝位。及到最下一级，便是委吏乘田，也将就去做了。诸君看孔子生平，当时摄行相事的时候，祇（只）是依旁鲁君，到得七十二国周游数次，日暮途穷，

① 章太炎全集（演讲集上）[M]. 章念驰编订，上海：上海人民出版社，2015：52.
② 冯友兰. 中国哲学史新编（上卷）[M]. 北京：商务印书馆，2020：78.
③ 杨伯峻. 论语译注·公冶长篇 [M]. 北京：中华书局，2009：51.
④ "时中"的涵义是，随时符合标准，而标准则是与时俱进的。
⑤ 章太炎全集（演讲集上）[M]. 章念驰编订. 上海：上海人民出版社，2015：52-53.
⑥ 章太炎全集（演讲集上）[M]. 章念驰编订. 上海：上海人民出版社，2015：53.
⑦ 张岂之主编. 中国思想史 [M]. 北京：高等教育出版社，2018：31.
⑧ 《中国哲学史》编写组. 中国哲学史（上册）[M]. 北京：人民出版社，高等教育出版社，2012：50、51.

回家养老，那时并且依旁季氏，他的志气，岂不一日短一日么？"①

　　在政治手段方面，章太炎批评孔子大搞"权术""权谋"。其《论诸子学》谓孔子"权术"手段源于老子，而且后来居上，"老子以其权术授之孔子，而征藏故书，亦悉为孔子诈取。孔子之权术，乃有过于老子者。"章太炎根据"孔子诛少正卯"的故事，设想了一则孔子以"权术"迫害老子的故事，"孔学本出于老，以儒道之形式有异，不欲崇奉以为本师，而惧老子发其覆也。于是说老子曰：'乌（乌鸦）鹊（喜鹊）孺（孵化而生），鱼傅沫（濡沫而生），细要（腰）者（蜂类）化（变化而生），有弟而兄啼。'老子胆怯，不得不曲从其请。逢蒙杀羿之事，又其素所怵惕也。胸有不平，欲一举废，而孔氏之徒，遍布东夏，吾言朝出，首领可以昔断。于是西出函谷，知秦地之无儒，而孔氏之无如我何，则始著《道德经》以发其覆。藉令其书早出，则老子必不免于杀身。如少正卯在鲁，与孔子并，孔子之门'三盈三虚'，犹以争名致戮，而况老子之凌驾其上乎？呜呼！观其师徒之际，忌刻如此，则其心术可知，其流毒之中人，亦可知已。"② 当然，章太炎讲述的孔子迫害老子的故事，纯粹是出于革命的需要编造出来的，并没有任何真凭实据。

　　在道德教育的内容方面，章太炎主张建立"革命之道德"与"国民之道德"，批评孔子的"中庸"（孔子自认为是"至德"）教育，培养不出革命者"艰苦卓厉"的精神，只能培养"冒没奔竞"低劣人格，"君子'时中'，时伸时绌，故道德不必求其是，理想亦不必求其是，惟期便于行事则可矣。用儒家之道德，故艰苦卓厉者绝无，而冒没奔竞者皆是"。③ 章太炎进一步批评孔子的"中庸"实乃"国愿"，是孔子自己批评的"乡愿"的升级版。"所谓中庸，实无异于乡愿。彼以乡愿为贼而讥之。夫一乡皆称愿人，此犹没身里巷，不求仕宦者也。若夫'逢（逢）衣浅带，矫言伪行，以迷惑天下之主'，则一国皆称愿人。所谓中庸者，是国愿也，有甚于乡愿者也。孔子讥乡愿，而不讥国愿，其湛心利禄又可知也。"④ 章太炎对"中庸"道德的大肆批判，完全是出于建构"革命之道德"与民族精

---

① 章太炎全集（演讲集上）[M]. 章念驰编订. 上海：上海人民出版社，2015：4-5.

② 章太炎全集（演讲集上）[M]. 章念驰编订. 上海：上海人民出版社，2015：55.

③ 章太炎全集（演讲集上）[M]. 章念驰编订. 上海：上海人民出版社，2015：53.

④ 章太炎全集（演讲集上）[M]. 章念驰编订. 上海：上海人民出版社，2015：53.

神的需要，并不是对"中庸"的学术理解。"中庸"不是"乡愿"，而是"和谐"，或者说"和而不同"，孔子反对没有道德底线的人，孔子道德的最低境界是"君子"，最高境界是"圣人"，而"一以贯之"的"忠恕之道"，即"仁道"。1932年10月，章太炎在苏州中学的演讲中，谓"《中庸》好言天道，以'赞天地之化育'为政治道德之极致，只可谓为中国之宗教"。① 大体可视为章太炎对"中庸"的学术理解。其实，"中庸"作为孔子德性伦理中"最高的'德性'"，即所谓"至德"，"并不是机械式的从两点取其中点，而是恰到好处"。②

在道德教育的效果方面，章太炎批评孔子道德教育成效的有限性。"中国的孔夫子，道德就不算极高，总比近来讲论理学的博士要高一点，教出来的学生，德行科也只有四个。其余像宰我就想短丧，冉有就帮季氏聚敛，公伯寮还要害自己同学的人，有甚么道德！"③ 所谓"德行科也只有四个"，其实只是孔子道德教育培养出的四位以"立德"知名的弟子，并不能作为道德教育失败的证据，在此，章太炎还明显忽视了孔子道德观对中华民族道德教育与道德塑造的长期影响。

在物质文明建设方面，章太炎批评孔子对于"物质"的疏离。"老子、孔子也着重在人事，于物质是很疏的。"④ 其实孔子对物质文明建设的重视，并不亚于精神文明建设，他认识到"富"，"是人之所欲也"⑤ "富而可求也，虽执鞭之士，吾亦为之"。⑥ 主张"庶""富""教"，要求治国理政者必须以提高人民的物质生活水平为急务。但是，孔子强调"以道制（致富）欲"，即每个人对财富的追求必须合乎道义，"不以其道得之，不处也"⑦ "不义而富且贵，于我如浮云。"⑧

章太炎对孔学的批判，立足于时代需求，服务于革命需要，具有明显的启

① 章太炎全集（演讲集上）[M]. 章念驰编订. 上海：上海人民出版社，2015：464.

② 蒙培元. 孔子 [M]. 北京：北京大学出版社，2019：183.

③ 章太炎讲国学 [M]. 史文编. 上海：上海人民出版社，2019：95.

④ 章太炎讲国学 [M]. 史文编. 上海：上海人民出版社，2019：120.

⑤ 杨伯峻. 论语译注·里仁篇 [M]. 北京：中华书局，2009：35.

⑥ 杨伯峻. 论语译注·述而篇 [M]. 北京：中华书局，2009：68.

⑦ 杨伯峻. 论语译注·里仁篇 [M]. 北京：中华书局，2009：35.

⑧ 杨伯峻. 论语译注·述而篇 [M]. 北京：中华书局，2009：69.

蒙性与革命性，其政治批判性强，而学术批评性弱。

四、对孔学的表彰

章太炎对孔学的看法是辩证的，既有对孔学的严厉批判，亦有对孔学的热烈表彰。其对孔子学行的表彰，主要体现在历史教育、历史书写、学术创新、文明开化、人文主义、治国理政等方面。

从辛亥革命时期开始，章太炎就把孔子看成一位史家，而非"素王"与"圣人"，重点阐发孔子对中国史学发展的贡献。

在历史教育方面，章太炎充分肯定孔子开创了中国历史教育的伟大传统，章太炎谓孔子是"第一个宣布历史的人""以前民间没有历史，历史都藏在政府所管的图书馆，政府倒了，历史也就失去。自从孔子宣布到民间来，政府虽倒，历史却不会亡失。所以今日还晓得二三千年以前的事了。这都是孔子的赐了。"孔子把历史宣布到民间来，具有重大的历史意义，"假如没有孔子，后来就有司马迁、班固，也不能作史。没有司马迁、班固的史，也就没有后来二十二部史，那么中国真是昏天黑地了。"[①]孔子之前，贵族教育主要是"六艺"教育，孔子之后，历史教育就变得特别重要，不仅官府高度重视，而且民间开始普及，"只看周朝的时候，礼、乐、射、御、书、数，唤作六艺，董（懂）得六艺的多。却是历史、政事，民间能够理会的狠（很）少。哲理是更不消说得。后来老子、孔子出来，历史、政事、哲理三件，民间渐渐知道了。"[②]

在历史书写方面，章太炎表彰孔子开创了"纪年有次，事尽首尾"的历史书写传统，"自孔子作《春秋》，然后纪年有次，事尽首尾，丘明衍传，迁、固承流，史书始灿然大备。矩则相承，仍世似续，令晚世得以识古，后人因以知前。故虽戎羯荐臻，国步倾覆，其人民知怀旧常，得以幡然反正。"[③]孔子开创的编年体书写传统，为左丘明、司马迁、班固等后世史家继承下来发扬光大，演化为多种史体，"有造于华夏者，功为第一"。[④]

---

① 章太炎全集（演讲集上）[M].章念驰编订.上海：上海人民出版社，2015：80.
② 章太炎全集（演讲集上）[M].章念驰编订.上海：上海人民出版社，2015：106.
③ 章太炎儒学论集（下册）[M].王小红选编.成都：四川大学出版社，2010：968.
④ 章太炎儒学论集（下册）[M].王小红选编.成都：四川大学出版社，2010：968.

在学术创新方面，章太炎表彰孔子开创了中国学术创新的传统，赞之为"提振之功"，"自孔子布文籍，又自赞《周易》，吐《论语》以寄深湛之思，于是大师接踵，宏儒郁兴，虽所见殊途，而提振之功则一。"① 孔子"述而不作"，不是不要学术创新，而是在继承的基础之上予以创新。

在文明开化方面，章太炎表彰孔子"保民开化"的伟大功劳，孔子以"六经"为主要教学内容的私人教育，推动了"人知典常，家识图史"的文明开化，"自孔子观书柱下，述而不作，删定六书（即"六经"），布之民间，然后人知典常，家识图史"，孔子对"六经"的编订与传播，推动了"宪章"的继承与"学术"的兴起，"孔子之于中国，为保民开化之宗，不为教主。世无孔子，则宪章不传，学术不起，国沦戎狄而不复，民居卑贱而不升，欲以名号列于宇内通达之国，难矣。"② 孔子对"天"与"鬼神"的重新理解，推动了人文主义的兴起，"仲尼所以凌驾千圣，迈尧舜，轹公旦者，独在以天为不明及无鬼神二事。"③

在民间教育方面，章太炎强调孔学的平民化色彩，表彰孔子开创的民间教育有"阶级荡平"之重大功绩。"变畴人世官之学而及于平民"，"此其功亦复绝千古"。④ 孔子兴私学，"有教无类"，大量平民受到教育，具备入仕的能力，也得到入仕的机会，"孔子当事，原是贵族用事的时代，一班平民是没有官做的，孔子心理，要与贵族竞争，就教化起三千弟子，使他成就做官的材料。从此以后，果然平民有官做了。"⑤ 孔子兴私学，教化三千弟子，最大的历史影响是，打破了"阶级"限制，加速了社会流动，"阶级荡平，寒素上遂"，"自孔子布文籍，又养徒三千，与之驰骋七十二国，辨其人民，知其土训，识其政宜，门人余裔，起而干摩，与执政争明。夫膏粱之性习常，而农贾之裔阅变，其气之勇怯，节之甘苦，又相万也。卒有变衅，则不得不屈志以求。故自哲人既萎，未阅百年，六国兴而世卿废，人苟怀术，皆有卿相之资。由是阶级荡平，寒素上遂，至于今不废。"⑥ 蔡尚思虽然否定章太炎的"阶级荡平"论，但承认"客

---

① 章太炎儒学论集（下册）[M].王小红选编.成都：四川大学出版社，2010：969.

② 章太炎儒学论集（下册）[M].王小红选编.成都：四川大学出版社，2010：969.

③ 汤志钧编.章太炎政论集（下册）[M].北京：中华书局，1977：120.

④ 章太炎全集（演讲集上）[M].章念驰编订.上海：上海人民出版社，2015：53.

⑤ 章太炎全集（演讲集上）[M].章念驰编订.上海：上海人民出版社，2015：4.

⑥ 章太炎儒学论集（下册）[M].王小红选编.成都：四川大学出版社，2010：969.

观上冲击了旧贵族用出身来否定非贵族青年的受教育资格的传统"。^①孔学为何能够具有平民化的色彩,杨伯峻推断与孔子的"平民"出身有关,"孔子纵然是殷商的苗裔,但早已从贵族下降到一般平民","他能够过穷苦生活,而对于不义的富贵,视同浮云。这些地方还不失他原为平民的本色。"^②

在推动人文主义("立人道","务人事")发展方面,章太炎表彰孔学的非宗教性、非神秘性、无神论,"(孔子)绌神怪。神怪绌,则人道始立。"^③章太炎誉之为"好到极处""复绝千古"。章太炎强调孔子"不语神怪,未能事鬼",^④"变禨祥神怪之说而务人事",推崇"此其功亦复绝千古",^⑤孔教非宗教,而乃教化之教,"各种宗教,都有神秘难知的话杂在里头,惟有孔教还算干净"^⑥章太炎推许孔子开创人文主义("生民之智,始察于人伦")的功绩超越周公(开创礼乐教化制度),"上古多禨祥,而成以五行,(周)公旦弗能革也。病其怪神,植徽志以绌之者,独有仲尼。自仲尼之厉世摩钝,然后生民之智,始察于人伦,而不以史巫尸祝为大故,则公旦又逡遁乎后矣!"^⑦章太炎谓"尊重孔子"不要过分,不要把孔子"教主"化,"尊重孔子是应当的,若认为宗教之教主,则大误矣。"^⑧因为"中土素无国教,孔子亦本无教名,表章六经,所以传历史,自著《孝经》《论语》,所以开儒术,或言名教,或言教育,此皆与宗教不相及也"。^⑨在《儒术真论》手改抄清稿里,章太炎高度评价孔子"无鬼神"的思想,"惟仲尼明于庶物,察于人伦,知天为不明,知鬼神为无,遂以此为拔本塞原之义,而万物之情状大著。"^⑩目前学术界大多数学者亦肯定孔子开创的儒学,不是以神启和迷信为核心的宗教,而是以敬畏天

---

① 蔡尚思著作集:孔子思想体系 孔子哲学之真面目 [M].上海:上海古籍出版社,2013:180.

② 杨伯峻.试论孔子.论语译注 [M].北京:中华书局,2009:5、15.

③ 章太炎全集(訄书初刻本,等)[M].朱维铮点校.上海:上海人民出版社,2014:105.

④ 章太炎儒学论集(下册)[M].王小红选编.成都:四川大学出版社,2010:967.

⑤ 章太炎全集(演讲集上)[M].章念驰编订.上海:上海人民出版社,2015:53.

⑥ 章太炎全集(演讲集上)[M].章念驰编订.上海:上海人民出版社,2015:4.

⑦ 章太炎全集(訄书初刻本,等)[M].朱维铮点校.上海:上海人民出版社,2014:104.

⑧ 章太炎.在吴县纪念孔子诞生大会上之演说 [N].中央日报,1935-08-30.

⑨ 章太炎政论集(下册)[M].汤志钧编.北京:中华书局,1977:694.

⑩ 姜义华.章炳麟评传 [M].上海:上海人民出版社,2019:299.

道和人文关切为核心的人文主义。"孔子学说决不是基督教式的宗教"。①孔子"迷信"说是不成立的,"孔子是不迷信的。我认为只有庄子懂得孔子,庄子说:'六合之外,圣人存而不论。'庄子所说的'圣人'无疑是孔子,由下文'《春秋》经世先王之志,圣人议而不辩'可以肯定。"②

在治国理政方面,章太炎表彰孔学的"切于人事",谓孔子专讲"最平易浅近之道",可用于修身。"自生民以来,未有甚于孔子,虽性与天道,关于人事者较少,'无意无必,无固无我',所谓子绝四者,佛教犹然。"孔子专讲政治原理,具有可行性,"《论语》但讲抽象的政治。道德齐礼,古今无异。"③1920年10月25日,章太炎在长沙第一师范学校演讲,反思自己曾经"鄙薄孔子"的错误,认为孔子的贡献在于"切于人事","我从前倾倒佛法,鄙薄孔子、老、庄,后来觉得这个见解错误。佛、孔、老、庄所讲的,虽都是心,但是孔子、老、庄所讲的,究竟不如佛的不切人事。孔子、老、庄自己相较,也有这样的情形。老、庄虽高妙,究竟不如孔子的有法度可寻,有一定的做法。"④

五、章氏新孔学话语体系建构的方法

章太炎建构新孔学话语体系的方法是多样的,主要包括有现实指向、以佛释孔、以庄释孔、以老释孔、以西释孔等。这些方法中,独具特色的是以佛释孔、以庄释孔、以老释孔,具有明显现代性色彩的是现实指向与以西释孔。

第一,突出的现实指向(以阐发孔子思想解决迫切的现实问题)。

章太炎构建的孔学话语体系,有重要的学术基础,但又不是纯粹的学术研究,很大程度上出于对时代提出的问题的解答,是一种思想的表达,亦是一种救国策略,有其思想史与政治史上的重大意义,回答了当时的维新、革命与抗战诉求,推动了当时的思想解放。李肖聃赞"章以朴学巨儒,首创大义,切断众流。晚为《制言》,标举儒行,以范后生,复不附和时流,妄诋宋明先哲,可谓忧世卫道之君子矣"。⑤戊戌维新时期,章太炎打着"素王改制""独圣""后

---

① 蒙培元. 孔子 [M]. 北京:北京大学出版社,2019:201.

② 杨伯峻. 试论孔子. 论语译注 [M]. 北京:中华书局,2009:9.

③ 章太炎. 在吴县纪念孔子诞生大会上之演说 [N]. 中央日报,1935–08–30.

④ 章太炎讲国学 [M]. 史文编. 上海:上海人民出版社,2019:120.

⑤ 追忆章太炎 [M]. 陈平原,杜玲玲编. 北京:生活·读书·新知三联书店,2009:56.

圣"的旗号，支持维新变法，"章太炎援引今文经学的论政，不仅是对早期兼容今文经学思想的继续，更是服务于当时政治实践的需要。"① 辛亥革命时期，章太炎摆出"荆轲刺孔子"的姿态，抹去孔子神圣的称号，来表达"荆轲刺秦王"的现实目的，"以实证的方法论论证孔子及其学说，剥落了孔子'改制素王'、'通天教主'的神圣光环，是对改良派学说的一大打击。"② "九一八事变"之后，章太炎倡导"读经""读史""纪念孔子""尊重孔子"，主张"以自己身体当孔子看，又须将中华民族当孔子看"，③ 则是为了建立文化认同，强化民族凝聚，团结全民族抗战。

第二，以佛释孔、孔佛会通（以佛教义理释孔子义理）。

章太炎自从走上革命道路以来，不得不以佛学来求得心理慰藉与建构革命道德，故逐渐迷上佛学，尤其是大乘佛教。章太炎学佛的机缘，与其友宋恕有关，章太炎在《自述学术次第》中言，"三十岁顷，与宋平子交，平子劝读佛书，始观涅槃、维摩诘、起信论、华严、法华诸书，渐近玄门，而未有所专精也。"④ 1904年，章太炎在上海西牢中开始静心学佛，"既遭党锢，有明夷之厄，乃日读《瑜伽师地论》及因明、唯识诸论"，⑤ 至此章太炎始专精瑜伽师地、因明论、唯识论，"始余尝观《因明入正理论》，在日本购得《瑜伽师地论》，烦扰未卒读，羁时友人来致；及是，并致金陵所刻《成唯识论》。（在西牢中）役毕，晨夜研诵，乃悟大乘法义。"⑥ 精通大乘佛教的佛理之后，章太炎对孔子的研究，就走上了以佛释孔的道路，其《菿汉微言》《诸子略说》等突出体现了以佛释孔的方法论，其中《菿汉微言》"以佛教唯识论为主体，将其与中国的老庄、孔孟等儒、道、易、玄、理学等贯通比较"。⑦

① 张昭军.儒家近代之境：章太炎儒学思想研究[M].北京：北京师范大学出版社，2020：44.

② 张昭军.儒家近代之境：章太炎儒学思想研究[M].北京：北京师范大学出版社，2020：252.

③ 章太炎.在吴县纪念孔子诞生大会上之演说[N].中央日报，1935–08–30.

④ 章太炎自述[M].文明国编.北京：人民日报出版社，2011：51.

⑤ 追忆章太炎[M].陈平原，杜玲玲编.北京：生活·读书·新知三联书店，2009：10.

⑥ 章太炎自述[M].文明国编.北京：人民日报出版社，2011：12.

⑦ 章太炎.菿汉三言[M].虞云国校点.上海：上海书店出版社，2011：前言1.

《菿汉微言》中，章太炎以"菩萨行中，一波罗密具一切波罗密"，解说孔子"兼晐万善"之"仁"。① 以"菩萨利生"，解释孔子"大圣"。以"非纯灰灭如小乘所为，亦非能至金刚喻定，虽不见行，而见亦自在"，解说孔子"梦见周公，哭颜回，哀馆人"。以"因果依持，皆已排遣""金刚喻定""小乘趣寂"，解说孔子"绝四"。以"末那不见"释孔子"无（毋）意"，以"恒审思量不见"释孔子"无（毋）必"，以"法执、我执不见"释孔子"无（毋）固"，以"人我、法我不见"释孔子"无（毋）我"。② 以"一切众生本无差别，是之谓同。知同，故能无好；能无好，而我爱遣除矣"，"知化，故达无常；达无常，而我见我碍遣除矣"，解说孔子"无（毋）意""无（毋）我"。以"凡人皆有我慢，我慢所见，一意胜人，而终未能胜己，以是自反则为自胜"，解说孔子"克己"，以"慢与慢消"释孔子"复礼"。以"佛家阿赖邪识恒转如瀑流"释孔子"逝者如斯夫，不舍昼夜"。③

《诸子学略说》中，章太炎以佛法"超出三界"，"人我、法我俱尽"，解释孔子"绝四"（毋意、毋必、毋固、毋我）。其中，以佛法"意根"，解释孔子"毋意"之"意"，谓"毋意"即"断意根"，"毋意者，意非意识之意，乃佛法之意根也。有生之本，佛说谓之阿赖耶识，阿赖耶无分彼我。意根执之以为我，而其作用在恒审思量，有意根即有我，有我即堕入生死。颠（癫）狂之人，事事不记，惟不忘我。常人作止语默，绝不自问谁行谁说，此即意根之力。欲除我见，必断意根。"以佛法"恒审思量"之"审"，解释孔子"毋必"之"必"，"毋必"即"无恒审思量"。以佛法"意根之念念执著"，解释孔子"毋固"之"故"，"毋固"即"无念念执著"，"毋必者，必即恒审思量之审。毋固者，固即意根之念念执著。无恒审思量，无念念执著，斯无我见矣。"④

张昭军谓章太炎"以佛学来与《论语》格义，断言：《论语》中'子在川上曰：逝者如斯乎，不舍昼夜'，'即阿赖耶识恒转入瀑布之说'。孔子'绝四'之说，则与佛家的'断惑'相一致。'无意'即末那不见，'无必'即恒审思量不见，

---

① 章太炎.菿汉三言[M].虞云国校点.上海：上海书店出版社，2011：12.
② 章太炎.菿汉三言[M].虞云国校点.上海：上海书店出版社，2011：33.
③ 章太炎.菿汉三言[M].虞云国校点.上海：上海书店出版社，2011：34.
④ 章太炎全集（演讲集下）[M].章念驰编订.上海：上海人民出版社，2015：980、981.

'无固'即法执、我执不见，'无我'即人我、法我不见。从总体上看，他所
援引的佛学主要还是唯识宗的八识、三性、四分说。"①

第三，以庄释孔、孔庄会通（以庄子义理释孔子义理）。

"庄生之玄"，章太炎"终身以为师资"。②"以庄释孔"或"以庄证孔"，
是章太炎自觉采取的一种诠释方法。章太炎在《菿汉微言》谓自己"以庄证孔，
而耳顺、绝四之指，居然可明，知其阶位卓绝，诚非功济生民而已"③。孔子在《论
语》中所言"六十而耳顺"，章太炎在《庄子》一书里找到了恰当的解释，"子
曰'六十而耳顺'，明为自说阶位之言，而耳顺云何，莫知其审。庄周述之则曰：'听
止于耳，心止于符。孔子行年六十而六十化，鸣而当律，言而当法，利义陈乎前，
而好恶是非直服人之口而已矣。使人乃以心服而不敢蘁（忤），立定天下之定。'
耳顺之旨居然可明。"④章太炎亦以《庄子》所载孔子颜回"坐忘"对答，来
解释《论语》"子绝四"与"克己复礼"之说。采取这种方法的依据是庄子的"重
言"说，而"以庄证孔"的成功，也反证了庄子"重言"的可信性。章太炎谓"孔
子所言著在《论语》，而深美之说翻在庄周书中。庄周述孔，容有寓言，然而
频频数见，必非无因，则知孔氏绪言遗教，辞旨闳简，庄生乃为敷畅其文。"⑤

章太炎亦以庄子"齐物"释孔子"忠恕"。谓孔子"一贯之道"，即所谓"忠
恕之道"，就是庄子所言"齐物"，"仲尼以一贯为道为学，贯之者何？祇（只）
忠恕耳。诸言絜矩之道，言推己及人者，于恕则已尽矣。人食五谷，麋鹿食荐，
即且甘带，鸱鸦嗜鼠，所好未必同也。虽同在人伦，所好高下，亦有种种殊异。
徒知絜矩，谓以人之所好与之，不知适以所恶与之，是非至忠，焉能使人人得
识邪？尽忠恕者，是唯庄生能之，所云齐物，即忠恕两举者也。"⑥

章太炎以庄释孔，与章太炎对孔庄关系、庄子论证方式、先秦诸子历史观
的理解密切相关。首先，从孔庄关系看，章太炎认为孔子思想对庄子思想发生

①　张昭军.儒家近代之境：章太炎儒学思想研究[M].北京：北京师范大学出版社，
2020：23.

②　章太炎.菿汉三言[M].虞云国校点.上海：上海书店出版社，2011：49.

③　章太炎.菿汉三言[M].虞云国校点.上海：上海书店出版社，2011：72.

④　章太炎.菿汉三言[M].虞云国校点.上海：上海书店出版社，2011：33–34.

⑤　章太炎.菿汉三言[M].虞云国校点.上海：上海书店出版社，2011：33.

⑥　章太炎全集（演讲集上）[M].章念驰编订.上海：上海人民出版社，2015：262.

了重要影响，中介是颜回，"颜回是孔子极得意门生，曾承孔子许多赞美，当然有特别造就。"①颜氏之儒对庄子发生了重要影响，庄子是由儒入道。"道家传于孔子为儒家；孔子传颜回，再传至庄子，又入道家了"。②其次，从庄子论证方式看，章太炎认同其"重言"（征引重要历史人物的思想来论证自己的观点）说，而"重言"是值得相信的，孔子的言说正是庄子"重言"的重要组成部分。第三，从先秦诸子的历史观来看，章太炎不认同康有为所谓先秦诸子"托古改制"说，主张诸子的言说论证都有其历史依据，而非胡说八道，"九流都有历史的根据""没有历史的根据，到底不能成家"。③章太炎秉持"诸子出于王官"论，而其所言"王官"多为"史官"，"《史记》称老聃为柱下史，庄子称老聃为征藏史，道家固出于史官矣。孔子问礼老聃，卒以删定六艺，而儒家亦自萌芽。墨家先有史佚，为成王师，其后墨翟亦受学于史角。阴阳家者，其所掌为文史星历之事，则《左氏》所载瞽史之徒，能知天道者是也。其他无征验，而大抵出于王官。"④特别是道家与儒家，在章太炎看来，尤其是言之有据。其他诸子也有历史的根据，"各家虽则不同，总不能离开历史"，"诸子说的故事，许多和经典不同，并不是随意编造。"⑤所谓"经典"不过是"正史"，诸子说的"故事"也是一种历史的传承，属于"经典"之外"别的记录"，或"经典"流传中的演变，有的可能属于流传中的"错误"，但并非故意"托古"。

第四，以老释孔、孔老会通（以老子义理释孔子义理）。

与疑古主义史家不同，章太炎对先秦文献和《史记》记载的孔老关系并不轻率怀疑，在仔细考证之后，确定老子为孔子师，孔子思想明显受到老子思想的重要影响，因此，在某种意义上，可以用老子思想来解释孔子思想，也可以用老子思想去诠释孔子思想。章太炎以老子"上礼"释孔子"克己复礼"。⑥以老子"道德高于仁义"释孔子"志于道，据于德，依于仁"。⑦以老子"为人臣

① 章太炎.章太炎国学讲义 [M].重庆：重庆出版社，2015：33.

② 章太炎.章太炎国学讲义 [M].重庆：重庆出版社，2015：33.

③ 章太炎的白话文 [M].陈平原选编.贵阳：贵州教育出版社，2014：90.

④ 章太炎.诸子学略说 [M].桂林：广西师范大学出版社，2010：3-4.

⑤ 章太炎的白话文 [M].陈平原选编.贵阳：贵州教育出版社，2014：90.

⑥ 章太炎.菿汉三言 [M].虞云国校点.上海：上海书店出版社，2011：37.

⑦ 章太炎.菿汉三言 [M].虞云国校点.上海：上海书店出版社，2011：12.

者毋以有己，为人子者毋以有己""去子之骄气与多欲，态色与淫志"释孔子"无（毋）我"。①以老子"上德不德"释孔子"绝四（四毋：毋意、毋必、毋固、毋我）"。"老子道德底（的）根本主张，是'上德不德'，就是无道德可见，才可谓之为真道德；孔子底（的）道德主张，也和这种差不多。就是孟子所谓'由仁义行，非行仁义也'，也和老子主张一样的。道儒两家底（的）政治主张，略有异同：道家范围大，对于一切破除净尽；儒家范围小，对于现行制度，尚是虚予（与）委蛇。也可以说是'其殊在量，非在质也'。老子为久远计，并且他没有一些名利观念，所以敢放胆说出；孔子急急要想做官，竟是'三月无君，则皇皇（惶惶）如也'，如何敢放胆说话呢？"②

"以老释孔"是章太炎构建新孔学话语体系的重要方法。近代以来疑古思潮持续大涨，"疑老"思潮为"疑子"思潮中最为重要的一种，学者多趋此潮，而章太炎却是个例外。章太炎亦"疑古"，但坚决反对成"潮"，主张对历史细节应该秉持实事求是的态度，坚决反对为了怀疑而怀疑，尤其是反对以动摇中华文化核心价值观为指向的所谓"怀疑"，称之为"疑疾魔道"。③章太炎怀着审慎的态度考察老孔关系，在《菿汉微言》中，考证出"老子不在孔后，的然无疑"。④相信老子、孔子都是春秋末期时人，孔子为老子弟子，老子在孔子之前，《庄子》记载的老孔关系没有错误，所载老子之言与孔子之言可以相互解释，故其诠释方法有"以老释孔"或"以老证孔"。

第五，以西释孔、孔西会通（以西学义理释孔子义理）。

章太炎通西学，在诂经精舍期间，开始阅读西学书籍，"少从游于浙省大儒余曲园（樾）之门，尝一度应县试，以病辍业，遂专心研究国学。因读《东华录》《明季稗史》诸书，备悉满虏虐待汉人惨状，乃绝意仕进，渐涉西籍译本，知非实行新法无以立国。"⑤在阅读了不少西方自然科学与社会科学论著

---

①　章太炎.菿汉三言[M].虞云国校点.上海：上海书店出版社，2011：80.

②　章太炎全集（演讲集上）[M].章念驰编订.上海：上海人民出版社，2015：333.

③　章太炎反对"疑古"成"风"，认为其本质上是怀疑古人人品，即故意"作伪"，故谓"疑古思潮"是犯了"疑疾"，进入"魔道"，是文化不自信的表现。

④　章太炎.菿汉三言[M].虞云国校点.上海：上海书店出版社，2011：31

⑤　追忆章太炎（修订本）[M].陈平原，杜玲玲编.北京：生活·读书·新知三联书店，2009：12.

之后，章太炎开始尝试以西学释中学，其《膏兰室札记》中就出现了不少解释儒家与诸子文献的西学知识。甲午战败后，章太炎"加紧阅读各种西学书籍（译书 400 多种，撰著 100 多种），力图对世界有更多的了解。"① 在唐才常自立军起义失败后，受牵连避之僧寺，"阅读西方社会学诸书，凡十日"。② 在日本居留期间，又大量批阅日本、印度与德国哲学社会科学，其《自述学术次第》（1913）谓"既东游日本，提倡改革，人事繁多，而暇辄读藏经，又取魏译楞伽、及密严诵之，参以近代康德、萧宾诃尔（叔本华）之书，益信玄理无过楞伽、瑜伽者。"③ 其《菿汉微言》（1914—1916）自道，"既出（上海西牢）狱，东走日本，尽瘁光复之业。鞅掌余闲，旁览彼土所译希腊、德意志哲人之书。"④ 由于章太炎通西学，故能以西方的自然科学、哲学、社会学、政治学等学科的理论与方法来对孔子思想进行重新认识。后人多谓太炎"以西学阐释中学，时有创获"，⑤"太炎以新理言旧学，精矣"。⑥

自然科学方面，章太炎吸收了来自西方的地圆论、天体演化论、生物进化论、细胞论、物质论、运动论等，主要用来阐述孔子宇宙观、世界观、人生观与鬼神论，批判主张效仿西方宗教改革在中国发起"新教运动"的康有为一派。"天体演化学说，物种起源与生物进化学说，细胞学说，物质由元素构成以及分子、原子学说，力学与物质运动学说，都被章炳麟用来批驳康有为及康门弟子建立孔教的种种立论。"⑦

哲学方面，章太炎吸收了黑格尔、康德、叔本华、尼采、洛克、费希特、海尔巴特、哈特曼、斯宾诺莎等人的思想，同样用于对孔子唯物的鬼神论（"无神论"）的比较分析。其中，章太炎以斯宾诺莎的"泛神论"来阐释孔子的"无

---

① 姜义华.章太炎评传[M].南昌：百花洲文艺出版社，2010：13.

② 追忆章太炎（修订本）[M].陈平原，杜玲玲编.北京：生活·读书·新知三联书店，2009：292.

③ 章太炎自述（1869—1936）[M].文明国编.北京：人民日报出版社，2011：51.

④ 章太炎.菿汉三言[M].虞云国校点.上海：上海书店出版社，2011：71.

⑤ 张昭军.儒家近代之境：章太炎儒学思想研究[M].北京：北京师范大学出版社，2020：26.

⑥ 孙宝瑄.忘山庐日记（上）[M].上海：上海古籍出版社，1983：566.

⑦ 姜义华.章炳麟评传[M].上海：上海人民出版社，2019：305.

神论"，"或者谓孔子亦有天祝、天丧、天厌、获罪于天等语，似非拨无天神者。按：孔子词气，每多优缓，而少急切之言，故于天神未尝明破。然其言曰：鬼神之为德，体物而不可遗。此明谓万物本体，即是鬼神，无有一物而非鬼神者，是即斯比诺沙（斯宾诺莎）泛神之说。泛神者，即无神之逊词耳。"[①]

社会学方面，吸收了斯宾塞、泰勒、韦斯特·马克、吉丁斯、有贺长雄、岸本武能太、姊崎正治等人的思想。其中，斯宾塞的思想对于章太炎文化与文明观的影响较大，有助于章太炎对孔子思想的反思，"章氏早期代表作《訄书》《儒术真论》的整个知识图景，包括'宇宙和生物进化学说'，'文化和文明在人类进步中的作用'，古代神权与王权、语言和文字、法律与诸制度、宗教、各种礼仪风俗的形成和演变，以及'变革、变法的理论和历史实践'，均受到斯宾塞之启迪，其文化观是以斯宾塞学说为起点而形成的。"[②]

六、章氏新孔学话语体系的特点

章太炎构建的新孔学话语体系，具有如下特点：从中国文化贯通、中外文化会通视角认识孔子思想体系，坚持孔学与老学、庄学、佛学、西学会通，通过比较认识孔学得失；批判孔子的目的主要是批判现实与政治；以孔子之道阐发救世之道；以孔子义理阐发民族精神，培育文化自信，建构民族认同；身处科学传播时代，对孔子思想作非宗教化、无神论化的诠释；身处革命时代，对孔子具有非圣化、非独尊化的取向；对孔子思想的态度前后有一定的变化；不轻易改变老孔关系，坚持孔子学于老子说；反对对孔子思想作过于西方化的解释，对新公羊学话语体系有强烈批判；主张"六经皆史""诸子出于王官论"，推孔子为"良史"，强调孔学的史学色彩，成为中国近代新史学的重要开山等。

第一，从古今中西文化会通视角考察孔子思想体系。

章太炎考察孔子思想体系的视角很宽，不是孤立地从孔子看孔子，或者仅仅从儒家看孔子，而是把考察的范围扩大到道家（老学与庄学）、佛学、西学等更广的范围。许寿裳谓："先师学术之大，前无古人，以朴学立根基，以玄

---

① 章太炎儒学论集（下册）[M]. 王小红选编. 成都：四川大学出版社，2010：993.

② 彭春凌. 章太炎译《斯宾塞尔文集》研究、重译及校注 [M]. 上海：上海人民出版社，2021：63.

学致广大。批判文化，独具慧眼，凡古近政俗之消息，社会都野之情状，华梵圣哲之义谛，东西学人之所说，莫不察其利病，识其流变，观其会通，穷其指归。"[1] 余云岫亦谓："先生之为学，不务琐碎，而抉其却窾，观其会通，绝经生党枯之习，黜末师诡诞之论。"[2] 尤其是章太炎精通佛学，善于从佛学角度来理解孔子思想的伟大之处，章太炎谓孔子的"无知"，即佛法"一念不起"。[3]"克己"，即佛法"破我执"。[4] 在古今中西文化的比较理解之中，章太炎晚年对孔学的评价很高，"孔子之道，所以与佛法不尽同者，正以其出世则能正趣真如，而入世又能经纬人事，是则所谓事理无碍者也。"[5] 章太炎精通佛学，但并不迷信佛学，"可以说是吸取了佛学里唯物的内核，吐弃了唯心的外壳。"[6]

第二，以批判孔子来批判现实与政治。

章太炎是清末民初批判孔子的先锋学者，但章太炎批判孔子不是为了批判而批判，而是具有极为明显的批判现实与政治的意图，一方面固然是要批判以孔学为意识形态的清政府，更重要的是批判主张效仿西方新教运动推动儒学新教化运动的孔教派。章太炎系统批判孔子主要始于《訄书·订孔》，"《订孔》一文，振聋发聩，在中国思想史上的作用绝不亚于被称为大'飓风'、'火山大喷火'的《新学伪经考》和《孔子改制考》。《订孔》篇公诸于世后，思想界反响强烈。守旧派大骂章太炎'以诵法孔子为耻，以诋辱孔子为振耻'，乃是'离经叛道'、'非圣无法'，要将《訄书》尽数焚毁，使之永绝于天地之间。"[7] 章太炎解释自己激烈反孔的意图是"深恶长素孔教之说"，他在1922年6月15日《致柳翼谋书》中言，"鄙人少年治朴学，亦唯专信古文经典，与长素辈为道背驰，其后深恶长素孔教之说，遂至激而诋孔。"[8] 章太炎进而阐

---

① 追忆章太炎 [M]. 陈平原，杜玲玲编. 北京：生活·读书·新知三联书店，2009：41.

② 追忆章太炎 [M]. 陈平原，杜玲玲编. 北京：生活·读书·新知三联书店，2009：49.

③ 章太炎全集（演讲集下）[M]. 章念驰编订. 上海：上海人民出版社，2015：981.

④ 章太炎全集（演讲集下）[M]. 章念驰编订. 上海：上海人民出版社，2015：980.

⑤ 章太炎儒学论集（下册）[M]. 王小红选编. 成都：四川大学出版社，2010：970.

⑥ 刘文典. 回忆章太炎先生 [N]. 文汇报，1957-04-13.

⑦ 张昭军. 儒家近代之境：章太炎儒学思想研究 [M]. 北京：北京师范大学出版社，2020：58.

⑧ 章太炎政论集（下册）[M]. 汤志钧编. 北京：中华书局，1977：764.

述了自己激烈反孔的一些根据其实是捕风捉影，属于无稽之谈，"鄙人旧说，如云'孔子窃取老子藏书，恐被发覆'者，乃十数年前狂妄逆诈之论，以'有弟兄啼'之语，作'逢蒙杀羿'之谈，妄疑圣哲，乃至于斯。"[①]章太炎主张建设新道德新信仰，而且必须在中国原有文化的基础上建设，因此并不反对以孔子思想与儒家义理来做新文化的材料，但反对所谓"新教化"，对康门弟子的狂傲自大尤为反感。

第三，以孔子之道阐发救世之道。

国民政府建立，政治与道德并没有走上正常轨道，反而日趋腐败堕落，尤其日本发动侵华战争以来，章太炎在观察国民政府的应对举措之后，几乎感到绝望。故晚年致力于唤起民心，以孔子之道救世，特别是以孔子的政治思想和道德思想救世。"现为救世计，亦不必讲太高远之道，最平易浅近之道，是为'人伦'，为'儒'。孔子云：'行己有耻，使于四方，不辱君命，可以为士矣。'又云：'见利思义，见危授命，久要不忘平生之言，亦可以为成人矣。'人苟能做到此八句，人心世道之坏，决不至于如今日之甚。"章太炎在比较《论语》和《周礼》的政治主张和制度设计之后，认为《周礼》"具体的政治"（制度设计）虽然已经丧失了现实价值，但《论语》"抽象的政治"（政治主张）仍然具有现实意义，"从春秋到今日二千四百年，一切环境，当然迭有变迁。具体的政治，《论语》不讲，《论语》单讲抽象的政治。道德齐礼，古今无异。宋赵普之半部《论语》治天下，果然费人之语。然彼何不说半部《周礼》乎？《周礼》具体的，《论语》抽象的，故后者可行而前者不可行也。"[②]

第四，以孔学阐发民族精神，培育文化自信，建构民族认同。

辛亥革命时期与日本侵华时期，为了民族独立的需要，章太炎都特别注重"国性"（民族精神）的培育，而培育"国性"，离不开孔学。章太炎认为，孔子创立了中国的民族主义传统（"内中国外夷狄"），而且成为中国民族认同的符号（"将中华民族当孔子看"）。1935年8月27日，章太炎在吴县纪念孔子诞生大会上强调，"中国立国之根本在民族主义"，而孔子对中国民族主义精神作了最早的归纳，"孔子称赞管仲，而曰'微管仲，吾其被发左衽矣，

---

① 章太炎政论集（下册）[M]. 汤志钧编. 北京：中华书局，1977：763.

② 章太炎. 在吴县纪念孔子诞生大会上之演说[N]. 中央日报，1935–08–30.

内中国外夷狄'。后人以为《春秋》之大义。"中华民族能够长期延续不断复兴，与孔子倡导的民族主义精神密切相关，"从孔子以来，二千余年，中国人之受外国欺侮，不知凡凡。自汉以来，迭受外人欺侮，无有不能恢复者。晋受五胡逼至江南，而尚不与之通款，南宋则甚至称臣称侄，元则不必论矣。然韩林儿辈，并不读书，尚能恢复一部分故业。无他，孔子学说深中于人心耳。明末满人攘我神州，近三百年，我人今日独能恢复我固有之国土。盖亦以儒者为提倡民族主义，已深入人心，故满夷一推倒，即能还我中原耳。今日国难当前，尊重孔子，尤为当务之急。"①

第五，对孔子思想作非宗教化、无神论化的诠释。

近代中国是一个"科学"日渐传播的时代，以"科学"诠释中国传统文化，成为中国培育文化自信的重要方式。自从退出维新参与革命以来，章太炎"反对将孔子神化，将儒学宗教化"，②此后对孔子思想体系的诠释走上了非宗教化、无神论化的道路。章太炎不再把孔子视为儒教教主、"玄圣素王"，而是视为"史学宗师"，"孔子是史学的宗师，并不是什么教主。史学讲人话，教主讲鬼话，鬼话是要人愚，人话是要人智，心思是迥然不同的。"③在被袁世凯幽禁期间，章太炎对孔教会推尊孔子为"教主"的行为十分反感，强调孔教"似宗教而非宗教"，反对模仿基督教与伊斯兰教那样搞宗教"迷信"，坚决主张"政教分离"，批评儒教新教化运动属于"厚诬孔子"，"近人有倡立孔教会者，实厚诬孔子者也。大凡宗教家，皆重迷信，如古者阴阳家一流。孔子曰：'丘之祷久矣'，又曰：'获罪于天，无所祷也'，是何尝有丝毫迷信之存在？且今之宗教，多与政治殊途。试思孔子当日，尝以得君行道为归，而奉其教者，能置国事于不问乎？此孔教所以似宗教而非宗教也。以教主尊孔子，而反以侪孔子于耶稣、摩罕默德之列也，其厚诬孔子，为何如耶？"④章太炎推孔子为中国"无神论"的主要源头之一，认为佛教在中国得以广为传播，恰恰缘于儒学的"无神论"，孔子在"破坏鬼神"方面立有"元功"，"昔无神之说，发于公孟；排天之论，起于刘（刘禹锡）、

① 章太炎. 在吴县纪念孔子诞生大会上之演说 [N]. 中央日报，1935-08-30.
② 姜义华. 章炳麟评传 [M]. 上海：上海人民出版社，2019：297.
③ 章太炎全集（演讲集上）[M]. 章念驰编订. 上海：上海人民出版社，2015：81.
④ 章太炎全集（演讲集上）[M]. 章念驰编订. 上海：上海人民出版社，2015：195.

柳（柳宗元）。以此知汉族心理，不好依他，有此特长，故佛教得迎机而入，而推表元功，不得不归之于孔子。世无孔子，即佛教亦不得盛行。仆尝以时细时伸、哗众取宠为孔子咎；至于破坏鬼神之说，则景仰孔子，当如岱宗北斗。"①

第六，对孔子具有非圣化、非独尊化的取向。

章太炎决志革命之后，抬高佛学地位，抬高子学地位，抬高西学地位，从佛学、子学、西学等诸多角度来观察孔子，把孔子诸子化、史家化、政客化、平民化、教育家化，降低孔子的地位，存在一种非圣化、非独尊化的取向。其一，抬高佛学地位。章太炎倡导佛学，以佛学诠释儒学，诠释孔子思想，"有打破儒学独尊地位的用意。他积极提倡佛学研究，提高佛学的地位，反复宣扬佛学的价值。如在《齐物论释》中他就把儒、释、道三家并列，甚至认为儒学地位低于佛、道二家。"②其二，孔子的诸子化。从《訄书》重订本开始，孔子就不再被称为"素王"与"独圣"，而《检论》之中，"将孔子和儒家作为先秦诸子百家之一来对待，将浮屠、老聃、孔子及庄周共同视为'东极之圣'。"③其三，孔子的政客化。章太炎把孔子视为"春秋时一政客"，把孔子弟子视为"政党中之党员"，极为独特，反映了章太炎对"政客"的鄙视，对西方政党制度之"政党"不以为然，"古之儒者，皆身通六艺，至孔子时亦然。然观孔子所著书，及其门人所记，往往论及时政之得失，风俗之隆污，视古之儒者为少侈矣。大抵孔子乃春秋时一政客，其七十子之徒，不过其政党中之党员耳。"④其四，孔子的平民化。章太炎把孔子视为批评"贵族政体"的"百姓"代表，并且其起家的真正身份也只是"百姓"，"孔子也是由百姓起家，很不愿意贵族政体，所以去寻着一个史官，叫做老子，拜了他做先生，老子就把史书都给他看；又去寻着一个史官，叫做左丘明，两个人把《春秋》修改完全，宣布出来，传给弟子，从此民间就晓得历史了。"⑤其五，孔子的史家化。在"史界革命"的时代，章太炎亦是"新史学"的重要代表，可谓"新史学"的开山之一，他对"新史学"的卓越贡献之一就是确立孔子的"史

① 章太炎儒学论集（下册）[M].王小红选编.成都：四川大学出版社，2010：993.

② 张昭军.儒家近代之境：章太炎儒学思想研究[M].北京：北京师范大学出版社，2020：24.

③ 姜义华.章炳麟评传[M].上海：上海人民出版社，2019：488.

④ 章太炎全集（演讲集上）[M].章念驰编订.上海：上海人民出版社，2015：194.

⑤ 章太炎全集（演讲集上）[M].章念驰编订.上海：上海人民出版社，2015：80.

家"身份,有"商订历史之孔子",① 打破了公羊学派关于孔子"作六经"的说法,打破了公羊学派关于孔子"为汉制法"的解释,打破了儒学界对孟子"孔子成《春秋》而乱臣贼子惧"的通行解释,② 明确《春秋》为"记事之书","非为褒贬作也",明确孔子对"六经"的"删定"为"客观之学","孔子删定六经,与太史公、班孟坚辈,初无高下。其书既为记事之书,其学惟为客观之学",③ "有商订历史之孔子,则删定《六经》是也。"④ 章太炎认为"六经"为诸子共同的知识基础,但孔子为了方便教育弟子对"六经"作出"删定",但"未加一字",⑤ 而诸子没有把"六经"作为教育弟子的教材,后来发生了"焚书"事件,孔子"删定"的"六经"得以凭借儒家弟子的记忆和献书存世,孔子后世地位的确立主要与其"删定六经"有关,故孔子为"史家"无疑,"六艺者,道、墨所周闻。故墨子称《诗》《书》《春秋》,多太史中秘书。女商事魏君也,衡(横)说之以《诗》《书》《礼》《乐》,从(纵)说之于《金版》《六弢》。异时老、墨诸公,不降志于删定六艺,而孔氏擅其威。遭焚散复出,则关轴自持于孔氏,诸子欲走,职矣。"⑥ 其六,孔子的教育家化。章太炎不仅认为孔子是个"史学家",亦认为孔子是个"教育家","有从事教育之孔子,则《论语》《孝经》是也",孔子教育思想的核心是忠恕之道,"孔子博学多能,而教人以忠恕"。⑦ 据《论语·述而》《孟子·公孙丑上》等文献记载,孔子本人亦反对子贡和公西华称呼自己为"圣人",而自认为不过是"学不厌而教不倦"的教育家而已。

第七,对孔子思想体系的认识前后有变化。

章太炎对孔子思想体系的认识,深层部分,是对孔子忠恕之道的认同,这

① 章太炎全集(演讲集上)[M]. 章念驰编订. 上海:上海人民出版社,2015:51.

② 章太炎对孟子"孔子成《春秋》而乱臣贼子惧"的新解释是,"孟子谓'孔子成《春秋》而乱臣贼子惧',非谓为乱臣贼子作《春秋》也","孔子之《春秋》,亦如班固之《汉书》,非为褒贬作也。"(参阅诸祖耿:《记本师章公自述治学之功夫及志向》,《制言》第25期,1936年9月)

③ 章太炎全集(演讲集上)[M]. 章念驰编订. 上海:上海人民出版社,2015:49.

④ 章太炎全集(演讲集上)[M]. 章念驰编订. 上海:上海人民出版社,2015:51.

⑤ 诸祖耿. 记本师章公自述治学之功夫及志向[J]. 制言,1936(25),1936-09.

⑥ 章太炎全集(訄书初刻本,等)[M]. 朱维铮点校. 上海:上海人民出版社,2014:132.

⑦ 章太炎全集(演讲集上)[M]. 章念驰编订. 上海:上海人民出版社,2015:51.

是不变的，表层部分则随着时局的演变而演变，前后有较大变化。主要表现在以下三个方面：从点赞孔子为"独圣"到夷孔子为"良史"；从认同"孔荀之道"（认同荀子对孔子之道的诠释）到认同"孔颜之道"（认同颜回对孔子之道的体认）；从"激而诋孔"到"诋孔则绝口不谈"。其一，从点赞孔子为"独圣"到夷孔子为"良史"，破除了套在孔子头上的"圣人""素王"的光环。在《春秋左传读》（1891—1896）里，章太炎尊孔子为"素王"，且谓孔子自号亦为"素王"。在《訄书》初刻本（1894—1900）里，章太炎于《尊荀》与《独圣》两篇点赞孔子为"独圣"与"素王"，而在訄书重订本（1901—1904 年修订）《订孔》中，则仅称孔子为"良史"。《国故论衡》（1910）之《原经》篇继续重申孔子"诚不（为汉）制法"。在《国故论衡》之《原道》篇与《国学概论》（1922）之《哲学的派别》亦反复强调"孔子受业于征藏史（老子）"。对于孔子编订的"六经"，章太炎则反复申说"六经皆史"。其《论经史实录不应无故怀疑》（1935 年 5 月）云"经除今文、史除杂史而外，率皆实录"。[①] 其《经学略说》（1935）谓"孔子西观周室，论史记旧闻而修《春秋》，盖六经之来历如此"。[②] 在《历史之重要》（1933 年 3 月 15 日）亦言"史与经本相通，子与史亦相通"。[③] 其二，从认同"孔荀之道"（认同荀子对孔子之道的诠释）到认同"孔颜之道"（认同颜回对孔子之道的体认），对孔子思想体系的认识随着社会的需要而发生变化。戊戌维新与辛亥革命时期，章太炎主要阐发"孔荀之道"以救国救民，寻求适合中国的国家治理制度，而民国建立以后，章太炎则主要阐发"孔颜之道"以救道德人心，寻求适合中国的社会新道德。当然，章太炎寻求构建社会新道德，并不始于民国时期，而是在晚清时期已经开始，但当时主要着眼于通过"提倡佛教"（摈弃儒教与基督教，以华严与法相改良旧法）来构建"革命道德"，"提倡佛教，为社会道德上起见，固是最要；为我们革命军的道德上起见，亦是最要。"[④] 其三，从"激而诋孔"到"诋孔则绝口不谈"。从《检论》开始，章太炎对孔子的评价，最为显著的变化是，"由贬转而为扬"。[⑤]1922 年 6 月 15 日，章太炎在《致柳

① 章太炎国学讲演录 [M]. 诸祖耿，王謇，王乘六等记录. 北京：中华书局，2013：72.

② 章太炎国学讲演录 [M]. 诸祖耿，王謇，王乘六等记录. 北京：中华书局，2013：147.

③ 章太炎国学讲演录 [M]. 诸祖耿，王謇，王乘六等记录. 北京：中华书局，2013：10.

④ 章太炎演讲集 [M]. 章念驰编订. 上海：上海人民出版社，2011：5.

⑤ 姜义华. 章炳麟评传 [M]. 上海：上海人民出版社，2019：485.

翼谋书》表示自己中年以前,处于"诋孔"时期,原因在于"深恶长素孔教之说"。中年以后则"诋孔则绝口不谈",原因是"深知孔子之道,非长素辈所能附会也"。①以上三点,可以看出章太炎对孔子思想体系的认识前后大有差异。这种差异不是本质差异,而是出于应对社会形势变化的需要,即儒家所言"时中"。

第八,不轻易改变老孔关系,坚持孔子师于老子说。

章太炎建构的新孔学话语体系之中,在老孔关系问题上,认同传统的说法,即老子为孔子师,《论诸子学》(1906 年 9 月)谓"孔子问礼老聃,卒以删定六艺,而儒家亦自此萌芽","孔子受学老聃,故儒家所希,祇(只)在王佐,可谓不背其师说矣。"②《教育的根本要从自国自心发出来》(1907—1910)谓"老子明说'礼者,忠信之薄',却是最精于礼,孔子事事都要请教他。"③章太炎批评"老后于孔"说不能成立,有三点理由:其一,老子之子李宗为魏将的时间与孔子死亡的时间相近;其二,老莱子、太史儋为老子之说,"本是传疑之言(司马迁只是谓有这么一种说法),不为定证";其三,到汉文帝时,孔子传九世而老子传七世,并不能作为"老后于孔"的证据,"婚姻胎育,自有早暮,二世之差,岂足以定先后邪?"④

第九,反对对孔学作过于非历史化与西方化的解释,对新公羊学话语体系有强烈批判。

晚清时代,朝政日益衰落腐败,列强相率侵略中国,志士仁人相继以救世为急务,以阐述微言大义为救世手段的新公羊学遂大兴,到了戊戌维新时代,新公羊学运动进入高潮,新公羊学成为戊戌维新的引导性学说。章太炎曾经赞同维新变法,亦认同公羊学话语体系,其撰写的《春秋左传读》,就处在新公羊学话语体系的影响之下,"隐公元年《立素王之法》《公羊以隐公为受命王》《郑伯克段》及哀公十四年《西狩获麟》等条,便采用了春秋公羊学素王、改制及'为汉制法'等学说。"⑤但决志革命之后,章太炎认识到新公羊学简单模仿"基督新教"搞"儒教新教化"的行为没有出路,毅然抛弃了新公羊学话语体系的

---

① 章太炎政论集(下册)[M]. 汤志钧编. 北京:中华书局,1977:764-765.

② 章太炎全集(演讲集上)[M]. 章念驰编订. 上海:上海人民出版社,2015:50、54.

③ 章太炎全集(演讲集上)[M]. 章念驰编订. 上海:上海人民出版社,2015:107.

④ 章太炎儒学论集(下册)[M]. 王小红选编. 成都:四川大学出版社,2010:995.

⑤ 姜义华. 章炳麟评传[M]. 上海:上海人民出版社,2019:292.

外壳，转而立足于"自国自心"通过"会通"西学、佛学、老学、庄学、韩学、荀学等古今中外之学来寻求救国之道。章太炎对新公羊学话语体系的批判是广泛而深刻的，主要包括以下六个要点：其一，批评新公羊学派"圣人感天而生"说，不赞成圣人"感天而生"的神话，"《五经异义》：《诗》齐、鲁、韩，《春秋》公羊，说圣人皆无父，感天而生；左氏说圣人皆有父。按：《毛诗》亦古文，故与左氏同。此古文特胜今文之义也。"① 其二，批评新公羊学派"孔子作六经"说，主张"六经""本官书，又得经名"，孔子"述而不作，信而好古"，故"不作""六经"，对"六经"的内容没有改变，仅仅是"六经"的编订者（"亡变改"），"问者曰：'经不悉官书，今世说今文者，以六经为孔子作，岂不然哉？'应之曰：经不悉官书，官书亦不悉称经。《易》《诗》《书》《礼》《乐》《春秋》者，本官书，又得经名。孔子曰：'述而不作，信而好古'，明其亡（无）变改。其次，《春秋》以《鲁史记》为本，犹凭依左丘明。左丘明者，鲁太史。然则圣不空作，因当官之文。"② 其三，批评新公羊学派"刘歆伪造古文经"说，"知杀《诗》《书》之说，则近儒谓孔子本无《百篇》，壁中之书皆（刘）歆（王）莽驾言伪撰者，亦非也。"③ 章太炎认为刘歆亦为历史学家，只是"古文经"的编订者，"孔子殁，名实足以抗者，汉之刘歆。书布天下，功由仲尼。其后独有刘歆而已。"④ 其四，批评新公羊学派"尧舜非有其人"说，即使在对新公羊学有所认同的时期，章太炎也坚决反对"尧舜抹杀论"，《訄书初刻本》谓："《论衡》谓《尧典》为篇家所撰。篇家即孔子。此可见六经由孔子笔削，不止删定而已。然害教之事，虽为刊除，而故无其事者，则必不为增饰。或谓《诗》《书》皆孔子所构造，尧、舜亦非有其人，则诬矣。"⑤ 对于接续晚清新公羊学"疑古"学脉的民国"疑古思潮"，章太炎毫不留情予以痛砭，"谓尧、舜、禹、汤皆儒家伪托，如此惑失本原，必将维系民族之国史全部推翻。国亡之后，

---

① 章太炎全集（訄书初刻本，等）[M].朱维铮点校.上海：上海人民出版社，2014：106.
② 章太炎全集(国故论衡先校本 校订本)[M].王培军，马勇整理.上海：上海人民出版社，2017：231-232.
③ 章太炎全集（訄书初刻本，等）[M].朱维铮点校.上海：上海人民出版社，2014：106.
④ 章太炎全集（訄书初刻本，等）[M].朱维铮点校.上海：上海人民出版社，2014：432.
⑤ 章太炎全集（訄书初刻本，等）[M].朱维铮点校.上海：上海人民出版社，2014：106.

人人忘其本来，永无复兴之望。"① 其五，批评新公羊学派发动"孔教新教化"运动，属于"师其鄙劣"，因为"孔教"并非"基督教"意义上的"宗教"。章太炎谓公羊学所谓"通经致用"为"大言夸世"，"孔教之称，始妄人康有为，实今文经师之流毒，刘逢禄、宋翔凤之伦，号于通经致用，所谓《春秋》断狱、《禹贡》治河、《三百五篇》（《诗经》）当谏书者，则彼之三宝已。大言夸世，故恶明文而好疑言，熹口说而忌传记"。章太炎坚决反对"孔子为万世制法"的说法，严厉批评公羊学派对待"六经"的态度，祸害超过秦始皇的"焚书"事件，"言《公羊》者，辄云孔子为万世制法，《春秋》非纪事之书。夫以宪章文、武，修辑历史者而谓之变乱事迹，起灭任意，则是视六经为道士天书，其祸过于秦之摧烧史记"。② 章太炎分析孔子在周末的历史地位只是"百世之英，人伦之杰"，即只是"伟人"，而不是"教主"，"孔子之在周末，与夷、惠等夷耳。孟、荀之徒，曷尝不竭情称颂，然皆以为百世之英，人伦之杰，与尧、舜、文、武伯仲，未尝侪之圜丘清庙之伦也"。"孔教"不是西方意义上"宗教"，章太炎批判"儒教新教化运动"属于"素无创瘢，无故灼以成瘢"，"今人猥见耶稣、路德之法渐入域中，乃欲建树孔教以相抗衡，是犹素无创瘢，无故灼以成瘢，乃徒师其鄙劣，而未有以相君也。"③ 其六，批评新公羊学派"视一切历史为刍狗"具有历史虚无主义色彩。新公羊学派的"托古改制说"尽管有历史的合理性与进步性，但对其非历史（"托古"）的态度，章太炎是坚决反对的，"以历史记载为不足信，社会习惯为不足循，然后可以吐言为经，口含天宪"，④ 认为新公羊学派构建的新孔学话语体系已经完全远离了孔子学说的真相，"以三世、三统大言相扇，而视一切历史为刍狗，则违于孔氏远矣！"⑤ 李植充分肯定章太炎批评康有为"孔子托古改制说"的贡献，"南海康有为以'孔子改制'傅会之（变法），（康）有为欲创新宗教（孔教），牵合孔、墨为一流，而自尸教主，（章太炎）先生评斥其非。"⑥

① 诸祖耿 . 记本师章公自述治学之功夫及志向 [J]. 制言 .1936（25），1936–09.
② 章太炎政论集（下册）[M]. 汤志钧编 . 北京：中华书局，1977：695.
③ 章太炎儒学论集（下册）[M]. 王小红选编 . 成都：四川大学出版社，2010：968.
④ 章太炎政论集（下册）[M]. 汤志钧编 . 北京：中华书局，1977：695.
⑤ 章太炎儒学论集（下册）[M]. 王小红选编 . 成都：四川大学出版社，2010：992.
⑥ 追忆章太炎 [M]. 陈平原、杜玲玲编 . 京：生活 · 读书 · 新知三联书店，2009：5.

第十，强调孔学的史学色彩，从"新史学"角度对孔学重新认识。

章太炎从《訄书》（重订本）以来，对孔学的思考角度就换上了"新史学"的角度，当然章太炎的"新史学"不同于康有为的"新史学"，亦不同于梁启超的"新史学"，或王国维的"新史学"，但都属于当时浮现的"新史学"思潮的重要组成部分，章太炎由此也成为近代中国"新史学"重要开山之一，章太炎的"诸子出于王官论""六经皆史论""诸子亦史论"、对疑古思潮的激烈抨击、"国性论""历史价值论""历史重要论""读史利益论""新通史论"等重要论点，对"新史学"的崛起具有重大贡献。而其根基则在于以"六经皆史"为依据牢固树立孔子"良史"论，章太炎谓"若夫孔氏旧章，其当考者，惟在历史。"孔子思想体系的根本在于总结历史的经验教训，而不在于"干禄致用之术"，"孔氏之教，本以历史为宗。宗孔氏者，当沙汰其干禄致用之术，惟取前王成迹可以感怀者留连弗替。《春秋》而上，则有六经，故孔氏历史之学也。《春秋》而下，则有《史记》《汉书》以至历代书志纪传，亦孔氏历史之学也。"[1]章太炎晚年主张"尊孔读经"，其意并不在于"卫道"，而在于"捍卫历史"，"强调'尊孔读经'，看重的是其历史内涵和文化的民族性，目的是在当时的民族危机下激发人们的爱国感情，而不是复古倒退。"[2]李肖聃视章太炎的孔学史学化为章太炎新孔学的缺点，"其推孔子之功，惟在宣布历史，与孟子、太史公之述圣人绝异，是亦通人之一蔽也。"[3]但就近代新学术话语体系的构建而言，这其实是一个优点，开启了经学的近代化与史学化进程。

七、章氏新孔学话语体系的得失

出于应对"千年大变局"的需要，章太炎构建了新孔学话语体系，就其历史意义而言，有得有失。其历史贡献在于顺应了近代中国解放思想、民族独立、国家富强、民族复兴的潮流，推动了对传统文化的反思，有助于传统文化的创造性转化和创新性发展，"以兴复为己任"，[4]推动了近代中国民族解放运动

---

① 章太炎儒学论集（下册）[M]. 王小红选编. 成都：四川大学出版社，2010：992.

② 张昭军. 儒家近代之境：章太炎儒学思想研究 [M]. 北京：北京师范大学出版社，2020：85.

③ 追忆章太炎 [M]. 陈平原，杜玲玲编. 北京：生活·读书·新知三联书店，2009：57.

④ 追忆章太炎 [M]. 陈平原，杜玲玲编. 北京：生活·读书·新知三联书店，2009：1.

的发展和现代民族国家的构建，其设计的救国方案基于"自国自心"，"壹准国情民性，不屑屑皮傅远西，亦不肯曲随庸众"，[①] 有一定的合理性。

其一，章太炎新孔学话语体系，"新"在破除对孔学的迷信，解放思想，诸子平等，启迪人心，具有显著的现代性（启蒙）色彩。章太炎的"订孔"，开启了"打孔家店"的先声，为打破两千年来笼罩中国的日趋僵化的儒家意识形态开辟了道路，开辟了儒家新的发展契机与发展方向。冯友兰谓："直到 19世纪末，孔子受命为王的说法固然又短暂地复活，但是不久以后，随着民国的建立，他的声望逐渐下降到'至圣先师'以下。"[②] 在这个过程中，章太炎功不可没。章太炎的诸子学研究，恢复了孔子在诸子中的地位。"通过重新评价诸子来打破孔子及儒学的独尊地位"，"为二千年来儒墨九流破封执之局"，"把文（王）、孔、老、庄并列为'域中四圣'，甚至扬庄抑儒"[③]。章太炎把孔子史家化的努力，推动了近代新史学的形成与发展。蔡尚思谓："在中国历史上，孔子主要以史学家而现身。持此说最力者，前有清朝的章学诚，后又近代的章炳麟，他们在近代学术界都有相当大的影响。"[④] 总之，章太炎顺应"千年大变局"的时代趋势，顺应"挽救世道人心"的社会需要，吸收了西学与佛学中的合理元素，融合孔学、西学、佛学、老学、庄学、韩学、墨学于一体，推动当时国人热切追求的西学的本土流播与运用，推动承载建设"革命之道德"与"国民之道德"使命的佛学与诸子学的复兴，推动立足于"自国自心"的儒学、诸子学与整个中国历史文化的现代化，具有鲜明的现代性的品格。

其二，章太炎新孔学话语体系，属于批判中的继承，继承中的创新。不是一味复古，亦非一味破坏，而是对孔子思想有继承，有批判，有创新，推动了孔子思想的创造性转化与创新性发展，有利于中国近代学术文化的发展。对孔子思想的继承方面，主要是继承了孔学的史学传统、民族主义传统、学术创新传统、注重人事的传统、强调道德的传统、无神论的传统等方面。对孔子思想

---

① 追忆章太炎 [M]. 陈平原，杜玲玲编. 北京：生活·读书·新知三联书店，2009：7.

② 冯友兰. 中国哲学简史 [M]. 北京：北京大学出版社，2013：49.

③ 张昭军. 儒学近代之境：章太炎儒学思想研究 [M]. 北京：北京师范大学出版社，2020：21.

④ 蔡尚思著作集：孔子思想体系 孔子哲学之真面目 [M]. 上海：上海古籍出版社，2013：132.

的批判方面，主要是批判其过分追求功名利禄的思想、阴谋权术的思想、为当权者所利用的意识形态化（独尊）等方面。对孔子思想的创新方面，主要表现在把孔学义理与佛学、西学、老学、庄学、韩学等古今中外之学的会通，以孔学救世而积极介入戊戌变法、辛亥革命与抗日战争等方面。"总体而言，他对孔子与儒学的分析显然比较符合历史实际，这也使他在现实斗争中更注意从中国的历史和现代实际出发。"①

其三，章太炎新孔学话语体系，不是一成不变的。既有内在的一致性，也有时代的变化性，顺应了历史发展的大势，具有强烈的现实针对性，推动着历史的进步。就其内在的一致性而言，"其教人治学，壹本忠恕，尤喜诵言儒侠；平生制行，要不越十五儒之域。"②就其顺应时代的变化而言，维新运动时期，对孔学以继承改造为主，对公羊学话语体系有所认同，尝试构建新孔学话语体系，如《訄书》初刻本（1894—1900）中的《尊荀》《独圣》（上下）、《客帝》等。辛亥革命时期，有浓厚的革命色彩，对孔学以批判创新为主，大量吸收西学、佛学与庄学，如《訄书》重订本（1902—1904）中的《订孔》《客帝匡谬》《国故论衡》（1910）等。后辛亥革命时期，则对孔学的态度日趋平和，以创造性转化和创新性发展为主，新孔学话语体系构建日益成熟，如《检论》（1914—1915）、《菿汉微言》（1914—1916）、《国学概论》（1922）、《菿汉昌言》（1925—1933）等。"九一八事变"之后有浓厚的民族主义色彩，对孔学以认同转化为主，新孔学话语体系进一步完善，如《国学之统宗》（1933）、《论读经有利而无弊》（1935）、《论经史实录不应无故怀疑》（1935）、《在吴县纪念孔子诞生大会上之演说》（1935）、《诸子略说》（1935）等。

章太炎是近代新孔学、新儒学的重要开山，其构建的近代新孔学话语体系，属于近代新儒学思潮的重要组成部分，在体系结构、吸收西学、义理阐释、史料运用等方面有其历史的局限性。其一，在体系结构方面，受时代大变革与大过渡的影响，体系尚不周密，前后有扞格之处，明显具有从传统到现代的过渡性。其二，受西方自然科学的影响，在"解释人的精神活动、思维活动时，具

---

① 姜义华.章炳麟评传[M].上海：上海人民出版社，2019：309.
② 追忆章太炎[M].陈平原，杜玲玲编.北京：生活·读书·新知三联书店，2009：9.

有某种机械唯物主义倾向"。^① 其三，出于加强现实的针对性和宣传性的需要，其在维新、革命和抗战时期，对孔子思想体系的解释，具有一定的牵强附会性，在一定程度上影响了对孔子的科学评价和对孔子思想的科学理解。其四，受疑古思潮一定的影响，章太炎建构新孔学话语体系所用的史料受到一定的限制。^② 例如《孔子家语》《孔丛子》等这样的史料，章太炎就当作"伪书"而不敢使用。^③ 如今经过出土文献的验证，主流看法是"今本《家语》绝非王肃所能伪造，而是确有独立、古老的来源"。^④ 越来越多的学者发现"（《孔子家语》）其中的记载极为珍贵，认为该书属于'孟子以前遗物，绝非后人伪造所成'，从而'轰然打破'了原来的'成见'"，推其为"孔子研究之第一书"。^⑤ 传统的说法，即《孔子家语》为孔安国所"撰集"，应该是"可信的"。^⑥

结语

章太炎是中国传统儒家文化的自觉继承者（"上天以国粹付余"），又是近代中国新孔学话语体系的主要奠基人（"恢明而光大之"）。^⑦ 其新孔学话语体系，围绕着戊戌维新、辛亥革命、新文化运动、抗日战争等重大历史事件而建构，回应时代关切，具有强烈的社会针对性。章太炎对待孔子及其儒学的态度，前后有重大变化，从誉之为"素王"与"独圣"演变为"订孔""诋孔""鄙薄孔子"，^⑧ 从"订孔""诋孔""鄙薄孔子"又演变为"纪念孔子""尊重孔子""将

---

① 姜义华．章炳麟评传 [M]．上海：上海人民出版社，2019：309.

② 李学勤在《走出疑古时代》（《中国文化》1992 年第 7 期）一文里指出，从晚清以来的疑古思潮基本上是进步的，从思想来说，是冲决网络，有很大的进步意义，是要肯定的。因为它把当时古史上的偶像一脚全都踢翻了，经书也没有权威性了，起了思想解放的作用，当然很好。可是它也有副作用，在今天不能不平心而论，它对古书搞了很多"冤假错案"。

③ 章太炎在《国学概论》（1922 年在上海的演讲）中认为，《孔子家语》《孔丛子》二书，都是三国时期王肃伪造的。

④ 宁镇疆．《孔子家语》与《礼记》互见关系研究．《孔子家语》新证 [M]．上海：中西书局，2017：271.

⑤ 杨朝明，宋立林．孔子家语通解 [M]．济南：齐鲁书社，2013：1.

⑥ 刘巍．《孔子家语》公案探源 [M]．北京：社会科学文献出版社，2014：202.

⑦ 章太炎自述（1869—1936）[M]．文明国编．北京：人民日报出版社，2011：49.

⑧ 章太炎全集（演讲集上）[M]．章念驰编订．上海：上海人民出版社，2015：288.

中华民族当孔子看"，[①] 从努力挖掘"孔荀之道"到大力阐发"孔颜之道"。章太炎构建新孔学话语体系，以批判孔子来批判现实与政治，具有"革命"的意义；以孔子之道阐发救世之道，坚持"自国自心"，走自己的发展道路；以孔子义理阐发民族精神，重建民族认同与文化自信；会通古今中西，沟通老学、庄学、佛学、西学，以新的方式建构近代新孔学话语体系，有助于学术话语体系的近代化；对孔子思想作非宗教化、无神论化、非圣化、非独尊化、史学化的解释，具有"启蒙"的意义。总体上看，章太炎的新孔学话语体系，对待孔学，既有批评，又有认同，既有继承，又有创新，既有"革命"与"启蒙"的意义，又有学术的价值。

---

① 　章太炎. 在吴县纪念孔子诞生大会上之演说 [N]. 中央日报，1935–08–30.

第五章　章太炎的老、孔"良史"说

老子与孔子，在中国传统的话语体系之中，分别占据了儒家、道家与道教的圣人地位，被称为"至圣先师"与"太上老君"，但近代著名学者章太炎却把他们均还原为一个史学家，而且还都是一个优秀的史学家（即所谓"良史"），也是中国传统史学的开山之祖。章太炎这样说，是否有严格的史学依据？章太炎所观察到的老子史学与孔子史学究竟具有什么内涵与特征，章太炎对老子史学与孔子史学的解读的用意是什么？对于我们今日史学的创新发展有何启示？这正是本文所要思考的。

一、"老聃，良史之宗"：老子"良史"说

把老子看成是一个史学家，把《老子》看作是史学著作，这是章太炎作为一个史学家的独特之处。当然，章太炎把老子看成是古之"良史"，不仅有史学的严格依据，更重要的是具有强烈的现实针对性，那就是对晚清以来的公羊史学、疑古史学、史观史学提出批评。1901年章太炎写作《征信论》以"批判康有为等借今文经学以'治史'"，① 其中表彰老子为"良史之宗"："盖昔者老聃良史之宗，定著八十一章，其终有乱。"紧接着借老子之口对公羊史学、疑古史学、史观史学提出严厉批评："夫其'信言不美，美言不信'，吾以告今文五经之家（公羊史学）；'知者不博，博者不知'，吾以告治晚书疑前史者（疑古史学）；'善者不辩，辩者不善'，吾以告出入风议尚论古人之士（史观史学）。"② 其严格的史学依据则是根据《论六家要旨》《汉书·艺文志》和《老子》本身的内容分析出来的。

第一，老子深味史学功能在于保存史实、资鉴后来。章太炎认为史学的致

---

① 汤志钧. 章太炎年谱长编（增订本上册）[M]. 北京：中华书局，2013：72.
② 章太炎全集（太炎文录初编）[M]. 徐复点校. 上海：上海人民出版社，2014：52.

用功能在于实录历史事实并在此基础上考察社会变迁之迹。1935年6月在章氏星期讲演会的演讲《论读史之利益》一文谈到，"读史致用之道有二：上焉者察见社会之变迁，以得其运用之妙；次则牢记事实，如读家中旧契，产业多寡，瞭如指掌。"[①] 而老子其人对这两点体认很深刻。首先老子主张"有德司契"，章太炎谓"以史籍视同人家之契券者，老子有言：'有德司契。'契正不可不读者也。若一家之主，束置契券，不加观览，不自知其资产之多寡，其昏聩将如何？然执政者之于国史，亦犹家主之于契券矣。"[②] 一国的历史文献犹如一国的券契一样，记载着该国的曾经有过的物质财富与精神财富，以及传承下来的遗产，不可随意毁坏。章太炎认为史书有保存史实，滋养国性，激发国人爱国主义热忱之重大功能。其次，章太炎认为老子能够汲取历史经验教训，但又不拘泥于一朝一代、一时一地的历史事实，能够对历史作深度的哲学思考。《老子》这本书看透了人事变迁，最为深刻地总结了历史的经验教训。1907—1910年在日本的演讲《中国文化的根源和近代学问的发达》指出老子的历史巨眼于"人事变迁，看得分明"，"老子的学问，《汉书·艺文志》说道出于史官。原来老子在周朝，本是做征藏史，所以人事变迁，看得分明。"[③] 在章太炎看来，儒家经典与诸子经典也是历史文献，老子开创道家，道家本为总结历史经验而形成。1933年3月15日在无锡国专的演讲《历史之重要》再次指出老子作为史官"熟知成败利钝"，而道家本为"君人南面之术"，"史与经本相通，子与史亦相通。诸子最先为道家，老子本史官也，故《艺文志》称：道家者流，出于史官。史官博览群籍，而熟知成败利钝，以为君人南面之术。"[④]《老子》与《庄子》都透彻地认识到人事变迁的奥秘，1910年章太炎在《国粹学报》第4号发表《原学》，对《孙子》《老子》《庄子》三书予以极高评价，而谓《老子》与《庄子》皆"为人事之枢"，"《老子》五千言，亦与是（"为人事之枢"）类，文义差明。不知者多以清谈忽之，或以权术摈之。有严复者，立说差异，而多附以

---

① 章太炎国学讲演录[M].诸祖耿，王謇，王乘六等记录.北京：中华书局，2013：97-98.

② 章太炎国学讲演录[M].诸祖耿，王謇，王乘六等记录.北京：中华书局，2013：98.

③ 章太炎演讲集[M].章念驰编订.上海：上海人民出版社，2011：58.

④ 章太炎国学讲演录[M].诸祖耿、王謇、王乘六等记录.北京：中华书局，2013：12.

功利之说，此徒以斯宾塞辈论议相校耳，亦非由涉历人事而得之也。"① 道家老、庄均对社会变迁有深入观察与深度思考，故能不拘事实，超然物外，运用巧妙，深得其中三昧，1935 年 6 月的演讲《论读史之利益》言："能得运用之妙者，首推道家。《汉志》言道家者流，出于史官。老子为周守藏史，根据社会之变迁，以著成道家之议论，故能妙徽浑然，语无执著。庄子称孔子以六经说老聃，老聃云六经先王之陈迹也，岂其所以迹哉？夫迹履之所出，而迹岂履哉？盖道家之意，读古人书，须超以象外，得其环中，不可泥于陈迹而屑屑为之。此不独老子为然，伊尹、太公无不如此。"② 章太炎认为司马谈、司马迁两父子作为优秀的历史学家能够深刻体会老子"明于成败利钝之效"，所以他的学说"独有取于虚无因循之说"，1935 年在章氏国学讲习会的演讲《诸子略说》言："太史公《论六家要旨》，于阴阳、儒、墨、名、法五家，各有短长，而以黄老之述为依归。此由身为史官，明于成败利钝之效，故独有取于虚无因循之说也。昔老聃著五千言，为道家之大宗，固尝为柱下史矣，故曰道家者流，出于史官。"③

第二，老子与孔子共同开创了中国史学的书写与流播传统。定稿于 1915 年初的《检论·订孔》谓老子与孔子共同参与了历史的书写与传播，"自老聃写书征臧，以诒孔氏，然后竹帛下庶民。"④1907—1910 年在日本的演讲《论教育的根本要从自国自心发出来》再次重申老子与孔子的历史书写与传播之功，"只看周朝的时候，礼、乐、射、御、书、数，唤作六艺，懂得六艺的多。却是历史政事，民间能够理会的很少。哲理是更不消说得。后来老子、孔子出来，历史、政事、哲学三件，民间渐渐知道了。"⑤1907—1910 年在日本的演讲《论诸子的大概》也强调老子传播历史、首创学派的功劳，"开九流著书的风气，毕竟要算老子。况且各家虽则不同，总不能离开历史。没有老子，历史不能传到民间；没有历史的根据，到底不能成家。所以老子是头一个开学派。"⑥

---

① 章太炎．国故论衡 [M]．北京：商务印书馆，2010：147.

② 章太炎国学讲演录 [M]．诸祖耿，王謇，王乘六等记录．北京：中华书局，2013：98.

③ 章太炎国学讲演录 [M]．诸祖耿，王謇，王乘六等记录．北京：中华书局，2013：234.

④ 章太炎全集（訄书初刻本 訄书修订本 检论）[M]．朱维铮点校．上海：上海人民出版社，2014：431.

⑤ 章太炎演讲集 [M]．章念驰编订．上海：上海人民出版社，2011：76.

⑥ 章太炎演讲集 [M]．章念驰编订．上海：上海人民出版社，2011：88.

第三，老子讲质验，开创了中国史学的实证传统。中国史学强调史学家的主体性，强调要"成一家之言"，但并非不讲客观性，恰恰相反，中国史学特别强调要秉笔直书，要直笔，"史家载笔，直书其事，其义自见"，[①]历史记载要经得起历史的检验，不要曲笔，不要秽史，不要妄论古人，"古人之安危利害，不应以后人之目光判断之"，不要借题发挥，"借古事以论今事，所谓借题发挥者，亦读史所忌"，[②]要有史识与史德。章太炎在《征信论》中反复强调"期验""左验"的重要性，反对"皮傅妄言"。[③]对公羊史学、疑古史学、史观史学的"皮傅妄言"提出尖锐批判。中国史学也特别强调要探讨人类社会与自然界的关系，所谓"究天人之际"，"明于天人之分"，以"人法地，地法天，天法道，道法自然"，或"制天命而用之"。讲究质验，注重研究宇宙自然，探究天人关系，老子史学就是这方面的卓越代表。章太炎云："以前论理论事，都不大质验，老子是史官出身，所以专讲质验。以前看古来的帝王，都是圣人，老子看得穿他有私心。以前看万物都有个统系，老子看得万物没有统系。及到庄子《齐物论》出来，真是件件看成平等，照这个法子做去，就世界万物各得自在。不晓怎么昏愚的道士，反用老子做把柄，老子的书现在再也不能附会上去。"[④]

第四，老子看透了因果关系的复杂性与非线性。章太炎在《征信论》中指出老子明了历史中的因果关系，但因果关系不是单线的，而是微妙的，"昔者老聃有言曰：'天下有始，以为天下母。既得其母，以知其子，复守其母，没身不殆。'母子者，犹今所谓因果。因以求果，果以求因，辨异而不过，推类而不悖。是故邪说不能乱，百家无所窜，则终身免于疑殆，是抽文之枢要也。夫礼俗政教之变，可以母子更求者也。虽然，三统迭起，不能如循环；三世渐进，不能如推毂；心颂变异，诚有成型无有哉？世人欲以成型定之，此则古今之事，得以布算而知，虽燔炊史志犹可。且夫因果者，两端之论耳。无缘则因不能独生；因虽一，其缘众多。故有同因果而异果者，有异因而同果者。愚者执其两端，忘其旁起，以断成事，因以起其类例。成事或与类例异，则颠倒而绽裂之，

---

① 章太炎国学讲演录 [M]. 诸祖耿，王謇，王乘六等记录. 北京：中华书局，2013：217.

② 章太炎国学讲演录 [M]. 诸祖耿，王謇，王乘六等记录. 北京：中华书局，2013：108、109.

③ 章太炎全集（太炎文录初编）[M]. 徐复点校. 上海：上海人民出版社，2014：47.

④ 章太炎演讲集 [M]. 章念驰编订. 上海：上海人民出版社，2011：58.

是乃殆以终身，鳘之至也。"①

第五，老子并不主张阴谋与愚民，而是致力于揭穿历史真相，使人明智。老子主张"以正治邦"，"正"的意思，老子自己的解释是"清静为天下正"，详而言之，即"我无事而民自富。我亡为而民自化。我好静而民自正。我欲不欲而民自朴。"②老子的"愚"只是"朴"的意思，而且老子主张统治者减少阴谋诡计、急功近利、熏心利欲，老百姓会"自朴"。章太炎一开始也认为老子讲阴谋权术，如《訄书·儒道》言"老聃为柱下史，多识掌故，约《金版》《六弢》之旨，著五千言，以为后世阴谋者法"，③但后来他摆脱公羊学派思维之后又坚决反对"老子好讲权术"的说法，"有人说老子好讲权术，也是错了。以前伊尹、太公、管仲，都有权术。老子看破他们的权术，所以把那些用权术的道理，一概揭穿，使后人不受他的欺罔。老子明明说的'正言若反'，后来人却不懂老子用意，若人人都解得老子的意，又把现在的人情参看参看，凭你盖世的英雄，都不能牢笼得人，惟有平凡人倒可以成就一点事业，这就是世界公理大明的时候了。"④

第六，老子不重鬼神而重人事，与孔子共同开创了中国史学的人文传统。《老子》云："以道莅天下，其鬼不神。非其鬼不神也，其神不伤人也。非其神不伤人也，圣人亦弗伤也。"⑤又云："圣人常善救人，故无弃人"，⑥"圣人恒无心，以百姓之心为心"。⑦这些言论确实表明，老子主张以人为中心，无论是治理国家，还是书写历史，都该如此。但焘记载的章太炎讲学笔记《蓟汉雅

① 章太炎全集（太炎文录初编）[M].上海：上海人民出版社，2014：50–51.

② 陈鼓应.郭店竹简老子甲乙丙三组释文·甲组释文.老子注译及评价（修订增补本）[M].北京：中华书局，2009：433.

③ 章太炎.訄书初刻本·儒道第三.章太炎全集（訄书初刻本，等）[M].朱维铮点校，上海：上海人民出版社，2014：8.

④ 章太炎.章太炎演讲集[M].章念驰编订，上海：上海人民出版社，2011：58.

⑤ 陈鼓应.帛书老子甲乙本释文·老子甲本释文·德经.老子注译及评价（修订增补本）[M].北京：中华书局，2009：400.

⑥ 陈鼓应.老子校订文.老子注译及评价（修订增补本）[M].北京：中华书局，2009：450.

⑦ 陈鼓应.帛书老子甲乙本释文·老子乙本释文·德经.老子注译及评价（修订增补本）[M].北京：中华书局，2009：414.

言劄记》中谓，"先生云：道家老子，本是史官，知成败祸福之事，悉在人谋，故能排斥鬼神，为诸儒之先导。"①1913年12月章太炎在《雅言》第一期发表《驳建立孔教议》，其中言："逮及衰周，孔、老命世，老子称以道莅天下，其鬼不神；孔子亦不语神怪，未能事鬼。"②

二、"仲尼，良史也"：孔子"良史"说

章太炎认为，与老子一样，孔子也是一个优秀的史学家，二者还具有传承关系。孔子作为史学家的贡献、名望与影响并不亚于左丘明、司马迁、刘歆、班固等人，而孔子的贡献和影响更大。1915年的《检论·订孔》赞孔子为"良史"，孔子与左丘明合撰《春秋》，司马谈、司马迁继承这种优秀的史学传统，其后刘歆脱颖而出，在继承孔子的史学传统方面表现最为卓异。章太炎谓："仲尼，良史也。辅以丘明而次《春秋》，料比百家，若旋机玉斗矣。谈、迁嗣之，后有《七略》。孔子殁，名实足以抗者，汉之刘歆。布书天下，功由仲尼。其后独有刘歆而已。微孔子，则学皆在官，民不知古，乃无定臬。"③1906年9月章太炎在日本秀光社出版《国学讲习会略说》，其中发表《论诸子学》谓："孔子删定六经，与太史公、班孟坚辈，初无高下。"④在这里，孔子被提到与司马迁、班固同样高的史学地位。

第一，孔子奠定了中国史学的基础，成为中国史学的真正开山。1913年章太炎发表《驳建立孔教议》提出孔子"制历史"的观点："盖孔子所以为中国斗杓者，在制历史，布文籍，振学术，平阶级而已。"⑤《印度中兴之妄》列孔子、左丘明与司马迁为中国史学的三大开山鼻祖："余因念中国无孔子、左丘明、太史公辈，则自共和以迄二世，其年历亦且暗昧，不可究观。"⑥《中

---

① 章太炎．菿汉雅言劄记．菿汉三言[M]．但焘记录，虞云国点校．上海：上海书店出版社，2011：175．

② 章太炎全集（太炎文录初编）[M]．徐复点校．上海：上海人民出版社，2014：200．

③ 章太炎全集（訄书初刻本　訄书修订本　检论）[M]．朱维铮点校．上海：上海人民出版社，2014：432．

④ 章太炎演讲集[M]．章念驰编订．上海：上海人民出版社，2011：37．

⑤ 章太炎全集（太炎文录初编）[M]．徐复点校．上海：上海人民出版社，2014：202．

⑥ 章太炎全集（太炎文录初编）[M]．徐复点校．上海：上海人民出版社，2014：379．

国文化的根源和近代学问的发达》则把孔子的史学地位置于司马迁与班固之上："假如没有孔子，后来就有司马迁，班固，也不能作史。没有司马迁、班固的史，也就没有后来的二十二部史。那中国真是昏天黑地了！"①1933 年 3 月 15日章太炎在无锡国专的演讲《历史之重要》，指出《春秋》为中国后世史学书写之祖，司马迁、班固都自承"继《春秋》"："六经之中正式之史，厥维《春秋》，后世史籍，皆以《春秋》为本。《史记》有《礼书》《乐书》，《汉书》则礼乐皆有志，其意即以包括《礼经》一门。《司马相如传》辞赋多而叙事少，试问辞赋何关于国家大计，而史公必以入录耶？班固曰：'赋者古诗之流也。'盖《史记》之录辞赋，亦犹六经之有诗矣。史公《自序》曰：有能绍明世、正《易传》、继《春秋》，本《诗》《书》《礼》《乐》之际，意在斯乎！小子何敢让焉。班固亦有类此之语。由今观之，马、班之言，并非夸诞；良史之作，故当如是也。"②1915 年改定的《检论·订孔》谓老子与墨子虽然也精通史学，但只有孔子能够"继志述事，缵老之续"，成就伟大的史学事业："追惟仲尼闻望之隆，则在六籍。六籍者，道、墨所周闻。故墨子称《诗》《书》《春秋》多大史中秘书。而老聃为守藏史，得其本株。异时倚相、苌叔诸公，不降志于删定六艺。墨翟虽博闻，务在神道，珍秘而弗肯宣。继志述事，缵老之续，而布彰六籍，令人人知前世废兴，中夏所以创业垂统者，孔氏也。遭焚散复出，则关轴自持于孔氏。诸子却走，职矣。"③1907 年 6 月 8 日，章太炎在《民报》第 14 号发表《答铁铮》，谓《春秋》乃历史之学，而非微言大义之学。孔子之教，以历史为本，《春秋》为中国史学奠基："孔氏之教，本以历史为宗，宗孔氏者，当沙汰其干禄致用之术，惟取前王成迹可以感怀者，流连弗替。《春秋》而上，则有六经，固孔氏历史之学也。《春秋》而下，则有《史记》《汉书》以至历代书志、纪传，亦孔氏历史之学也。若局于《公羊》取义之说，徒以三世、三统大言相扇，而视一切历史谓刍狗，则违于孔氏远矣。"④1935 年，章太炎在章氏国学讲习会上的演讲《经学略说》，再次强调孔子修《春秋》的

---

① 章太炎演讲集 [M]. 章念驰编订. 上海：上海人民出版社，2011：56.

② 章太炎国学讲演录 [M]. 诸祖耿，王謇，王乘六等记录. 北京：中华书局，2013：12.

③ 章太炎全集（訄书初刻本　訄书修订本　检论）[M]. 朱维铮点校. 上海：上海人民出版社，2014：430.

④ 章太炎书信集 [M]. 马勇编. 石家庄：河北人民出版社，2003：179.

伟大历史意义："孔子之修《春秋》，其意在保存史书，不修则独藏周室，修之则传诸其人。秦之燔书，周室之史一炬无存，至今日而犹得闻十二诸侯之事者，独赖孔子之修《春秋》耳。使孔子不修《春秋》，丘明不述《左传》，则今日之视春秋犹是洪荒之世界已。"①

第二，孔子开创了中国史学"纪年有次，事尽首尾"的书写传统。《驳建立孔教议》谓孔子开创的史学书写方式，经过左丘明、司马迁、班固的继承与发展，才"粲然大备"："自孔子作《春秋》，然后纪年有次，事尽首尾，丘明衍传，迁、固承流，史书始粲然大备，矩则相承，仍世似续，令晚世得以识古，后人因以知前。"②《经学略说》则明白告知我们，孔子修《春秋》开创了中国编年体史书的书写传统："自来论孔子修《春秋》之故者，孟子曰：'邪说暴行又作，臣弑其君者有之，子弑其父者有之，孔子惧，作《春秋》。'《公羊传》曰：'君子曷为《春秋》？拨乱世，反诸正，莫近诸《春秋》。'公羊之论较孟子为简赅。然《春秋》者，史也。即在盛世，亦不可无史。《尚书》纪事，略无年月，或颇有而多阙，仅为片断之史料。《春秋》始有编年之法，史法于是一变，故不可谓《春秋》之作专为拨乱反正也。宋儒以为《春秋》贵王贱霸，此意适与《春秋》相反。《春秋》详述齐桓、晋文之事，尚霸之意显然。"③编年体史学传统赖孔子创新之后始传于民间与后世，这一点，朱希祖亦认可。他在《中国史学之派别》中言："迨孔子修《春秋》，于是史记始布于民间，编年贻于后世，不与周室俱亡，此则孔子之功足以垂诸不朽者也。"不过，孔子与左丘明的编年史书写乃是草创，至荀悦才有"独立之编年史"。"有孔氏之《春秋经》，而后有左氏之《春秋传》，传以释经，尚非纯为史体，至汉荀悦作《汉纪》，始有独立之编年史。"④

第三，孔子开创了中国史学教育传统。章太炎谓孔子修《春秋》，删定"六经"，然后教育弟子，向民间传播。《驳建立孔教议》云："自孔子观书柱下，述而不作，删定六书，布之民间，然后人知典常，家识图史。"⑤《中国文化

---

① 章太炎国学讲演录 [M]. 诸祖耿，王謇，王乘六等记录. 北京：中华书局，2013：196.

② 章太炎全集（太炎文录初编）[M]. 徐复点校，上海：上海人民出版社，2014：202.

③ 章太炎国学讲演录 [M]. 诸祖耿，王謇，王乘六等记录. 北京：中华书局，2013：193.

④ 朱希祖. 中国史学通论 [M]. 上海：上海古籍出版社，2014：23、25.

⑤ 章太炎全集（太炎文录初编）[M]. 徐复点校. 上海：上海人民出版社，2014：202.

的根源和近代学问的发达》强调了老子、孔子、左丘明三人之间在史学书写方面的传承合作关系，更是明白指出了孔子是中国史学教育的开创者。"孔子也是由百姓起家，很不愿意贵族政体，所以寻着一个史官，叫做老子，拜了他做先生。老子就把史书都给他看。又去寻着一个史官，叫做左丘明。两个人把《春秋》修改完全，宣布出来，传给弟子，从此民间就晓得历史了。以前民间没有历史，历史都藏在政府所管的图书馆。政府倒了，历史也就失去。自从孔子宣布到民间来，政府虽倒，历史却不会消失；所以今日还晓得二三千年以前的事。这都是孔子赐的了。"①《经学略说》批驳了后人对孟子论《春秋》的误解，重新解释了孔子修《春秋》有"罪"之因，乃是历史泄之于民间。在这里，章太炎再次强调孔子是中国史学教育的开创者，"孟子曰：'《春秋》，天子之事也。是故，孔子曰：'知我者，其惟《春秋》乎！罪我者，其惟《春秋》乎！'"案，《说文》，事从史之省声，史所以记事，可知事即史也。《春秋》天子之事者，犹云《春秋》天子之史记矣。后人解《孟子》，以为孔子匹夫而行天子为事，故曰罪我者其惟《春秋》，此大谬也。周史秘藏，孔子窥之，而又泄之于外，故有罪焉尔。向来国史实录，密不示人。"②

第四，孔子开创了中国史学的民族主义传统。1935年，章太炎在章氏星期讲演会的演讲《论经史儒之分合》指出，孔子确立了中国史学的民族主义传统："孔子作《春秋》，确立民族主义，三传释经，虽有不同，而内诸夏外夷狄则一。管仲建此功，孔子立此义，以故中国屡亡，而卒能复兴。"这个史学传统奠定了中华民族伟大复兴的历史基因，"今者外患日深，骤图富强，谈何容易。惟有立定民族主义，晓然于非我族类其心必异，本之《春秋》，推至汉唐宋明诸史，人人严于夷夏之防，则虽万不幸而至下土耗败，终必有复兴之一日也。"③《春秋》推尊管仲、齐桓公、晋文公，对霸主之道的功用充分肯定。"承平之世，儒家固为重要，一至乱世，则史家更为有用。如《春秋》内诸夏外夷狄，树立民族主义，嗣后我国虽数亡于胡，卒能光复旧物，即收效于夷夏之闲也。孔子作《春秋》，孟子、公羊皆言其事则齐桓晋文。试问《春秋》之异于旧史者安在？

---

① 章太炎.章太炎演讲集[M].章念驰编订.上海：上海人民出版社，2011：55.
② 章太炎国学讲演录[M].诸祖耿，王謇，王乘六等记录.北京：中华书局，2013：195.
③ 章太炎国学讲演录[M].诸祖耿，王謇，王乘六等记录.北京：中华书局，2013：95.

盖以前皆言帝王之道，《春秋》则言霸主之道。故三传无不推尊齐桓，而《论语》且言'微管仲，吾其披发左衽矣'"。^①由于孔子的历史书写，管仲、齐桓公、晋文公成为中国民族主义的典范，中国长期维持的大一统局面与此相关。"霸期以前，西周保持不过三百余年；霸期以后，朱明保持二百五十余年。独此霸期中，保持至九百年，管仲之功，真不在禹下矣。孔子作《春秋》，焉得不称齐桓、晋文哉！孟、荀生于中国强盛之时，故小管仲而羞齐桓、文，如生于东晋之后，当亦不言管仲功烈之卑也。儒家对于历史，往往太疏，不综观事之本末，而又有门户之见，故其立论不免失中。"^②在此，章太炎对孟子、荀子"小管仲而羞齐桓、文"的观点提出了批评。

第五，与老子共同开创了中国史学的人文传统。《论语·八佾》云："祭如在，祭神如神在。"《论语·雍也》云："务民之义，敬鬼神而远之。"《论语·述而》亦云："子不语怪，力，乱，神。"^③《墨子·公孟》批判儒家主张"无鬼神"而又要求"君子必学祭祀"的自相矛盾之处，批判"儒以天为不明，以鬼为不神，天鬼不说，此足以丧天下。"^④《论语》与《墨子》的这些说法清晰地表明：孔子的确对鬼神敬而远之，而专注于人事。章太炎言孔子开创的史学传统不谈鬼神，而论人事。孔子不是"教主"，而只是"史学宗师"。"论开头的，只是孔子一人。所以孔子是史学的宗师，并不是什么教主。史学讲人话，教主讲鬼话，鬼话是要人愚，人话是要人智，心思是迥然不同的。中国人留心历史的多，后来却落个守旧的名目。不晓得历史的用处，不专在乎办事，只是看了历史，就发出许多爱国心来，是最大的用处。"^⑤

第六，孔子并不阐发微言大义，而是尊重史料与事实。《经学略说》云："孔子之修《春秋》，殆如今大理院判案，不问当事者事实，但据下级法庭所叙，正其判断之合法与否而已。传曰：'非圣人谁能修之？'焉得谓孔子无治定旧史之事哉！乾隆时重修《明史》，一切依王鸿绪《明史稿》，略加论赞。

①　章太炎国学讲演录 [M].诸祖耿，王謇，王乘六等记录.北京：中华书局，2013：93.

②　章太炎国学讲演录 [M].诸祖耿，王謇，王乘六等记录.北京：中华书局，2013：94–95.

③　杨伯峻.论语译注 [M].北京：中华书局，2009：27、60、71.

④　孙诒让.墨子间诂 [M].孙启治点校.北京：中华书局，2001：456、458.

⑤　章太炎演讲集 [M].章念驰编订.上海：上海人民出版社，2011：56.

孔子之修《春秋》，亦犹是也。所以必观书于周史者，《十二诸侯年表》云："孔子西观周室，论史记旧闻，兴于鲁而次《春秋》。'"①章太炎谓孔子修《春秋》而非作《春秋》，坚决反对公羊学派的"微言大义"说："方余壮时，《公羊》之说盛行，余起与之抗。然琐屑之谈，无豫大义。出都后，卜居沪上。十余年中，念孔子作《春秋》，语殆非实。孔子删诗书，正礼乐，未加一字。《春秋》本据鲁史，孔子述而不作，倘亦未加一字。一日，阅彭尺木书，知苏州有袁蕙纕者，言孔子以鲁国为《春秋》，未加笔削。心韪之，至苏州，求其书不得，人亦无知之者。又叶水心《习学纪言》，亦言《左传》有明文，孔子笔削者无几。'天王狩于河阳'，史官讳之，非孔子笔也。于是知孔子之《春秋》，亦如班固之《汉书》，非为褒贬作也。褒贬之谈，起于孟子。孟子谓孔子成《春秋》而乱臣贼子惧，非谓为乱臣贼子作《春秋》也。"②在这里，章太炎对后人误读孟子也做了辨析。

三、老、孔"良史"说的意义

从章太炎关于老子、孔子"良史"的说法，可以看出章太炎在老子、孔子身上找到了自己认同的史学思想。这些思想对于我们今日书写历史、认识历史仍然具有积极的意义。

历史本身是极为复杂的，面向层次太多，个人的历史已经足够复杂微妙，宇宙的历史、自然的历史、生命的历史更是极为复杂微妙，而民族国家的历史、世界的历史、人类社会的历史同样如此。适应历史的复杂性，章太炎认为历史书写必然且必须有多种方式，历史书写并没有固定的方式，也没有一成不变的方式，《老子》是一种方式，像历史哲学；《春秋》又是一种方式，为"正史"的先驱。纪传体、编年体、纪事本末体、典志体、纲目体、史论体、通史、断代史、国别史等都是中国史学的书写方式。中国的历史书写极为发达，不是"帝王将相家谱"所能概括的。

史学贵在求真存史。章太炎谓史书犹如契约，只有把事实留存下来，变成史料或史书，先人创造的物质与精神财富才能传之后世，后人需要查找、核对或者保守先人的财富，只有通过史书，一旦史书毁灭，这个民族国家的认同、

---

① 章太炎国学讲演录 [M].诸祖耿，王謇，王乘六等记录.北京：中华书局，2013：194.

② 章太炎国学讲演录 [M].诸祖耿，王謇，王乘六等记录.北京：中华书局，2013：35.

财富、智慧也随之毁灭，后果是极为严重的。"民国以来，国人对于史事亦甚疏忽矣。或且鄙夷旧契，不屑观览，甚有怀疑旧契者，于是日蹙百里，都在迷离惝恍之中。使人人而知保守其旧契，家国之事，当不至此。"① 因此，章太炎反复强调，不仅不能丢弃、毁灭祖先流传下来的契券，反而要牢牢记住，反复琢磨，小心呵护，不能让殖民强盗、独夫民贼毁灭它。

史学记载人事变迁，具有鉴往知来的功能。史学研究的主要对象是人事，是社会，因此，史学的意义显而易见是予人以为人处世的智慧，予人以自我修养的路径，予人以齐家治国平天下的镜鉴。阅读史学著作，"高者知社会之变迁，方略之当否，如观棋谱，知其运用，读史之效可施于政治，此其上也。"② 章太炎言老子为洞悉历史变迁、明察人事得失、指示治国之道的最佳典范。章太炎谓"老子以内圣外王之道自持"，又谓，"老子如大医"。③

史学还具有民族主义与爱国主义教育功能。史料与史书不仅具有契约的意义，还具有教科书的意义。章太炎认为历史事实的书写本身就具有爱国主义教育的作用，而孔子《春秋》开创的民族主义史学传统的张扬则使得爱国主义传统根深蒂固，从而大大有助于中华民族的大一统国家的构建与维护。

史学贵在切近人事。章太炎谓老子与孔子开创的中国史学传统极为注重人事，而非鬼神，非宗教，善于总结国家社会人事变迁中的经验教训。以二十四史、十通与《资治通鉴》为代表的中国史学是历史资鉴之学的代表。

史学公理具有特殊性，与自然科学的公理性质并不一样。因为它们的研究对象不同。前者为人，为社会，后者为物，为自然。章太炎认为史学"公理"只是大体而已，并不精确，不能四处套用，只有启发、借鉴、鼓舞的作用。社会科学的所谓"公理"更不能随意套用在历史事实上。因为社会科学的"公理"难以穷尽事实经验，况且事实经验本身具有强烈的时空属性与文化属性。

章太炎探索老子与孔子的史学思想，具有强烈的现实指向性，那就是对深受西方影响的新史学进行反思与批判。

---

① 章太炎国学讲演录 [M]. 诸祖耿，王謇，王乘六等记录. 北京：中华书局，2013：100.

② 章太炎国学讲演录 [M]. 诸祖耿，王謇，王乘六等记录. 北京：中华书局，2013：107.

③ 章太炎全集（太炎文录续编）[M]. 黄耀先，饶钦农，贺庸点校. 上海：上海人民出版社，2014：150.

第一，反思与批判新史学关于中国传统史学非科学的指责。章太炎反复强调历史真相的复杂性、历史公理的不确定性和历史因果联系的非线性，认为近代以来所谓"科学的史学"并不能穷尽这种复杂性与微妙性，因此，历史的书写必须具有多样性，而非只有说套话、备"简约"的历史书写，才是"科学"的历史书写。章太炎谓中国的历史书写方式复杂多样，大体上，主要的历史书写方式有四种，而细微的方式则不胜枚举。而西方的历史书写方式比中国少多了，因此，中国人的历史书写在全世界是最为发达的。刘知几的《史通》则第一次对中国的历史书写作了极其精密的分析。章太炎云："有人说，中国的历史，不合科学，这种话更是可笑。也不晓得他们所说的科学，是怎么样？若是开卷说几句'历史的统系、历史的性质，历史的范围'，就叫做科学，那种油腔滑调，仿佛是填册一样，又谁人不会说呢！"历史隐藏在迷雾之中，纷繁复杂，"历史本来是繁杂的，不容易整理，况且体裁又多，自然难得分析。"中国的历史书写极为发达，"别国的历史，只有纪事本末一体；中国却有纪传、编年、纪事本末、典章制度四大体，此外小小的体，更有无数。科条本来繁复，所以难得清理。"但中国人很早就对自己的纷繁复杂的历史书写进行了反思检讨，"一千二百年前，唐朝刘知几做的《史通》科判各史，极其精密，断非那几句油腔滑调去填的可比。要问谁算科学？谁不算科学呢？"历史书写未必一定要"简约"，未必只有"简约"才算"科学"，"学堂教科所用，只要简约，但不能说教科适宜的，就是科学，这个也容易了解。若说合科学的历史，只在简约，那么合了科学，倒不得不'削脚适履'，却不如不合科学的好。"通过与西方史学的比较，章太炎认为国人不可妄自菲薄，中国史学的科学性并不亚于西方。"试看别国没有编年的史，能够把希腊以来，一年一年的事，排比得清楚么？没有纪传的史，能够把不关政治的人详载史中么？至于别国的哲学史，就像中国学案一样；别国的文学史，就像中国文士传一样；那又别是一种，不能说有了这种书，正史上就可不载，这样看来，中国历史的发达，原是世界第一，岂是他国所能及的。"①

在《征信论》中，章太炎批判了"史有平议者，合于科学，无平议者，不合科学""史尚平议，不尚记事"的错误观点，对历史变迁中的因果关系的复

① 章太炎演讲集 [M]. 章念驰编订. 上海：上海人民出版社，2011：57.

杂性做了申论，对生搬硬套社会科学理论与只讲事实的两种错误偏向都进行了批评。章太炎云："近世鄙倍之说，谓史有平议者，合于科学，无平议者，不合科学。案史本错杂之书，事之因果，亦非尽随定则。纵多施平议，亦乌能合科学耶？若夫制度变迁，推其沿革；学术异化，求其本师；风俗殊尚，寻其作始。如班固、沈约、李淳风所志，亦可谓善平议矣。而今世之平议者，其情异是。上者守社会学之说而不能变，下者犹近苏轼《志林》、吕祖谦《博议》之流，但词句有异尔。盖学校讲授，徒陈事状，则近于优戏。不得已乃多施平议，而已不能自知其故。藉科学之号以自尊，斯所谓大愚不灵者矣！又欲以是施之史官著作，不悟史官著书，师儒口说，本非同剂。惟有书志，当尽考索之功。其论一代政化，当引大体而已。若毛举行事，订其利病，是乃科举发策之流，违于作述之志远矣。彼所持论，非独闇于人事，亦不达文章之体。"①

第二，反思与批判新史学生搬硬套西方社会科学理论的研究范式。章太炎批评西方社会科学理论并不能随意套到中国历史头上。"别国人讲的社会学，虽则也见得几分因果，只是他这个理，总合不上中国的事，又岂可任他瞒过么？"②《社会通诠商兑》则对西方社会科学理论不能适宜中国作了极为详尽的检讨。章太炎认为社会科学与自然科学具有根本不同的属性，因为他们的研究对象根本不同。"社会之学，与言质学者殊科，几何之方面，重力之形式，声光之激射，物质之化分，验之彼土者然，即验于此土者亦无不然。若夫心能流衍，人事万端，则不能据一方以为权概，断可知矣！"西方社会学产生时间太短，对西方本土的事实经验都没有研究通透，而即使是对西方本土经验有通透的研究，在此基础上产生的理论也未必能够推测将来一定如此，推测其他地方一定如此。"社会学之造端，实惟殑德（今译"孔德"，1798—1857），风流所播，不逾百年，固虽专事斯学者，亦以为未能究竟成就。盖比列往事，或有未尽，则条例必不极成。以条例之不极成，即无以推测来者。夫尽往事以测来者，犹未能得什之五也，而况其未尽耶？"章太炎批判英人甄克斯（Edward Jenks，1861—1939）所著《社会通诠》所谓三种社会形态（图腾社会、宗法社会、军国社会）依次进化理论，认为他并没有研究东方的历史经验，"所徵乃止赤、

---

① 章太炎全集（太炎文录初编）[M]. 徐复点校. 上海：上海人民出版社，2014：51–52.
② 章太炎演讲集 [M]. 章念驰编订. 上海：上海人民出版社，2011：57.

黑野人之近事，与欧、美、亚西古今之成迹，其自天山以东，中国、日本、蒙古、满洲之法，不及致详，盖未尽经验之能事者。"章太炎进一步批判了严复生搬硬套到中国来的错误，"严氏皮傅其说，以民族主义与宗法社会比而同之。"认为甄克斯的社会形态理论在研究方法方面存在严重问题，更不能用它来套中国的历史事实，"夫学者宁不知甄氏之书，卑无高论，未极考索之智，而又非能尽排比之愚，固不足以悬断齐州之事。"①

第三，反思与批判新史学关于中国传统史学乃为帝王将相家谱的指责。近代中国新史学批判中国传统史学为"帝王将相家谱"，是专制史学、英雄史学，不是民主史学、国民史学。章太炎批驳这种论调，认为这是完全脱离中国历史语境的说法，属于妄论古人是非。因为中国的历史书写方式恰恰重在人文人事，而非宗教鬼神，不用教主诞辰纪年，而按帝王朝代排次，并非缺点，而是优点。而且以《春秋》《史记》《汉书》为代表的优秀史学著作，都是记载人事的方方面面，"学术、文章、风俗、政治，都可考见"，并非家谱所能范围。章太炎云："有人说，中国的历史，只是家谱一样，没有精彩。又说，只载了许多战争的事，道理很不够。这种话真是可笑极了。中国并没有鬼话的宗教，历史自然依据帝王朝代排次，不用教主生年排次，就是看成了家谱，总要胜过那个鬼谱。以前最好的历史，像《春秋》《史记》《汉书》，学术、文章、风俗、政治，都可考见，又岂是家谱呢？"②

第四，反思与批判新史学关于史学无用的指责。章太炎向来认为，史学非但有用、而且有大用，不仅是国家土地、疆域、财富的契券；也是洞悉社会变迁，使人明智的利器；亦可以"激励种姓，增进爱国的热肠"，让衰败的、已经死亡的或濒临死亡的国家起死回生，有救亡图存、民族复兴的重要价值。"可笑那班无识的人，引了一个英国斯宾塞的乱话，说历史载的，都是已过去的事，譬如邻家生了一只小猫，问他做什么？不晓自己本国的历史，就是自己家里，并不是邻家，邻家就是外国，外国史也略要看一看，何况本国史呢！过去的事，看来像没有什么关痛痒，但是现在的情形，都是从过去渐渐变来。凡是看了现

---

① 章太炎全集（太炎文录初编）[M]. 上海：上海人民出版社，2014：337、336.

② 章太炎演讲集 [M]. 章念驰编订. 上海：上海人民出版社，2011：56.

在的果，必定要求过去的因，怎么可以置之不论呢！"①

　　章太炎打破老子、孔子的神圣地位，还原其史学家的本色，冲破了传统社会的思想禁锢，发生了思想解放的作用，同时并不否认老子、孔子的历史存在，也不否认其历史存在的合理性，而是从史学角度致力于挖掘其对中国传统史学与文化产生的深刻影响，在近代中国思想史与史学史上有着积极的意义。章太炎也不盲信西方史学及其背后的社会科学理论与方法，不主张否定进而抛弃中国的传统史学，认为历史书写有多种方式，没有唯一正确的方式，因此致力于挖掘传统史学的积极意义，对西方史学的理论与方法进行深入批判反思，主张在继承中国史学优秀传统的基础上进行创新。

结语

　　章太炎把老子、孔子视为"良史"，把中国优秀的史学传统与老子、孔子的史学书写与史学思想联系起来，发前人之所未发。章太炎这样做，意在对近代中国新史学之中机械模仿西方史学的东施效颦行为与西方史学本身进行批判性检思，主张继续发扬中国的优秀史学传统，在此基础上有所创新。

---

① 章太炎演讲集 [M]. 章念驰编订. 上海：上海人民出版社，2011：3、57.

第六章　忧时之学：章氏新墨学话语体系之变

子学的近代复兴从晚清开始。所谓近代复兴，特指用西学的理论与方法、用现代性的理论、观念与视野来重新认识子学，同时子学也在近代中国新的历史环境中获得了新的发展动力。由于民族危机的刺激，西学在第二次鸦片战争之后时髦起来，甲午之后西学大张，由此子学得以援西学而兴起。章太炎成为近代子学的开创者。胡适谓"到了章太炎，方才于校勘训诂的诸子学之外，别出一种有条理系统的诸子学"。① 钱穆谓"最近学者，转治西人哲学，反以证说古籍，而子学遂大白。最先为余杭章炳麟，以佛理及西说阐发诸子，于墨、庄、荀、韩诸家皆有创见"。② 许寿裳谓"章先生于诸子，初治韩非、荀卿之书，以为精到，次及墨翟、庄周，益饶妙悟"。③ 王汎森谓"章太炎正是清末提倡诸子学最力之人"。④ 墨学复兴，亦是晚清子学复兴中的重要一支。晚清革命派特别致力于墨学复兴，《民报》创刊号跻墨子为世界四伟人之一。辛亥革命前后，章太炎也一度热衷于墨学复兴。但章太炎对墨学的认识并非持之以恒，而是随着时局变化发生了三次重大转变。观察章太炎的墨学三变，可以看出章太炎的墨学研究不全是学术意义的，也是社会意义的。他以墨学来应对社会环境的变迁，借以批评政治与社会。墨学的核心主张与微言大义，在章太炎的思想体系中有着特定的政治与社会指向。

一、"侠、翟之祸，斯亦酷矣"：1904 年以前的"毁墨"

从 1891—1893 年在杭州诂经精舍写作《膏兰室札记》伊始，章太炎开始了

---

① 胡适.中国哲学史大纲 [M].北京：商务印书馆，2011：21.

② 钱穆.国学概论 [M].北京：商务印书馆，1997：322.

③ 许寿裳.章太炎传 [M].天津：百花文艺出版社，2009：99.

④ 王汎森.章太炎的思想 [M].上海：上海人民出版社，2012：178.

对子学的研究，其中包括对《墨子》的研究，主要是训诂学研究，也涉及部分的义理研究，如对墨子名学和兼爱思想的研究。《孝经本夏法说》对墨子兼爱思想进行了表彰，批判了孟子"无父"的指责。但章太炎在对《訄书》进行修订之前，主要研究、信奉的还是儒家学说。对子学尚谈不上认同。虽然《訄书》初刻本已有儒家与诸子学术平等的意向，出现了"以打破儒家正统思想统治为目标的一组先秦学术史论"，①但实际上对儒家还是更为认同。这从他对墨家非儒而为儒家所作的辩护，可以看出来。1899—1900 年间发表的《儒术真论》就是这样一篇为儒家辩护的文章。②

《儒术真论》依据《墨子·公孟》，对儒墨双方辩论的话题作了分析，批评墨子的"毁儒"。《墨子·公孟》对儒家厚葬久丧、听天由命、弦歌鼓舞、不尊天事鬼均提出批评。儒家主张"共（恭）己以待""慕父母""孔子当圣王""天为不明""无鬼神"。章太炎认为孔子最大的思想亮点就是"以天为不明及无鬼神"。"仲尼所以凌驾千圣，迈尧舜，轹（周）公旦者，独以天为不明及无鬼神而事。"章太炎批评墨子在敬天事鬼方面攻击儒家，犹如以金锥攻泰山，自不量力。针对墨家派批评儒家不信鬼神却主张隆重祭祀，章太炎认为儒家主要是藉此表示纪念而已，同时也有聚会之意。"无鬼而祭者，亦知其未尝食，而因是以致思慕。至胙肉必餍訑之者，亦以形体神识，分于二人，己在则亲之神识所分，犹在吾体，故食胙无异亲之食之也。然则祭为其名，而胙致其实。何无客而学礼无鱼胙罟之可比乎？"③

至于墨家批判儒家的"有命"，章太炎指出，儒家并非完全相信天命。在国家的治乱安危方面，儒家主张的是人为，墨子有"诬儒"之嫌。"命之为说，公孟只言贫富寿夭，而墨子后增以治乱安危，盖诬儒者矣。"儒家所谓天命，不过是指不可抗拒之因素。"所谓命者，词穷语绝，不得已之借名，其所自出，则佛氏亦以为因果，是又以祸福感应与定命合而为一，其论巧矣。"儒家认为个人有命，而国家命运则完全是人为的。"一人之命有定限，而一国之命无定限。"章太炎高度表彰儒家的天命鬼神论。"天为不明""无鬼神""一人有命，

①　姜义华. 章太炎思想研究 [M]. 北京：中国人民大学出版社，2009：82.

②　发表于 1899 年 8 月 17 日至 1900 年 2 月 10 日的《清议报》第 23-34 册。

③　章太炎经典文存 [M]. 洪治纲主编. 上海：上海大学出版社，2003：204、207.

国家无命"，这三项为"儒术所以深根宁极，无出其右者。"①

《訄书》初刻本、修订本和《检论》均对墨子的"非乐"展开了批判，但1900年刊行的《訄书》初刻本的批判是最为严厉的，②认为墨家学说之中"非乐"与儒家的冲突最大，同时也最不受人欢迎。"戾于圣哲者，非乐为大。彼苦身劳形以忧天下，以若自穀，终以自堕者，亦非乐为大。"章太炎指责"非乐"不符合人的日常之性情，不利于人的精神修养与身体健康。"喜怒生杀之气，作之者声也。故渢然去鼓，士忾怒矣。鎗然撞镈于，继以吹箫，而人人知惨悼。儒者之颂舞，熊经猿攫，以廉制其筋骨，使行不恣步、战不恣伐，惟以乐倡之，故人乐习也。无乐则无舞，无舞则薾弱多疾疫，不能处憔悴。将使苦身劳形以忧天下，是何以异于腾驾蹇驴，而责其登大行（太行山）之阪矣？""非乐"也是墨学传承中断、最终衰亡的根本原因。"嗟乎！钜子之传，至秦汉间而斩。非其道之不逮申、韩、慎，惟不自为计，故距之百年而堕。"③

墨家"非乐"不仅导致自身衰亡，而且对儒家也发生了重大的影响。章太炎指出儒家《乐经》的消亡、儒家音乐制度传承的中断，都与墨家的"非乐"有密切关系。"夫文始五行之舞，遭秦未灭。今五经可见，《乐书》独亡，其亦昉于六国之季；墨者昌言号呼以非乐，虽儒者亦鲜诵习焉。故灰烬之余，虽有窦公、制氏，而不能记其尺札也。"因此，墨家的"非乐"无异于一场灾难。"乌乎！（尹）佚、（墨）翟之祸，至自弊以弊人，斯亦酷矣。"章太炎在《水经注》中还找到了战国时期儒家受墨家"非乐"影响的证据。"《水经淇水注》：《论语比考谶》曰：'邑名朝歌，颜渊不舍，七十弟子掩目，宰予独顾，由（仲由，即子路）蹙堕车。'宋均曰：'子路患宰予顾视凶地，故以足蹙之，使堕车也。'寻朝歌回车，本墨子事，而《论语谶》以为颜渊。此六国儒者从墨非乐之证也。"④

《訄书》初刻本《尊荀》还对墨子"法禹"或"法夏"提出了批判。"自东周之季以至于禹，《连山》息，《汩作》废，《九共》绝，绝政虽在，不能无小龋。节奏无龋，惟近古之周。苟作新法而弃近古，刬以夏为万。夏，大古

---

① 章太炎经典文存 [M]．洪治纲主编．上海：上海大学出版社，2003：209–210.

② 《訄书》初刻本1894年9月开始写作，1900年1月之后完稿，1900年2月至4月刊行。1900年夏秋之间还出现补佚本。

③ 訄书初刻本重订本 [M]．朱维铮编校．上海：中西书局，2012：7.

④ 訄书初刻本重订本 [M]．朱维铮编校．上海：中西书局，2012：7–8.

之属也，名不尔雅，政不乐易，其所谓新者，民无与为新矣。墨翟眩于是，故师禹誓。"①

当然《訄书》初刻本《儒墨》篇也不是一味地对墨家提出批评意见。其对墨子"兼爱"也进行了表彰，并批判孟子指责的"无父"论。"以蔽罪于兼爱，谓之无父，君子重言之。"《訄书》初刻本对墨子"节葬""短丧"也有同情理解。认为大禹和墨翟均处于"奔命世"，时代致使墨子主张"陵谷之葬，三月之服"。"短丧"不是墨子发明的，而是三代有传承。"短丧之制，首倡于禹，后继踵于尚父。"儒家以"短丧"仅仅责备墨子是没有道理的。"以短丧言，则大禹与大公皆有咎，奚独墨翟？"②

1904 年以前，章太炎对墨家以批判为主，此时章太炎主要还是信奉儒家思想，特别是古文经学。但对儒家毁墨的过分之处有所矫正，彰显出章太炎正在转向诸子平等，包容墨学的可取之处。

二、"其道德非孔、老所敢窥视也"：1904—1914 年的"彰墨"

《訄书》重订本开始了对儒学的批判，对墨学的微扬。③ 修订后的《訄书》，在中国思想界、知识界引起最大震动的，是章太炎在近代中国首次从正面批评和斥责了孔子和孔学，对孔子和孔学的独尊地位发动了凌厉的攻势。④ 在对墨家"非乐"的认识上，对《儒墨》进行了轻微的修正。承认"古乐"并非需要完全承继，墨家的批评是有一定道理的，但仍然认为墨家完全排斥音乐是不对的。"至于古乐，亦多怪迂，诚有宜简汰者。然乐则必无可废之义。"⑤ 其实墨家并非完全排斥音乐，墨家排斥的仅仅是指统治者为音乐而劳民伤财，即"亏夺民衣食之财"，而不是有节制的音乐活动，《墨子·三辩》中所谓圣王"有乐而少"，

---

① 訄书初刻本重订本 [M]. 朱维铮编校. 上海：中西书局，2012：6.

② 訄书初刻本重订本 [M]. 朱维铮编校. 上海：中西书局，2012：7–8.

③ 据《太炎先生自订年谱》，《訄书》出版后，意多不称。1902 年 7 月后，复为删革。1904 年夏历 4 月在日本东京出版。

④ 姜义华. 章太炎思想研究 [M]. 北京：中国人民大学出版社，2009：123.

⑤ 訄书初刻本重订本 [M]. 朱维铮编校. 上海：中西书局，2012：117.

足证墨子并不排斥。

在修订《儒墨》之际，章太炎推出了《订孔》，对墨子有所张扬。对儒家圣人孔子进行了集中批判，剥去了其神圣的经学外衣，而认为墨子亦学六经，亦道六经，无非是墨子"不降志于删定六艺"，结果才导致"孔氏擅其威"。①

1905 年删订《訄书》后的《检论·原墨》除了继续表彰"兼爱"之外，对墨子"节用""非乐""短丧"有了进一步的同情理解，认同曹耀湘《墨子笺》对墨子节用、非乐、短丧的积极评价，认为"其说最为通达"。②

《检论·原墨》也增加了对"兼爱"的辩证理解，认为"兼爱"应该是"人主之道"，是统治者的事情，而非普通百姓的一般义务，更何况三代的统治者也没有谁真正做到。"且夫兼爱者，人主之道，非士民所当务也。而夏周不能兼爱。诚能兼爱，夏启不当私其奸子。"③

1906 年发表的《论诸子学》（又名《诸子学略说》）是章太炎全面表彰墨学的著作，对墨家的道德、非命、宗教和独立之学都有揄扬。④ 朱维铮对该文评价甚高。"章太炎对先秦诸子的百家争鸣怀有莫大兴趣，从戊戌到辛亥曾反复予以研究，留下许多派篇学术价值很高的论著。但论思想的明晰，文字的犀利，使过去和现状发生联系，让青年从历史中间获得知人论世的教育，则要数这一篇写得比较好。这只要看一看鲁迅的若干杂文和历史小说，胡适的《中国哲学史大纲》，便可知它对当时和后来的青年的影响。"⑤ 可见该文对墨学的表彰对鲁迅、胡适以及新文化运动产生了不小的影响，新文化运动以后的墨学大兴，当与章太炎对墨学的揄扬有关。

章太炎对墨家"非命"极为欣赏。"盖非命之说，为墨家所独胜。儒家、道家，皆言有命，其善于持论者，神怪妖诬之事，一切可以摧陷廓清，惟命则不能破。"但批评墨家对"非命"的解释是不科学的，而是实用的。墨家认为

① 訄书初刻本重订本 [M]. 朱维铮编校. 上海：中西书局，2012：115.

② 章太炎全集（訄书初刻本，等）[M]. 朱维铮点校. 上海：上海人民出版社，2014：441–442.

③ 章太炎全集（訄书初刻本，等）[M]. 朱维铮点校. 上海：上海人民出版社，2014：441.

④ 1906 年 9 月日本秀光舍铅字排印本《国学讲习会略说》收录。1906 年 9 月 8 日至 10 月 7 日《国粹学报》刊载。

⑤ 朱维铮. 走出中世纪（增订本）[M]. 上海：复旦大学出版社，2012：338.

只有"非命"，才能令人努力从事工作。"然墨子之非命，亦仅持之有故，未能言之有理也。特以有命之说，使其偷堕，故欲绝其端耳。"①近代科学论者、唯物论者多对墨家"非命"赞不绝口，章太炎开其端。

基于革命道德与现代道德的建构所需，章太炎对墨家道德称赞有加。他说，"墨子之学，诚有不逮孔、老者，其道德则非孔、老所敢窥视也。"②革命派的确视墨翟为古往今来道德第一人，希望革命者学习墨子"以自苦为极""摩顶放踵利天下而为之"的道德精神。章太炎孔、老、墨三圣并列，以墨子道德超越孔、老之上，对此后的知识界产生了重大影响。当然，章太炎本人后来又重新认同儒家道德。

辛亥革命前后，章太炎对建立宗教极具热心，认为可以借此提升革命道德，但却反对康有为建立孔教的思想，排斥孔教的功名利禄主义。章太炎更认同佛教与墨家。对墨家的宗教性加以发掘。"墨家者，古宗教家也，与孔、老绝殊者也。"认为墨子的"非命"与"尊天右鬼"均出于建立宗教的需要。但章太炎批评墨子的宗教论有重大缺陷，特别是"非乐"，于建立宗教大为不利。"凡建立宗教者，必以音乐庄严之具感触人心，使之不厌。而墨子贵俭非乐，故其教不能逾二百岁。"③此处章太炎批评墨子"贵俭"导致其宗教不能持久，但在1935年的《诸子略说》中又认为墨子的"以自苦为极"只有与宗教结合才能做到，即宗教可以使其节俭得以持久坚持。1907年至1910年期间讲授的《中国文化的根源和近代学问的发达》则非议其宗教性，批评其"尊天敬鬼"。

章太炎此时表彰先秦学术的独立之学，而非后世的中庸调和之学。《论诸子学》反复指出，"中国之学，其失不在支离，而在汗漫。"对于《韩非子·显学篇》所言"孔、墨之后，儒分为八，墨离为三，取舍相反不同，而皆自为真。"章太炎认为并非什么坏事，恰恰是学术发展的表现，是一件大好事。"当时学者，惟以师说为宗，小有异同，便不相附，非如后人之忌狭隘，喜宽容，恶门户，矜旷观也。"先秦学术为什么能够发展为繁杂的独立之学呢？章太炎认为

①　章太炎演讲集 [M]. 章念驰编订. 上海：上海人民出版社，2011：41-42.

②　章太炎演讲集 [M]. 章念驰编订. 上海：上海人民出版社，2011：42.

③　章太炎演讲集 [M]. 章念驰编订. 上海：上海人民出版社，2011：41-42.

"古学之独立者，由其持论强盛，义证坚密，故不受外熏也。"① 但在 1914 年至 1916 年的讽时之作《菿汉微言》中，章太炎又大肆批判墨学的独立之学，转为认同"徇通而少执箸"的中庸调和之学。

《论诸子学的大概》，1907 年至 1910 年讲于日本。② 对墨学的学理与名学均加以表彰。章太炎指出墨家虽然有宗教性，但其学理与名学也是相当不错的。"九流分做十家，儒家、道家、法家、名家，都有精深的道理。墨家固然近宗教，也有他的见地，《经上》《经下》两篇，又是名家的开山。这五家自然可贵了。"③

除《论诸子学的大概》之外，1907 年至 1910 年章太炎在日本还讲授了《中国文化的根源和近代学问的发达》。④ 章太炎认为墨家是儒家最大的反对派，但其"名学"与"兼爱"很有道理，其宗教就不足论。"只是尊天敬鬼，走入宗教一路，就不足论了。"⑤

1910 年编定的《国故论衡》（日本秀光社铅字排印出版）则主要对墨子名学进行了深入的系统的研究，体现在《原名》之中，同时在《明见》与《原道》之中对墨子的兼爱与尚贤也作了深入分析。主旨是揄扬墨学。《原名》对荀子与墨子的名学予以高度评价，而斥惠施、公孙龙、尹文的诡辩求胜。《原名》取印度因明学、西方逻辑学与墨家名学比较，以因明学的宗、因、喻和逻辑学的大前提、小前提、结论来解说墨家的名学逻辑。章太炎指出，"《墨经》以因为故。其立量次第，初因，次喻体，次宗，悉异印度、大秦。"⑥

《国故论衡·原道》对墨家尚贤进行了深度解读，特别是解答了老子"不尚贤"与墨子"尚贤"的真实含义，揭示二者其实是一个意思，即"循名异，审分同"，这是极其富有新意的一个解释，由此打通了道家与墨家的政治理想。章太炎激烈批评了"尚贤"过程中"名"与"实"的背离。从名实合一的角度看，墨家"尚贤"与道家"不尚贤"其实是一回事。"尚贤者，非舍功实而用人。不尚贤者，非投钩而用人。其所谓贤不同，故其名异。不徵其所谓而徵其名，犹以鼠为璞

① 章太炎演讲集 [M]. 章念驰编订. 上海：上海人民出版社，2011：36.
② 刊于 1910 年 3 月 29 日发行的《教育今语杂志》第三册。1917 年又载于《章太炎白话文》。
③ 章太炎演讲集 [M]. 章念驰编订. 上海：上海人民出版社，2011：88.
④ 刊于 1910 年 3 月 10 日印行的《教育今语杂志》第一册，1917 年又载于《章太炎白话文》。
⑤ 章太炎演讲集 [M]. 章念驰编订. 上海：上海人民出版社，2011：59.
⑥ 章太炎. 国故论衡 [M]. 北京：商务印书馆，2010：171.

矣。"①

章太炎此时批评儒学、表彰墨学，一方面固然是对康有为为代表的公羊学派过分利用儒学的反击，另一方面也出于对满清政府利用儒学维护其统治的激烈排斥，以墨学的兼爱平等的学理和提升墨学的学术地位来批儒，同时利用墨学提升革命道德，鼓舞革命精神，故而对墨学的道德与宗教加以表彰。

三、"十字军之祸，夙见于禹域矣"：1914 年以后的"批墨"

1914 年后，中华民国诞生，但并非实现了真正的民主共和，反而使章太炎遭监禁，同时第一次世界大战爆发，西方自相残杀，西方文明的弱点暴露无遗，西方文明的可法性受到严重质疑。这一切使得章太炎的思想发生了重大变化，对西方文明开始反思批判，原先与西学关联较大、被认为类似中国西学的墨学，也受到章太炎的质疑批判，认为墨学会导致宗教战争，并不会带来真正的世界和平。1915 年开始的新文化运动对儒家文化过分批判，致使章太炎转而开始思考儒家价值系统的合理性。1931 年以后日本对中国加紧侵略，致使章太炎的民族危机意识日益强烈，因此章太炎呼吁学术界不要再斤斤计较于《墨经》的解释，而应该高度重视儒家经典中的民族主义与中国历史的学习，以挽救空前严重的民族危机。

章太炎对墨学的重新批判从《菿汉微言》开始。《菿汉微言》系 1914 年至1916 年在遭袁世凯禁锢期间与弟子吴承仕的谈话。②1917 年章太炎自述其《菿汉微言》"作于忧愤之中"，"虽多言玄理，亦有讽时之言"。③对墨子兼爱、尚同、尊天、明鬼、非乐、非攻等基本主张展开了全面批判。此时章太炎不再表彰独立执著之学，而认同"徇通而少执箸"的学术与宗教。"中国之民徇通而少执箸，学术、宗教善斯受之，故终无涉血之争。"墨子与众不同的独特思想受到严厉批判，特别是其天志、尚同和非攻的思想，墨学的宗教性开始遭到激烈批判，认为墨家思想只会导致宗教战争，而不会赢得和平。"独墨子主兼爱、尚同、尊天、明鬼，而一人一义在所必诛。其言非攻，亦施于同义者尔，

---

① 章太炎 . 国故论衡 [M]. 北京：商务印书馆，2010：160.

② 由吴承仕疏记笔录。先有北京铅印本，后收入 1919 年浙江图书馆《章氏丛书》再版本。

③ 章太炎 . 菿汉三言 [M]. 虞云国校点 . 上海：上海书店出版社，2011：73.

苟与天志殊者，必伐之，大戮之。此庄生所谓中德者已。庄生云'为义偃兵，造兵之本'。何者？常战所因，徒为疆易（域）财利之事，胜负既决，祸亦不延。而为宗教战争者，或亘数百年而不已。常法偃兵如向戌、宋钘所为，或无大效，要之亦无害耳。其为天志大义而偃兵者，非徒无效，又因以起宗教战争。是以为兵之本，卒以非乐之故，其道大戮，墨学不用于世。自不然者，墨子之教实与天方基督同科，而十字军之祸，夙见于禹域矣。"道家对儒家的批判——"为义偃兵，造兵之本"被章太炎用于攻击墨家，墨家其实是从利的角度来说服统治者必须和平的，章太炎此中对墨学"非攻"主张的批评有点深文罗织、危言耸听的味道。章太炎认为"墨子造攻之见，见其《非儒》诸篇。前此孔、老并生，外有子产之流，已见法家端绪，而未尝以同异相争也。自墨子强欲为同，始与儒家为敌，名为非攻，岂非造攻之首乎？幸其不用，未至兴戎也。"① "名为非攻，岂非造攻之首"的批评对后来郭沫若批评墨家思想产生了相当影响。郭沫若作于 1943 年 8 月 6 日的《墨子的思想》也对墨子的思想作了全面批判，认为墨子"名虽兼爱而实偏爱，名虽非攻而实美攻，名虽非命而实叛命"。② 这种论断的偏激之处无异于章太炎。

1922 年的《国学概论》（又名《国学十讲》）对墨子的批评有所缓和，但不再表彰墨子的宗教思想。③《国学概论》开始否认"经典诸子"有宗教思想。"经典诸子中有说及道德的，有说及哲学的，却没有说及宗教。"中国自古以来不重宗教，中国古代的天与上帝不具有宗教性，只是政治图腾。墨家与阴阳家虽然有宗教气息，但与基督教意义的宗教仍然大相径庭。"九流十家中，墨家讲天、鬼，阴阳家说阴阳生克，确含有宗教的臭味，但墨子所谓天，阴阳家所谓'龙''虎'，却也和宗教相去很远。"但章太炎又认为"墨子本为宗教家"，似乎仍然摇摆于宗教与非宗教之间，难以裁断。当然，《国学概论》主要还是欣赏墨家的名学。"《经上》《经下》二篇，是极好的名学。"④

1923 年 12 月为张子晋《墨子大取释义》作序，章太炎对墨家"兼爱"进

---

① 章太炎 . 菿汉三言 [M]. 虞云国校点 . 上海：上海书店出版社，2011：42.

② 郭沫若 . 青铜时代 [M]. 北京：科学出版社，1957：157.

③ 系 1922 年 4 月 1 日至 6 月 7 日在上海江苏教育会讲学记录。有多种记录版本，以曹聚仁记录较有系统。曹聚仁记录本 1922 年 11 月由上海泰东图书局出版。

④ 章太炎 . 国学概论 [M]. 曹聚仁整理 . 上海：上海古籍出版社，1997：3、4、31.

行吹毛求疵的批评，认同荀子对墨子的批评意见"汲汲为天下忧不足"，认为这样必然导致墨子兼爱的不彻底，对其"杀盗非杀人"的非人道主义进行激烈批评。"墨子爱利并举，不直以衷心煦然为能事，必将多为法艺以左右民，异乎小儒无具者也。爱人之心无穷，而天地物产有极，则不足以共其求，是故以贵俭为辅。荀卿讥其汲汲为天下忧不足者，是也。忧不足愈甚，其惩盗之心亦愈亟，故《小取》言杀盗非杀人，则几以去黄稗除蝗螟相拟矣。"① 章太炎批评墨家"杀盗非杀人"的认识是"为甲忧不足，而不为乙忧不足"，即没有完全贯彻其"兼爱"主张。"墨子特自解以兼爱，顾犹以杀盗为趣，其牵于世俗之法耶？将过忧不足之心掣之也。《大取》称不得已而欲之。非欲之也，非杀臧也。专杀盗，非杀盗也。(张) 子晋以杀盗为不得已，② 所谓害之中取小者，则无倍于兼爱之义。夫知其不得已，而不知其可已，则犹忧不足之心掣之也。为甲忧不足，而不为乙忧不足，则于兼爱之道犹相伐也。"③ 其实《墨子·小取》篇中所谓的"杀盗非杀人"，是基于从概念与逻辑上区分盗与人的不同，即杀强盗不能简单地等同于犯杀人罪。《墨子·大取》篇所谓"杀一人以存天下，非'杀人'以利天下也"，"专杀臧，非杀臧也。专杀盗，非杀盗也"也与此类似，强调杀危害天下的坏人，不等于犯杀人罪。杀强盗，因特殊原因而杀特定的人，也不等同于犯杀人罪。在和平成为奢望，战争反倒是常态的战国时代，要求墨家实行取消死刑的彻底的人道主义，则是一种比墨家"兼爱"更为远离时代、不切实际的理想主义。

相对 1922 年的《国学概论》对墨家名学的表彰而言，1925 年以后成书的《菿汉昌言》开始了对墨家名学的批判。④ 孔子、荀子的名学受到推崇，惠施、公孙龙名学仍然受到批判，而墨家名学则"不论制名之则，而专以义定名"。章太炎批判墨家名学琐碎杂乱，既不全面，也不系统。"《墨经·上下》约二百条，

① 章太炎全集（太炎文录续编）[M].黄耀先，饶钦农，贺庸点校.上海：上海人民出版社，2014：146.

② 《墨子·大取》的原文是"不得已而欲之，非欲之也。（专杀臧，）非杀臧也。专杀盗，非杀盗也。"载孙诒让撰《墨子间诂》，孙启治点校，北京：中华书局，2001：408.

③ 章太炎全集（太炎文录续编）[M].黄耀先，饶钦农，贺庸点校.上海：上海人民出版社，201：147.

④ 收入 1933 年《章氏丛书续编》。

既不周遍，又无部类，是何琐碎之甚。"墨家名学没有掌握名学要领。"与制名之枢要，盖绝未一窥也。"墨家名学属于孔子批判的不知道义大体的"小辩"。"《三朝记·小辩篇》：'公曰：'寡人欲学小辩以观于政，其可乎？'子曰：'不可。夫小辩破言，小言破义，小义破道。'道小不通，通道必简。是故循弦以观于乐，足以辩风矣，尔雅以观于古，足以辩言矣。传言以象，反舌皆至，可谓简矣。夫弈固十棋之变，由不可既也，而况天下之言乎？《墨经》之说，正当时所谓小辩者。"《菿汉昌言》还肯定墨子的"尊天敬鬼"对道教的形成产生了影响。"其尊天敬鬼之义，散在黄巾道士。刘根作《墨子枕中记》，《神仙传》封衡有《墨子隐形法》一篇。孙博、刘政皆治墨术，能使身成火，没入石壁，隐三军为林木，流为幻师矣。"①

　　民族危机意识与民族主义思想是章太炎晚清以来一贯持有的核心思想，虽然辛亥革命之后一度有所缓和，但日本侵略中国，又使得章太炎对中华文明的核心价值体系和中国历史的研究灌注特别的兴趣。可以说，"没有'九一八'事件，章太炎先生也许永远从政治舞台上销声匿迹"，但"九一八"事件震惊了章太炎，"强烈的民族主义意识使他从沉寂中苏醒。"②他又开始借他一贯引以为豪的经学、子学、史学来论世，出于史亡则国亡的强烈危机感，他明显地偏爱史学，以史学包含子学与经学，大力宣传读经与读史，对子学的义理不再热衷于提倡，对极为流行的《墨经》研究也加以批评。1932年3月24日，章太炎在燕京大学讲演《论今日切要之学》。③批评学术界对考古学与《墨经》学的过分追逐，认为那并非当务之急，对《墨经》研究的批判尤为严厉。章太炎指责道，"墨子的精华仅在《尚贤》《尚同》《兼爱》《非攻》诸篇。至《经上下》《经说上下》《大小取》诸篇，实墨子的枝叶。而考墨辩者却矜矜然说某段文字合乎今日科学界中的电学，某段合于今日科学界中之力学，某段合于今日科学界中之飞艇飞机，某段系今日物理学中之定律，某段又是今日化学界之先声。似墨的神通，活像今日科学界的开山老祖一样。即使以上诸说能够成立，也不过是繁琐哲学之一流。庄子有一句话：'窜句游心于坚白同异之间，

① 章太炎.菿汉三言[M].虞云国校点.上海：上海书店出版社，2011：109、110.

② 章念驰.我的祖父章太炎[M].上海：上海人民出版社，2011：8、9.

③ 王联曾记录稿，刊载于1934年10月1日出版的《中法大学月刊》。

杨墨是已'，这样说来，非独墨子是科学专家，杨朱又何尝不然呢？《大戴礼》哀公问孔子有小辩之说，则墨子亦小辩之流也。总之其语虽然有是的地方，用起来时却不能致用。所以这班学子虽较考古史古文字学有用，然终不是今日所需要的。"① 在此，章太炎继续《菿汉昌言》对墨家名学"小辩"的批判。

1933 年 3 月 14 日，章太炎在无锡国学专门学校讲演《国学之统宗》（耿祖六记录），对墨子"兼爱"论进行了批判，重新拥护儒家的"亲爱"论，即"亲亲而仁民，仁民而爱物"。1932 年《论今日切要之学》还说《兼爱》为墨学之精华，1923 年为张子晋《墨子大取释义》作序也只是批判墨子"兼爱"的不彻底，这里却批判墨子"兼爱"的不切实际。"墨子长处尽多，儒家之所以反对者，即在'兼爱'一端。今之新学小生，人人以爱国为口头禅，此非墨子之说而似墨子。试问如何爱国？爱国者，爱一国之人民耳。爱国之念，由必爱父母兄弟而起。父母兄弟不能爱，何能爱一国之人民哉！由此可知孝弟为仁之本，语非虚作。"②

1936 年章太炎逝世当年，《制言》第 25 期《太炎先生纪念专号》收录但焘《菿汉雅言札记》。③《菿汉雅言札记》主要批判墨子宗教论的诡异之处。一般的宗教均注重音乐的功能，但墨子宗教论却贵俭非乐，确属独异，章太炎指为墨教不能长久的密钥所在。"凡立宗教者，必以音乐庄严之具，感触人心，使之不厌。而墨子贵俭非乐，故其教不能踰二百岁。"④ 其实在《訄书》初刻本、修订本与《检论》章太炎还谈到了墨子非乐对儒家的深刻影响，以致六经丧失《乐经》。

1935 年所讲的《诸子略说》，⑤ 继续《检论·原墨》对墨子"兼爱"的批判。《检论·原墨》认为"兼爱"乃"人主之道"，非"士民所当务"。《诸子略说》也认为，"夫兼爱之道，乃人君所有事，墨子无其位而有其行，故孟子斥为无父。汪容甫（汪中）谓孟子厚诬墨子，实非知言。这就与《訄书》初刻本、修订本对孟子的批评，为墨子的平反大不一样。《检论·原墨》没有明显表彰孟子，而《诸子略说》明显批评汪中与墨子，而推许孟子。《诸子略说》也继续批判

---

① 章太炎演讲集 [M]. 章念驰编订. 上海：上海人民出版社，2011：301.

② 章太炎国学讲演录 [M]. 耿祖六，王謇，王乘六，等记录. 北京：中华书局，2013：3.

③ 其后但焘进一步增补编排，1948 年 11 月与 1949 年 1 月刊于《国史馆馆刊》第 1 卷第 4 期和第 2 卷第 1 期上。

④ 章太炎. 菿汉三言 [M]. 虞云国校点. 上海：上海书店出版社，2011：110.

⑤ 1935 年 9 月章氏国学讲习会讲学记录，耿祖六、王謇、王乘六等记录。

墨子的"尊天明鬼",认为"明鬼自是迷信。"但进步追究了墨子"尊天明鬼"的不得已的原因。"春秋战国之际,民智渐启,孔子无迷信之语,老子语更玄妙,何以墨子犹有尊天明鬼之说?"章太炎的结论是,客观环境方面,当时各国严分疆界,交通不便,思想传播不畅。主观选择方面,学派不同,师承各别,墨子远承家法(尹佚之学)。更重要的是,章太炎分析,墨家主张必须要落实到"尊天明鬼"才能得以实施。"墨子无论有无,一以自苦为极。其徒未必人人穷困,岂肯尽听其说哉?故以尊天明鬼教之,使之起信。"①

《诸子略说》对时人极为推崇的墨子科学论加以批判,认为其庞杂无系统,零碎不严密。其名学也比不上荀子的《正名》。"《经》上下又有近于后世科学之语,如'平,同高也;圆,一中同长也。'解释皆极精到。然物之形体,有勾股者,有三角者,有六觚,但讲平圆两种,一鳞一爪,偏而不全,总不如几何学,事事具备。且其书庞杂,无系统可寻,今人徒以其保存古代思想,故乐于研讨耳。其实不成片段,去《正名》远矣。"墨学由应用中求其原理,没有对原理本身的精身探讨。"所与远西不同者,远西先有原理,然后以之应用;中国反之,先应用然后求其理耳。"②

《诸子略说》不仅对墨家科学论大加批判,也继续《菿汉昌言》以来对墨家名学的琐碎、小辩的批判。章太炎认为孔子与荀子的名学但论大体,不及琐碎与诡辩。而《墨经》为名家之发端,有琐细、小辩的毛病,进一步流为名家的诡辩。"《墨经》上下所载,即坚白同异之发端。坚白同异,《艺文志》称为名家。名家之前,孔子有正名之语,《荀子》有《正名》之篇,皆论大体,不及琐细。其后《尹文子》亦然。独《墨子》有坚白同异之说,惠施、公孙龙辈承之,流为诡辩,与孔子、荀子不同。鲁哀公欲学小辩,孔子云:'弈固十棋之变,由不可既也,而况天下之言乎?'小辩,盖即坚白同异之流。小事诡辩,人以为乐。如云'火不热'、'犬可以为羊',语异恒常,眢人听闻,无怪哀

---

① 章太炎国学讲演录[M]. 耿祖六,王謇,王乘六,等记录. 北京:中华书局,2013:269–272.

② 章太炎国学讲演录[M]. 耿祖六,王謇,王乘六,等记录. 北京:中华书局,2013:273.

公乐之也。"① 章太炎对墨家小辩与诡辩的批判，其实并不符合墨学的实际。《墨经》恰好反对诡辩，《墨子·经上》主张"巧转则求其故"，即辩论一方偷换概念或转移论题，墨家则要求对方回归本题。《墨子·经说上》主张"法取同，观巧转"，墨家要求必须注意同一标准下的诡辩现象。墨家之辩亦非"小辩"，《墨子·小取》严正指出，"夫辩者，将以明是非之分，审治乱之纪，明同异之处，察名实之理，处利害，决嫌疑。"② 墨家十论完全是大是大非之辩决非"小辩"，所谓墨派齐诵的《墨经》，也是墨家学说简明扼要的总结与墨学立基的概念与方法的归纳，并非"小辩"。

四、章氏墨学话语体系变化之理路

章太炎对子学的研究并非纯粹的学术研究，学以经世是中国人文学术的重要传统。章太炎墨学研究的三次重大变化，无疑与世道时局的发展变化，同时与章太炎对世道时局变化的认识密切相关。章太炎经历了从晚清到民国，从维新变法到辛亥革命，从北洋军阀统治到南京国民政府统治，从晚清国学运动到新文化运动，从新文化运动到东方文化复兴运动，从甲午战争到1931年之后日本再次侵华，这些重大的历史事件，不能不对章太炎的诸子学研究，包括墨学研究，发生深刻影响。维新变法时期，章太炎追随康有为，以儒学为旗帜，鼓吹君主立宪，此时拥儒批墨。辛亥革命时期，章太炎追随孙中山，猛烈批判满清政府，高扬民族主义，主张排满光复，对社会主义与无政府主义均有好感，此时彰墨批儒。北洋政府与第一次世界大战以来，章太炎对民国政治、西方文明、世道人心均持激烈的批判意见，儒家与诸子学思想得以重新认识。而日本侵华战争的爆发，更促兴了章太炎的民族国家意识。此时归儒批墨。

章太炎墨学研究的变化与他对儒学认识的变化密切相关。其对儒学认识的变化，受制于他对满清政府、北洋政府与民国政府的认识，同时也受制于他对欧化在中国实践的认识以及欧洲文明本身的巨大变迁，章太炎对儒学认识的变化有一个从尊崇儒学，到批判儒学，到重新认同儒学的过程。与此对照，他对

---

① 章太炎国学讲演录 [M]. 耿祖六，王謇，王乘六，等记录. 北京：中华书局，2013：272–273.

② 王讚源主编. 墨经正读 [M]. 上海：上海科学技术文献出版社，2011：73–74、196.

墨学就有一个从批判墨学，到推崇墨学，到重新批判墨学的过程。

　　章太炎墨学研究的变化也与他的学术兴趣的变化相关。他的学术兴趣有一个从经学（古文经学），到哲学（西学、佛学与诸子学，注重义理之学），到史学（认为经学、子学亦为史学，主要偏重经学与史学）的过程。只有在哲学阶段，他才对墨学主要予以肯定彰扬。在哲学阶段，他认为经学与诸子学有异。"说经之学"为"客观之学"，"所谓疏证，惟是考其典章制度与其事迹而已，其是非且勿论也。""诸子之学"为"主观之学"，"要在寻求义理，不在考迹异同，既立一宗，则必自坚其说，一切载籍，可以供我所用，非束书不观也。"① 诸子学为中国哲学的主流。"讨论哲学的，在国学以子部为最多，经部虽有极少部分与哲学有关，但大部分是为别种目的而作的。"儒、道、法、墨、名为中国哲学主体。"至和哲学最有关系的，要算儒、道二家，其他要算法家、墨家、名家了。"② 儒、道、法、墨、名均属于义理之学。"九流分做十家，儒家、道家、法家、名家，都有精深的道理。墨家固然近宗教，也有他的见地。"③ 在史学阶段，章太炎不仅高度重视史学对挽救民族危机的功能，而且把传统的经学与子学也置于史学的架构之中。"史与经本相通，子与史亦相通。"诸子均与历史有关，"要之九流之言，注重实行，在在与历史有关，墨子、庄子皆有论政治之言，不似西洋哲学家之纯谈哲学也。"在史学阶段，章太炎严厉批判哲学为清谈，但祸害比清谈更严重。"今之哲学，与清谈何异。讲哲学者，又何其多也。清谈简略，哲学详密，此其贻害，且什百于清谈。"章太炎批判当时的哲学没有坚持，过分"徇己逐物"，与国家安危、世道人心有害无益。"古人有言：'智欲圆而行欲方。'今哲学家之思想打破一切，是为智圆而行亦圆，徇己逐物，宜其愈讲愈乱矣。"④

　　章太炎维新变法时期归宗儒学，竭力尊孔，确实受康有为的影响，以致在他脱离康、梁两年多后（1899 年）所写的《儒术真论》中还可以看出这一痕迹。"他说：'（孔子）始元获麟，而河图不出，文王既衰，其言皆以共主自任，非图

① 章太炎演讲集 [M]. 章念驰编订. 上海：上海人民出版社，2011：37.
② 章太炎. 国学概论 [M]. 曹聚仁整理. 上海：上海古籍出版社，1997：30–31.
③ 章太炎演讲集 [M]. 章念驰编订. 上海：上海人民出版社，2011：88.
④ 章太炎国学讲演录 [M]. 耿祖六，王謇，王乘六，等记录. 北京：中华书局，2013：12、13.

讖妄言也。'此时犹继承今文家言，推尊孔子为中国之'共主'，则其意态可知。"①

但章太炎的少年学历主要是专注经史，长期浸润于儒学之中。"余少年独治经史、《通典》诸书，旁及当代政书而已，不好宋学，尤无意于释氏。"虽好先秦诸子，但主要是老庄，且未精读。"余虽少好周秦诸子，于老庄未得统要，最后终日读《齐物论》，知其多于法相相涉。"章太炎治儒学主要是古文经学，"余治经专尚古文"，与其师俞樾有异。"先师俞君，襄日谈论之暇，颇右公羊。"②但有段时间，对公羊学亦有一定的好感。

辛亥革命时期，章太炎对儒家的信任度降到最低。此一时期他开始致力于子学、西学与佛学等义理之学的研究，墨学的研究正开始于此时。此一时期正是章太炎的彰墨时期。彰墨主要是出于救亡图存与排满革命所需要。章太炎认为只有"宗教"与"国粹"才能提升国民道德，激发民族意识。"至于今日办事的方法，一切政治、法律、战术等项，这都是诸君已经研究的，不必提起。依兄弟看，第一要在感情，没有感情，凭你有什么百千万亿的拿破仑、华盛顿，总是人各一心，不能团结。""要成就这感情，有两件事最要的：第一，是用宗教发起信心，增进国民的道德；第二，是用国粹激励种姓，增进爱国的热肠。""近日办事的方法，全在宗教、国粹两项。"③墨学恰好具备了如此两点。既是国粹，又有宗教性。当时革命派鼓吹的古学复兴运动（国粹主义运动），其国粹学或古学主要指的就是先秦诸子学。而墨家的兼爱、贵义、平等、吃苦、牺牲精神正是国粹派所彰扬的革命道德与民族精神。革命派的古学复兴运动，即是子学复兴运动。章太炎对墨学、庄子学、法家之学、名学、佛学的研究正在此时兴起。"在两千年来独尊儒家、废黜百家的束缚下，他致力于儒家的异端——子学的研究。他认为中国学术导源于周秦诸子，言玄理，他以为孔子不如老庄；言名学，墨子、荀子优于前儒，故在名法上他推重荀卿、韩非，在哲理上他推重庄周，他把孔子仅仅当作百家中的一家去讨论，这在清末思想界是非常'恣'言的。"④章太炎也认为社会主义是中国的特长，"至于中国特别优长的事，欧美各国所

---

①　王汎森 . 章太炎的思想 [M]. 上海：上海人民出版社，2012：170.

②　章太炎 . 菿汉三言 [M]. 虞云国校点 . 上海：上海书店出版社，2011：191–192.

③　章太炎演讲集 [M]. 章念驰编订 . 上海：上海人民出版社，2011：2–3、8.

④　章太炎 . 国故论衡 [M]. 北京：商务印书馆，2010：277.

万不能及的，就是均田一事，合于社会主义。""其余中国一切典章制度，总是近于社会主义，就是极不好的事，也还近于社会主义。""我们今日崇拜中国的典章制度，只是崇拜我的社会主义。"而墨家思想恰恰恰正是国粹派与革命派认为最与社会主义契合的思想。与维新派尊崇儒家不同，革命派开始对儒家进行严厉批判，章太炎认为"孔教最大的污点，是使人不脱富贵利禄的思想。"儒教精神与革命背道而驰，"我们今日想要实行革命，提倡民权，若夹杂一点富贵利禄的心，就像微虫霉菌，可以残害全身，所以孔教是断不可用的。"①

辛亥革命时期，章太炎批儒扬墨，也与清代中期以来的子学复兴有关，清中期虽然主要以子证经，但随着民族危机的不断深化，子学研究得以不断突破经学的限制，而子学对儒学的新评价必然会影响对儒学的重新估定。"自清代中期以来，诸子学兴起，太炎承染其风，撼诸子所载孔子事迹而信为孔子真史。"②《墨子》的《公孟》与《非儒》篇对儒家就有异常激烈的批判，其关于儒家的史料也与他书大不相同。章太炎的《儒术真论》就是据《墨子》的《公孟》篇而探讨儒家的真实思想。章太炎在《訄书·订孔》中认为"孔氏闻望之过"，其儒家后学"孟、荀道术皆踊绝孔氏"。孔子不过是"古良史"而已。③

章太炎的批儒扬墨，还与当时康有为极力提倡的新教改革——创立孔教有关，康有为提倡保皇立宪，反对排满革命，章太炎则强烈主张排满革命，激烈地批判孔教，认为孔教不合于中国革命所需，"他用了一个奇特的方法对'孔教'作釜底抽薪方式的攻击——'诋孔'。"④而墨教则被认为是下层人民的宗教，具有对统治者的反抗性，有助于革命精神的培育。

1914年后的批墨与抑墨，与章太炎所经历的国内外形势的重大变化密切相关。由于西方国家发生了第一次世界大战，而仿照西方文明建立的中华民国并没有真正在中国落地生根，反而导致章太炎本人受到袁世凯政府的监禁，这种独特的国内外气氛，触动了章太炎对西方文明的重新思考，西方文明宣称它们的价值系统是平等、博爱、和平、自由、民主，在第一次世界大战之前还召开

① 章太炎演讲集 [M]. 章念驰编订. 上海：上海人民出版社，2011：7、3.
② 王汎森. 章太炎的思想 [M]. 上海：上海人民出版社，2012：178.
③ 章炳麟. 訄书初刻本重订本 [M]. 朱维铮编校. 上海：中西书局，2012：115、116.
④ 王汎森. 章太炎的思想. 上海：上海人民出版社，2012：177.

了频繁的国际和平会议，但实际上接踵而来的却是空前惨烈的利益之争与自相残杀。这使得章太炎对过去学界流行的关于西方文明的美化认识不得不加以怀疑与修正，西方文明为文明的代名词，西方文明能够挽救中国的民族危机，中国应该放弃自己的文明而完全学习西方文明，这样的论调重新受到章太炎严厉的审视。更由于洋务运动以来流行"西学源于墨学""墨学即西学"的观点，这使得章太炎对墨学的评价也在此时发生根本变化。《菿汉微言》所谓墨家持有的兼爱、非攻、平等、尚同、天志等主张会导致宗教战争的新想法，就应该是这种重新思考的产物。

由于民国的民主共和体制徒具虚名，北洋政府又倡导尊孔读经，康有为等人也倡导孔教运动，新文化派认为这一切的总根源在于儒学，必须拆除儒学的招牌，捣毁儒学的店面，因此新文化运动对儒学进行了空前的责难与批判，墨学则借此机会得以进一步张扬，胡适、梁启超、钱玄同、易白沙、王桐龄、栾调甫、方授楚、陈柱等皆致力于墨学研究，一时读墨盛行，特别是在"赛先生"的引领下出现了一股墨经研究热潮，以致有人认为新文化派"在打倒孔家店之余，欲建立墨家店"。① 对儒学过分批判、对墨学与墨经的热衷，致使已经对西方文明有重大怀疑的章太炎进一步疏离墨学，进而全面批判墨学。

1931 年之后日本加紧侵华带来的空前严重的民族危机，使得章太炎更加认同儒学，强调经书之中蕴含的民族大义与国性修养之道，并更加强调史学的经世功能，反对对古史与古文字一味考据，强调史学培养爱国心的独特作用，也反对一味研究墨学、表彰墨辩，认为墨家名学不过"小辩"而已，墨家"科学"则根本不成系统。他批评"今日之学风""日惟以考古史、古文字学，表彰墨辩之说是尚，反弃目前切要之学而不顾。此风若长，其害殊甚，速矫正，以免遗误于将来。"史学为应对民族危机最重要的学问，"今日切要之学是什么？曰历史也。"因为我们正处于一个国家兴亡的关键时刻，"今当世界在较任何时期为严重的时候，历史上之陈迹即为爱国心之源泉，致用时之棋谱。其系于一国之兴亡为用尤钜，故史志乃今日切要之学也。"② 史学不仅关系到一般国

① 郭沫若. 十批判书 [M]. 北京：人民出版社，1954：412.

② 章太炎国学讲演录 [M]. 耿祖六，王謇，王乘六，等记录. 北京：中华书局，2013：300-303.

民的爱国心之培育，更关系到青年之责任意识的养成与国家之前途。"现在的青年应当知道自己是什么时候的人，现在的中国是处在什么时期，自己对国家负有什么责任。这一切在史志上面全部都可以找到明确的答覆。若是连历史也不清楚，则只觉得眼前混沌万状，人类在那里栖栖遑遑，彼此似无关系，展开地图亦不知何地系我国固有，何地系我国尚存者，何地已被异族侵占？问之茫然无以对者，比比然也，则国之前途岂不危哉！"史学的经世功能得到章太炎特别的强调与表彰，"不讲历史，即无以维持其国家。历史即是账簿家谱之类，持家者亦不得不读也。"①史学乃"国之特性，不可失坠者也。昔余讲学，未斤斤及此；今则外患孔亟，非专力于此不可。"②史学研究人生处世、国家兴亡之道，"历史乃归纳此种种事实，分类记载，使阅者得知国家强与弱的原因，战争胜败的远因近因，民族盛衰的变迁，为人生处世所不可须臾离者。历史又如棋谱然，若据棋谱以下棋，善运用之，必操胜算，若熟悉历史，据之以致用，亦无往而不利也。"③"据之以致用，无往而不利"可谓章太炎对史学经世功能的最高赞扬。经学、子学虽然都被章太炎归为史学范畴，但章太炎更重经学，因为经学不仅有史学的价值，还有培养民族精神的价值，因此认为"夫人不读经书，则不知自处之道；不读史书，则无从爱其国家。"④正是由于日趋严重的民族危机，才使得章太炎从哲学与子学的研究转归到史学与经学的研究。章太炎对于墨学的研究从彰扬到批评的转化，当有此一背景。

结语

　　章太炎是近代子学研究大家，但其子学研究并非纯然出于学理的考虑，而是其表达思想的一种方式，墨学研究即为其例。章太炎的墨学研究，历经1904年以前的"毁墨"、1904—1914年的"彰墨"、1914年后的"批墨"三个阶段，这种变化并非都是学术研究的结果，更重要的是受到世道时局变化感染而借学以忧时应世的产物。

---

① 章太炎国学讲演录 [M]. 耿祖六，王睿，王乘六，等记录. 北京：中华书局，2013：12.

② 章太炎国学讲演录 [M]. 耿祖六，王睿，王乘六，等记录. 北京：中华书局，2013：37.

③ 章太炎国学讲演录 [M]. 耿祖六，王睿，王乘六，等记录. 北京：中华书局，2013：302.

④ 章太炎国学讲演录 [M]. 耿祖六，王睿，王乘六，等记录. 北京：中华书局，2013：10.

第七章　章太炎与近代新庄学话语体系的建构

章太炎被胡适、钱穆等人公认为近代新子学话语体系的奠基人，其新子学话语体系，对西方的现代性进行了彻底的反思，成为对西方现代性"最为透彻的批评家之一"，[①] 同时构建中国自己的现代性，成为"中国现代性的一位主要建构人"。[②] 章氏构建新子学话语体系，"当以研究'庄学'成就为最大"。[③] 章氏被公认为近代庄学研究大家，为近代新庄学话语体系的主要奠基人，著有《庄子解故》（1909）[④]、《齐物论释》（1910）[⑤] 等庄学专著，在《菌说》《诸子学略说》《国故论衡》《菿汉微言》《国学概论》《菿汉昌言》《诸子略说》等不少论著与书信之中亦有涉及对庄子思想的阐述。[⑥] 在近代新庄学话语体系

---

① [美] 慕唯仁. 章太炎的政治哲学：意识之抵抗 [M]. 张春田，任致均等译. 上海：华东师范大学出版社，2018：188.

② 章念驰. 章太炎生平与学术 [M]. 上海：上海人民出版社，2016：699.

③ 王玉华. 多元视野与传统的合理化——章太炎思想的阐释 [M]. 上海：上海人民出版社，2018：203.

④ 1909 年 2 月 20 日至 12 月 20 日，在《国粹学报》第二、三、五、六、七、八、九、十一、十二号连载。

⑤ 初定本 1910 年写成，未即付印，1911 年修改成重定本，1912 年由频伽精舍校刊出版，初定本与重定本都收入《章氏丛书》与《章太炎全集》。

⑥ 章氏涉及新庄学话语体系建构之作尚有：《膏兰室札记》（1891–1893）、《菌说》（1899）、《诸子学略说》（《论诸子学》）（1906）、《中国文化的根源和近代学问的发达》（1907–1910）、《訄书》（初刻本 1894–1900，补佚本 1900，重订本 1902–1904）、《检论》（1914–1915）、《国故论衡》（初刻 1910，先校本 1915，校定本 1919）、《佛学演讲》（1911）、《在被袁世凯幽禁期间的国学演说》（1913）、《菿汉微言》（1914–1916）、《在四川演说之五——说忠恕之道》（1917）、《在重庆罗汉寺演讲佛学》（1918）、《研究中国文学的途径》（1920）、《国学概论》（1922）、《菿汉昌言》（1925–1933）、《说我》（1929）、《儒行要旨》（1932）、《历史之重要》（1933）、《诸子略说》（1935）、《菿汉雅言札记》（1948–1949）等。

构建之中，具有"最大贡献"①的是他的哲学专著《齐物论释》。1913 年章氏自谓其《齐物论释》的研究水平达到使庄子书中最为奥博的《齐物论》，"字字可解""可谓一字千金矣"。②1914 年 5 月 23 日，章太炎在与其婿龚宝铨的通信中，进一步声称其《齐物论释》，"千六百年未有等匹"。③当然，章太炎并非自夸，而是自信，研究者亦认为《齐物论释》，"是他生平极用心的著作""可谓石破天惊"，④属于"空前的著作"⑤"集章太炎思想的大成之作"⑥"能为研究'庄子哲学'者开一新国土"。⑦《齐物论释》不是简单地对《齐物论》进行训诂考释，而是借助《齐物论》"展开章太炎自身的哲学论述"，⑧其旨趣是"以'不齐而齐'的'一往平等'为主题，试图建立'推万类之异情，以为无味正色，以其相伐，使并行而不害'的政治哲学。"⑨

一、构建新庄学话语体系的原因

思想是社会的产物，"一切思想都是与政治紧密相关不可分割"，⑩身处"千年大变局"时代的章太炎，其构建新庄学话语体系，不仅是传承"国粹"（"上天以国粹付余"），更重要的是应对世变（"救时应务"）。

其一，回应西方列强的殖民主义、帝国主义侵略，批判西方现代性中的缺陷，如社会达尔文主义（"人与人相食"）、文明史观（"文明野蛮的见"）、文化帝国主义（文化霸权主义）、西方中心主义等。

---

① 王玉华.多元视野与传统的合理化——章太炎思想的阐释 [M].上海：上海人民出版社，2018：179.

② 章太炎自述（1869—1936）[M].文明国编.北京：人民日报出版社，2011：50、51.

③ 章太炎书信集 [M].马勇编.石家庄：河北人民出版社，2003：586.

④ 梁启超.中国近三百年学术史 [M].北京：商务印书馆，2011：283.

⑤ 胡适.中国哲学史大纲 [M].北京：商务印书馆，2011：21.

⑥ 王玉华.多元视野与传统的合理化——章太炎思想的阐释 [M].上海：上海人民出版社，2018：203.

⑦ 梁启超.清代学术概论 [M].朱维铮校订.北京：中华书局，2011：142.

⑧ [日]小林武.章太炎与明治思潮 [M].白雨田译.上海：上海人民出版社，2018：111.

⑨ [日]石井刚.齐物的哲学：章太炎与中国现代思想的东亚经验 [M].上海：华东师范大学出版社，2016：51.

⑩ 章念驰.章太炎生平与学术 [M].上海：上海人民出版社，2016：490.

西方资本主义兴起之后，要建立资本主义世界体系，开始了无休止的殖民主义扩张，让东方从属于西方，给中国带来了无穷的灾难。19 世纪末 20 世纪初的中国，正面临着被西方列强亡国灭种的危险，章太炎没有忘记西方列强在鸦片战争以后，想利用"基督教文明"来改变中国、瓜分中国这个严酷现实。①针对愈演愈烈的帝国主义侵略，以及外来思想和制度强加于本国的"文化帝国主义"的挑战，以及受到讲究公理、法则与永久模式的"文化一元论"的挑战，②章太炎心中怀有"日益高涨的愤慨"，③其构建的新庄学话语体系，是对于"人与人相食"之世的"哲学抗争"。④章太炎严厉批判西方所谓"文明史观"，不过是"怀着兽心的强国"意图灭人之国的美丽"口柄"，"文明野蛮的见，最不容易消去。无论进化论政治家的话，都钻在这个洞窟子里，就是现在一派无政府党，还看得物质文明，是一件重要的事，何况世界有许多野心家。所以一般舆论，不论东洋西洋，没有一个不把文明野蛮的见横在心里。学者著书，还要增长这种意见，以至怀着兽心的强国，有意要并吞弱国，不说贪他的土地，利他的物产，反说那国本来野蛮，我今灭了那国，正是使那国的人民获享文明幸福。这正是'尧伐三子'的口柄。"⑤

其二，批判清政府，应对中国的政治社会危机，构建中国自己的现代性。

章太炎构建新庄学话语体系，不仅批判西方列强，也批判清政府。1903 年5 月，章太炎在与康有为的通信中，批判清政府对待汉族人民始终没有改变"奴隶"待遇的实质，形式上虽然有所变化，亦不过是庄子所谓"朝三暮四"与"朝四暮三"而已，"庄生有云：狙公赋芧，朝三暮四，众狙皆怒，朝四暮三，众狙皆悦。名实未亏，而喜怒为用。此正满洲行政之实相也。"⑥章氏"以佛解庄"，也有批判清政府的味道，因为章氏认为"佛教最恨君权"。⑦

①　章太炎全集（齐物论释，等）[M]. 沈延国等点校 . 上海：上海人民出版社，2014：146.

②　章念驰 . 章太炎生平与学术 [M]. 上海：上海人民出版社，2016：713.

③　[日] 坂元弘子 . 中国近代思想的"连锁"——以章太炎为中心 [M]. 郭驰洋译 . 上海：上海人民出版社，2019：53.

④　姜义华 . 章炳麟评传 [M]. 上海：上海人民出版社，2019：466.

⑤　章太炎全集（演讲集上）[M]. 章念驰编订 . 上海：上海人民出版社，2015：158.

⑥　章太炎全集（书信集）[M]. 马勇整理 . 上海：上海人民出版社，2017：45.

⑦　章太炎全集（演讲集上）[M]. 章念驰编订 . 上海：上海人民出版社，2015：8.

章太炎构建新庄学话语体系，重点是应对"激烈的社会动荡，狂怒的革命风暴，政治、经济、教育、科学、文化等等生活的各个方面所提出的新问题"，[①]章太炎看到 19 世纪末 20 世纪初的中国处于一种"世事纷纭，人民涂炭"的状态，认为"不造出一种舆论，到底不能拯救世人"，[②]中国文化之中，"孔、老、庄生，应世之言颇广"，[③]其中，老庄学说，救世能力最大，佛法难以救世，而儒家救世能力弱，"佛法虽高，不应用于政治社会，此则惟待老庄也。儒家比之，邈焉不相逮矣。"[④]但老庄学说需要与佛学贯通，才能"救时应务"，"唯有把佛与老庄和合，这才是'善权大士'，救时应务的第一良法。"[⑤]《庄子》的救世篇章之中，章太炎特别推重《齐物论》，因为《齐物论》属于"素练其情、涉历要害"之言，"言兵莫如《孙子》，经国莫如《齐物论》，皆五六千言耳。事未至，固无以为候；虽至，非素练其情涉历要害者，其效犹未易知也。"[⑥]最终章氏以法相唯识学贯通"齐物论"，构建了中国自己的现代性方案。章氏认为中国的现代性目标要达到"齐物"（中国式平等）与"逍遥"（中国式自由）的境界，"体非形器，故自在而无对；理绝名言，故平等而咸适。"[⑦]中国现代性方案的世界图景则是"所有的个体之间的绝对平等关系之上成立的多元化世界"。[⑧]

其三，解放思想，回应维新派与无政府主义者的挑战。

章太炎建构新庄学话语体系，表彰庄子，贬抑孔子，高赞庄子为"域中四

① 姜义华 . 章太炎思想研究 .[M] 北京：中国人民大学出版社，2009：284.

② 章太炎全集（演讲集上）[M]. 章念驰编订 . 上海：上海人民出版社，2015：158.

③ 章太炎书信集 [M]. 马勇编 . 石家庄：河北人民出版社，2003：305.

④ 章太炎自述（1869—1936）[M]. 文明国编 . 北京：人民日报出版社，2011：51.

⑤ 章太炎全集（演讲集上）[M]. 章念驰编订 . 上海：上海人民出版社，2015：159.

⑥ 章太炎 . 菿汉三言 [M]. 虞云国校点 . 上海：上海书店出版社，2011：176.

⑦ 章太炎全集（齐物论释，等）[M]. 沈国延等点校 . 上海：上海人民出版社，2014：3.

⑧ ［日］石井刚 . 齐物的哲学：章太炎与中国现代思想的东亚经验 [M]. 上海：华东师范大学出版社，2016：17.

圣"，①"命世哲人"，②古之"良史"，③"大乘菩萨"，④"远睹万世"，⑤"援以夺孔子之正位"，⑥具有解放思想、启发人心的重要功能，同时"对改革派（维新派）和无政府主义者双方的意识形态作出回应"，⑦一方面是对康有为的"'张三世通三统'的今文经学理论"进行回应，⑧另一方面，对"巴黎的吴稚晖等《新世纪》无政府派"的主张进行回应。⑨

其四，庄子学说具有"理趣华深"⑩"深识进化之理"⑪"看透世情"⑫"剀切物情"⑬"曲明性相"⑭"经国济世"的内在品味。

章太炎《庄子解故》《齐物论释》《国故论衡》《菿汉微言》等论著对庄子学说评价甚高，其《庄子解故》谓庄子的"逍遥""齐物"学说，远远胜过孔子、墨子、陆九渊、王阳明的学说，"若夫九流繁会，各于其党，命世哲人，莫若庄氏，逍摇（遥）任万物之各适，齐物得彼是之环枢，以视孔（子）墨（子），犹尘垢也；

———————————

① 章太炎 . 菿汉三言 [M]. 虞云国校点 . 上海：上海书店出版社，2011：38.

② 章太炎全集（齐物论释，等）[M]. 沈国延等点校 . 上海：上海人民出版社，2014：149.

③ 章太炎书信集 [M]. 马勇编，石家庄：河北人民出版社，2003：63.

④ 章太炎 . 菿汉三言 . 虞云国校点，上海：上海书店出版社，2011：38.

⑤ 章太炎全集（齐物论释，等）[M]. 沈国延等点校 . 上海：上海人民出版社，2014：3.

⑥ 王汎森 . 章太炎的思想——兼论其对儒学传统的冲击 [M]. 上海：上海人民出版社，2018：33.

⑦ [美]慕唯仁 . 章太炎的政治哲学：意识之抵抗 [M]. 张春田，任致均，等译 . 上海：华东师范大学出版社，2018：188.

⑧ 李智富 . 世情不齐，文野异尚：章太炎庄学"内圣外王"之道发覆 [M]// 余杭章太炎故居纪念馆 . 章太炎逝世八十周年暨章太炎故居保护开放三十周年纪念文集 . 上海：上海人民出版社，2017：174.

⑨ [日]坂元弘子 . 中国近代思想的"连锁"——以章太炎为中心 [M]. 郭驰洋译 . 上海：上海人民出版社，2019：53–54.

⑩ 章太炎全集（国故论衡先校本　校订本）[M]. 王培军，马勇整理 . 上海：上海人民出版社，2017：107.

⑪ 章太炎书信集 [M]. 马勇编 . 石家庄：河北人民出版社，2003：63.

⑫ 章太炎全集（演讲集上）[M]. 章念驰编订 . 上海：上海人民出版社，2015：157.

⑬ 章太炎全集（国故论衡先校本　校订本）[M]. 王培军，马勇整理 . 上海：上海人民出版社，2017：107.

⑭ 章太炎 . 菿汉三言 [M]. 虞云国校点 . 上海：上海书店出版社，2011：38.

又况（陆）九渊、（王）守仁之流，牵一理以宰万类者哉。"① 其《齐物论释》予以庄子学说令中国所有学说不可企及的评价，谓其"远睹万世之后，必有人与人相食者，而今适其会也。"② 后来的《佛学演讲》接续了《齐物论释》的评价，"庄子只一篇话（《齐物论释》），眼光注射，直看见万世的人情"。③ 其《国故论衡》推许《齐物论》为治国理政最好的学说，"经国莫若《齐物论》"，因为《齐物论》把握了"人事之枢"，透过纷纭的"人事"现象，看到了事情的本质，"《庄子·齐物论》，则未有知为人事之枢者，由其理趣华深，未易比切，而横议之士，夸者之流，又心忌其害己，是以卒无知者。余向者诵其文辞，理其训诂，求其义旨，亦且二十余岁矣，卒如浮海不得祈向，涉历世变，乃始謋然理解，知其削切物情。"④ 其《菿汉微言》推许庄子为中国四大圣人之一，为普度众生之"大乘菩萨"，其学说"委悉详尽"，足以拯救中国，"（周）文（王）、孔、老、庄，是域中四圣，冥会华梵，皆大乘菩萨也。文王、老、孔，其言隐约，略见端绪，而不究尽，可以意得，不可质言。至若庄生，则曲明性相之故，驰骋空有之域，委悉详尽，无隐乎尔。"⑤

二、庄子其人其书考证及评价

甲午之后，中国处于一个对自身文化日益失去自信的时代，疑经、疑子、疑史思潮接连爆发。近代中国也是一个热切向西方学习、西潮汹涌澎湃的时代，子学附益西学，故新子学思潮随之而兴。对经、史、子时代与作者的过度怀疑（章太炎谓之有"疑疾"），导致对诸子思想的阐释游谈无根、随心所欲，即章太炎所谓："盖昔人说诸子，皆先明群经史传而后为之，今即异是。皮之不存，毛将焉附耶？"⑥

就庄子其人其书而言，怀疑的重点是《庄子》其书是否都是庄子的思想，

---

① 章太炎全集（齐物论释，等）[M].沈国延等点校.上海：上海人民出版社，2014：149.

② 章太炎全集（齐物论释，等）[M].沈国延等点校.上海：上海人民出版社，2014：3.

③ 章太炎全集（演讲集上）[M].章念驰编订.上海：上海人民出版社，2015：158.

④ 章太炎全集（国故论衡先校本　校订本）[M].王培军，马勇整理.上海：上海人民出版社，2017：107.

⑤ 章太炎.菿汉三言[M].虞云国校点.上海：上海书店出版社，2011：38.

⑥ 章太炎自述（1869—1936）[M].文明国编.北京：人民日报出版社，2011：218.

特别是《外篇》与《杂篇》。当然，这种怀疑并不始于近代，而是从魏晋以来就开始了，章太炎重点点出了郭象与苏轼，章氏的看法明显与郭象、苏轼不同，他认为《庄子》其书是一个可以前后贯通的思想体系，只是有不同的话语表述方法而已，不能根据话语表述的不同，而断定不能反映庄子的思想，章氏以其对佛理的领域，分析《庄子》三篇（《内篇》《外篇》《杂篇》）完全可以会通，"内篇七首，佛家精义俱在。外篇、杂篇与内篇稍异。盖《庄子》一书有各种言说，外篇、杂篇，颇有佛法所谓天乘（四禅四空）一派。"①郭象对《庄子》的整理并不高明，"章氏认为外篇、杂篇因郭象的整理而有更多的篇章被'郭氏删去不注'，因此成了'佚篇'。"②章氏以《杂篇》中的《让王》为例，批评郭象没有把握庄子思想的真谛，"《让王》篇主人事，而推重高隐一流。盖庄子生于乱世，用世之心，不如老子之切，故有此论。郭子玄《注》，反薄高隐而重仕宦，此子玄之私臆，未可轻信。子玄仕于东海王越，招权纳贿，素论去之，故其语如此，亦弃其所也，惟大致不谬耳。外篇，杂篇，为数二十六，更有佚篇，郭氏删去不注，以为非庄子本旨。"③章氏探究庄子作《让王》之旨趣，谓其"愤奔走游说之风，故作《让王》以正之。"④更详细而言，"庄子晚出，其气独高，不惮抨弹前哲。愤奔走游说之风，故作《让王》以正之。"⑤章氏以《外篇》中的《胠箧》为例，认为庄子"恶智取力攻之事，故作《胠箧》以绝之。"⑥章氏又以《杂篇》中的《渔夫》《盗跖》为例，批评苏轼"没有弄明白其中的意旨"，⑦对庄子思想存在严重误解，"杂篇有孔子见盗跖及渔夫事，东坡以为此二篇当删。其实《渔夫》篇未为揶揄之言，《盗跖》篇亦有微意在也。"⑧

关于庄子与道家（老子）、儒家（孔子）的关系，传统的说法，是庄子属于道家，与儒家没有关系。康有为的说法是，庄子为"孔子后学""微有老学""在

① 章太炎全集（演讲集下）[M].章念驰编订.上海：上海人民出版社，2015：1012.
② 刘固盛，刘韶军，肖海燕.近代中国老庄学[M].福州：福建人民出版社，2014：436.
③ 章太炎全集（演讲集下）[M].章念驰编订.上海：上海人民出版社，2015：1012-1013.
④ 章太炎.菿汉三言[M].虞云国校点.上海：上海书店出版社，2011：175.
⑤ 章太炎全集（演讲集上）[M].章念驰编订.上海：上海人民出版社，2015：55.
⑥ 章太炎.菿汉三言[M].虞云国校点.上海：上海书店出版社，2011：175-176.
⑦ 刘固盛，刘韶军，肖海燕.近代中国老庄学[M].福州：福建人民出版社，2014：436.
⑧ 章太炎全集（演讲集下）[M].章念驰编订.上海：上海人民出版社，2015：1013.

孔子范围，不在老子范围""必孔子别有所传""孔子在老子之先"。① 章太炎的看法是，庄学不是直接源于儒学，与子夏弟子田子方没有关系，"或谓子夏传田子方，田子方传庄氏，是故庄子之学，本出儒家。其说非是。庄子所述，如庚桑楚、徐无鬼、则阳之徒多矣，岂独一田子方耶？以其推重子方，遂谓其学所出必在于是，则徐无鬼亦庄子之师耶？南郭子綦之说，为庄子所亟称，彼亦庄子师耶？"② 虽然庄子之学非直接源于儒家，但与当时影响力巨大的儒家与墨家都有一定的关系，"太史公谓庄子著书十余万言，剽剥儒、墨。今观《天下》篇开端，即反对墨子之道，谓墨子虽能独任，奈天下何？则史公之言信矣。惟所谓儒者乃当时之儒，非周公、孔子也。"章太炎的结论是，庄学主要接续老子之道，首重老子，但与老学既有联系，又有区别，"庄子自言与老聃之道不同"，同时又接续颜回之儒，"自老子之外，最推重颜子，与孔子尚有微辞，于颜子则从无贬语。"③ 与孔学既有联系，又有区别，亦道亦儒，有自己的独创性，"庄子面目上是道家，也可以说是儒家。"④

章太炎对庄子的人格与学说评价极高，谓其高出诸子之外，"览圣知之祸，抗浮云之情，盖稷下先生三千余人，孟子、孙卿、慎到、尹文皆在，而庄生不过焉。以为隐居不可以利物，故托抱关之贱；南面不可以止盗，故辞楚相之禄；止足不可以无待，故泯死生之分；兼爱不可以宜众，故建自取之辩；常道不可以致远，故存造微之谈。"⑤ 章太炎在庄学研究方面深耕多年，深有所得，批评近代庄学研究者"大柢口耳剽窃，不得其本"。⑥ 那么，庄学之本何在？章氏谓庄子的根本主张就是"自由"与"平等"，"庄子发明自由平等之义，在《逍遥游》《齐物论》二篇。'逍遥游'者，自由也；'齐物论'者，平等也。"⑦

---

① 康有为.万木草堂口说(外三种)[M].姜义华，张荣华编校.北京：中国人民大学出版社，2010：72、76、17.

② 章太炎全集（演讲集上）[M].章念驰编订.上海：上海人民出版社，2015：55.

③ 章太炎全集（演讲集下）[M].章念驰编订.上海：上海人民出版社，2015：1013、1008、1009.

④ 章太炎全集（演讲集上）[M].章念驰编订.上海：上海人民出版社，2015.337.

⑤ 章太炎全集（齐物论释，等）[M].沈国延等点校.上海：上海人民出版社，2014：3.

⑥ 章太炎自述（1869—1936）[M].文明国编.北京：人民日报出版社，2011：218.

⑦ 章太炎全集（演讲集上）[M].章念驰编订.上海：上海人民出版社，2015：335.

故章氏新庄学话语体系即围绕如何实现"自由""平等"而构建，有《齐物论》。

三、"自由之义"："逍遥游"解读

庄子的最高理想是"逍遥"，其方法是"齐物"。但何谓"逍遥"？章太炎的解释是"浅言之，逍遥者，自由之义"。[①]但"自由"又是什么？章氏指出，庄子所追求的"自由"，不是今天大家所理解的"自由"，既非法律意义上的自由，非无政府意义上的自由，亦非物质意义上的自由（"饮食男女之欲"），非情感意义上的自由（"喜、怒、哀、乐之情"），"近人所谓'自由'，是在人和人底当中发生的，我不应侵犯人底自由，人亦不应侵犯我底自由"，[②]这是法律意义上的自由，即法律规定的人权，但法律意义上的自由，受到自然与物质的限制，不是真正的自由，"逍遥云者，非今通称之自由也。如云法律之内有自由，固不为真自由，即无政府，亦未为真自由。在外有种种动物为人害者，在内有饮食男女之欲，喜、怒、哀、乐之情，时时困其身心，亦不得自由。"[③]不优先解决物质问题，法律意义上的自由也得不到保障，"人与人之间底自由，不能算数；在饥来想吃、寒来想衣的时候，就不自由了。就是列子御风而行，大鹏自北冥徙南冥，皆有待于风，也不能算'自由'。"[④]

章太炎对庄子"自由"的理解大体包含如下几层含义：其一，绝对意义上的自由（"真自由"），即"摆脱一切制度和秩序"，[⑤]不受任何限制（"无待"）。章氏言"《逍遥游》所谓'自由'，是归根结底到'无待'两字""无待，今所谓绝对。唯绝对乃得真自由"[⑥]"真自由惟有'无待'才可以做到"[⑦]"有所待而逍遥，非真逍遥也。大鹏自北冥徙于南冥，经时六月，方得高飞，又须天空之广大，扶摇羊角之势，方能鼓翼。如无六月之时间，九万里之空间，斯不

---

① 章太炎全集（演讲集下）[M].章念驰编订.上海：上海人民出版社，2015：1009.

② 章太炎全集（演讲集上）[M].章念驰编订.上海：上海人民出版社，2015：336.

③ 章太炎全集（演讲集下）[M].章念驰编订.上海：上海人民出版社，2015：1010.

④ 章太炎全集（演讲集上）[M].章念驰编订.上海：上海人民出版社，2015：336.

⑤ 汪晖.现代中国思想的兴起（下卷，第一部）[M].北京：生活·读书·新知三联书店，2015：1099.

⑥ 章太炎全集（演讲集下）[M].章念驰编订.上海：上海人民出版社，2015：1010.

⑦ 章太炎全集（演讲集上）[M].章念驰编订.上海：上海人民出版社，2015：336.

能逍遥矣。列子御风，似可以逍遥矣，然非风则不得行，犹有所待，非真逍遥也"，^①章氏"所谓真自由，就是承认'自由'是从人类到万物的本性，它推动世界变化，却不受任何限制"。^②

其二，"物各适其性"意义上的自由，即天地万物各自根据自己的天性自由发展。章氏谓"物各适其性"，对于万物而言就是一种快乐，庄子是一个非人类中心主义者，反对人类要征服自然万物，万物并非为人类而活着，所有的生命都有其存在的独特价值，生命不是一种负担，而是一种天性，具有一种天赋的价值，"物各适其性为乐，如言鹏鸟抟扶摇而上者九万里，然不能不有待于风，鲲鱼水击三千里，然不能不有待于水，惟其不知自适其性，故蜩与学鸠笑之，则庄子固未尝以身为累矣。"^③在这个意义上，庄子肯定所有生命的价值。章太炎虽然主张"物各适其性"，但他并非近代西方意义上的个人主义者，当然也不是近代中国意义上的个人主义者，"章太炎的个体概念却是建立在自身的绝对性之上的，它与国家、社会、科学、自然、公理、进化等等普遍原则构成了一种相互否定的关系。"^④

其三，非工具意义上的自由，即生命的价值超越一切价值。庄子高扬生命的价值，不把生命视为任何"形器"，生命的价值独一无二，生命存在的自由是一切自由的基础，"体非形器，故自在而无对。"^⑤

其四，超越物质意义上的自由。生命是一种存在，而且是一种可以"万化"流变的存在，永远不灭，生命的意义不仅仅是物质意义上的，更是超越物质意义上的，人类更是应该自觉追随大道，成为"神人"（"无功"），"圣人"（"无名"），^⑥"至人"（"无己"），^⑦"真人"（"不以心损道，不以人

① 章太炎全集（演讲集下）[M]. 章念驰编订. 上海：上海人民出版社，2015：1009-1010.

② 朱维铮. 走出中世纪（增订本）[M]. 上海：复旦大学出版社，2007：347-348.

③ 章太炎全集（演讲集上）[M]. 章念驰编订. 上海：上海人民出版社，2015：211.

④ 汪晖. 现代中国思想的兴起（下卷，第一部）[M]. 北京：生活·读书·新知三联书店，2015：1016.

⑤ 章太炎全集（齐物论释，等）[M]. 沈国延等点校. 上海：上海人民出版社，2014：3.

⑥ 庄子反对儒家的"圣人"，即"毁道德以为仁义""明知不可为而为之"的"圣人"，而认同道家的"圣人"，即"顺物自然""上德不德""无为而无不为"的"圣人"。

⑦ 《庄子·逍遥游》有"至人无己，神人无功、神人无名"的说法。

助天"，"天与人不相胜"①），"存在的本质并非物质性质，超越相对的现象界，而不拘泥于其物质性"②

其五，"常乐我净"意义上的自由（"证无垢识"），即人的心灵意识之中没有任何异己的力量限制人的自由（"不见幻翳"）。章氏从佛学角度解读庄子的"自由"，认为"《逍摇（遥）》一篇，纯是发挥'常乐我净'一语。学鸠、大鹏，细大有异；灵椿、朝菌，修短不齐。计以常情，则宛有胜劣，会之定分，而互为悲笑，要皆拘阂于形气之里，流转于生死之域，起止成坏，未能自在。夫唯至人无待，乘正御变，以游无穷。以无待，故无有大年、小年、大知、小知，是常德也；以无待，故无不逍摇（遥）之地，是乐德也；以无待，故绝对不二，自见平等法身，是我德也；以无待，故不见幻翳，证无垢识，是净德也。"③

如何达到"自由"？从精神修养的角度看，那就是"得其常心"，即修炼至有"不生不灭之心"。④章氏从佛学的"阿赖耶识"角度来解读庄子的"灵台"（"自我"），谓庄子所言"'灵台者有持'，就是佛法底'阿陀那识'⑤；'阿陀那'意即'持'。我们申而言之，可以说眼目口鼻所以能运动自由，都有'持之者'，即所谓'持生之本'也。"⑥章氏又从佛学的"末那识"角度来解读庄子的"常心"（"大我"或"超我"），谓《庄子》书中"'彼为己，以其知得其心；以其心得其常心'等语，是和佛法又相同的。'知'就是'意识'；'心'就是'阿陀那识'，简单说起来就是'我'；'常心'就是'菴摩罗识'（庵摩罗识，阿末那识）⑦，或称'真如心'，就是'不生不灭之心'。佛家主张打破'阿赖耶识'（阿梨耶识）⑧，以求'菴摩那（罗）识'。因为'阿赖耶识'存在，

---

① 《庄子·大宗师》有关于"真人"的详细阐述。

② ［日］小林武．章太炎〈齐物论释〉的哲学——与西洋近代思想的对抗 [M]．白雨田译．上海：上海人民出版社，2018：125．

③ 章太炎．菿汉三言 [M]．虞云国校点．上海：上海书店出版社，2011：25．

④ 庄子谓之"忘心"，即超脱"小我"（"自我"），获得"大我"（"超我"）。

⑤ "阿赖耶识"之别名。

⑥ 章太炎全集（演讲集上）[M]．章念驰编订．上海：上海人民出版社，2015：336．

⑦ 又名"真如识"，"无垢识"，"清净识"。

⑧ 又名"如来藏"。

人总有妄想苦恼；惟能打破生命之现象，那'不生不灭之心'才出现。"① 超越天下的限制（"外天下"），超越外物的限制（"外物"，"无功"，"无名"），超越生命的限制（"无己"），进而超越心灵的限制（"忘心"），才能达到"自由之极致"，"必也一切都空（坐忘），才得真自由，故后文有外天下、外物之论，此乃自由之极致也。"② 如何达到"自由"，从现实社会的角度看，"执着至自由的精神"，还要落在"容忍'自主'的社会制度"上。③ 章太炎提出的根本方法是"五无"，"要达到绝对的'自由'境界，只有在做到真正的'无待'之时，而要做到真正的'无待'，则唯有逐步做到'无政府'、'无聚落'、'无人类'、'无众生'、'无世界'"，所谓"无"，当然不是灭绝，而是超越，关键是每一个时代都有具体的现实社会条件的限制，"今日欲飞跃以至'五无'，未可得也"，④ 故对人类而言，绝对的"自由"是一个令人向往却无休止的历史过程。

四、"平等之旨"："齐物论"解读

"齐物论"是庄子获得"自由"的一种方法，何谓"齐物论"？章太炎谓"'齐物论'三字，或谓齐物之论，或谓齐观物论，二义俱通。"⑤ 浅白地说，就是"平等"的意思。庄子所言"平等"，不仅是人类平等（人人平等）、一切生命平等（众生平等）、一切事物平等（万物平等），而且要"去是非之心"（"真平等"），章氏指出，"近人所谓平等，是指人和人的平等，那人和禽兽草木之间，还是不平等的。佛法中所谓平等，已把人和禽兽平等。庄子却更进一步，与物都平等了。仅是平等，他还以为未足，他以为'是非之心存焉'尚是不平等，必要去是非之心才是平等。庄子临死有'以不平平，其平也不平'一语，是他平等的注脚。"⑥ 因此，庄子所言"平等"，是"一往平等"，即"一

① 章太炎全集（演讲集上）[M]. 章念驰编订. 上海：上海人民出版社，2015：336–337.

② 章太炎全集（演讲集下）[M]. 章念驰编订. 上海：上海人民出版社，2015：1010.

③ [日]小林武. 章太炎《齐物论释》的哲学——与西洋近代思想的对抗[M]. 白雨田译，上海：上海人民出版社，2018：124.

④ 姜义华. 章太炎思想研究[M]. 北京：中国人民大学出版社，2009：286.

⑤ 章太炎全集（演讲集下）[M]. 章念驰编订. 上海：上海人民出版社，2015：1010.

⑥ 章太炎全集（演讲集上）[M]. 章念驰编订. 上海：上海人民出版社，2015：336.

切平等"，或"绝对平等""齐物者，一往平等之谈，详其实义，非独等视有情，无所优劣，盖离言说相，离名字相，离心缘相，毕竟平等，乃合《齐物》之义。次即《般若》所云字平等性，语平等性也。其文皆破名家之执，而亦兼空见相，如是乃得荡然无阂。若其情存彼此，智有是非，虽复泛爱兼利，人我毕足，封畛已分，乃奚齐之有哉。"①

大体上说，章太炎诠释的庄子平等观大体包含以下九层含义。其一，"等视有情"意义上的平等，即一切生命，不管动物、植物，还是微生物（"几"），都是平等的，"一切有情平等"，②"等视有情，无所优劣"，③章太炎谓佛教所言"众生平等"，只讲人与动物的平等，庄子进一步拓展到人与万物的平等。

其二，"忠恕两举"意义上的平等，这是儒家意义上的平等，即人人可以竭尽忠恕，"尽忠恕者，惟庄生能之，所云齐物，即忠恕两举者也。"④

其三，"随顺人情"意义上的平等，即人人各如所愿，每个人都能够走适合自己的发展道路，"坚持是非善恶的相对性质，并非根本不讲是非善恶，它的真正含义是要求'只是随顺人情，使人人各如所愿'"，⑤"并非仅指否定人类内部等级区别的自然权利的平等，毋宁说是世界中的每一个个体各自安于自足范围内而互不干涉的多元存在论。"⑥

其四，"名相双遣"意义意义上的平等，即破除一切名（"无名"）与相（"无相"），"理绝名言（涤除名相），故平等而咸适"，⑦"名相双遣，则分别自除，净染都忘，故一真不立"，⑧"突破区分事象时所执着的语言的拘束，相对化意识为绝对的判断标准，消除人我之间的区别。"⑨

---

① 章太炎全集（齐物论释，等）[M]. 沈国延等点校. 上海：上海人民出版社，2014：5.
② 章太炎全集（演讲集下）[M]. 章念驰编订. 上海：上海人民出版社，2015：1010.
③ 章太炎全集（齐物论释，等）[M]. 沈国延等点校. 上海：上海人民出版社，2014：5.
④ 章太炎全集（演讲集上）[M]. 章念驰编订. 上海：上海人民出版社，2015：262.
⑤ 姜义华. 章太炎思想研究 [M]. 北京：中国人民大学出版社，2009：285.
⑥ [日] 石井刚. 齐物的哲学：章太炎与中国现代思想的东亚经验 [M]. 上海：华东师范大学出版社，2016：18.
⑦ 章太炎全集（齐物论释，等）[M]. 沈国延等点校. 上海：上海人民出版社，2014：3.
⑧ 章太炎全集（齐物论释，等）[M]. 沈国延等点校. 上海：上海人民出版社，2014：68.
⑨ [日] 小林武. 章太炎《齐物论释》的哲学——与西洋近代思想的对抗 [M]. 白雨田译. 上海：上海人民出版社，2018：125.

其五，"万物自得"意义上的平等，即天地万物各得自在，万物自由生长，"庄子《齐物论》出来，真是件件看成平等，照这个法子做去，就世界万物各得自在。"①相当于老子所言"天地不仁，以万物为刍狗"。

其六，"无我"（"外身"）意义上的平等，即一己与万物同化，万物与我为一，大公无私，"庄子'无我'的主张，也和佛法相同。庄子底'无我'和孔子底'毋我'，颜子底'克己复礼'也相同，即一己与万物同化，今人所谓融'小我'于'大我'之中。"②

其七，"以百姓心为心"意义上的平等，即统治者要以人民为中心（"世无工宰"，"见无文野"），允许每个人可以自由而全面发展（"人各自主"，"智无留碍"），"夫齐物者，以百姓心为心"，"哀生民之无拯，念刑政之苛残，必令世无工宰，见无文野，人各自主之谓王，智无留碍然后圣。"③

其八，"超越是非"意义上的平等，即泯绝一切是非，一切知识标准与价值标准都具有相对性，"一切本无是非。不论人物，均各是其所是，非其所非，惟至人乃无是非。必也思想断灭，然后是非之见泯也"，"必也泯绝是非，方可谓之平等耳"，④因为一切本无是非，所以"凡事不能穷究其理由，故云'恶乎然？然乎然；恶乎不然？不然乎不然'。然之理即在于然，不然之理即在于不然。若推寻根源，至于无穷，而然不然之理终不可得，故云'然于然，不然于不然'，不必穷究是非之来源也。"⑤

其九，"不齐而齐"意义上的平等，即所有事物各自都具有独一无二的价值，"不齐而齐，上哲之玄谈"，⑥"任其不齐，齐之至也"，⑦"不是要以'齐其不齐'的方式来把个体摆放在平等的一条线上，而是要给世界上存在的所有事

---

① 章太炎讲国学 [M]. 史文编. 上海：上海人民出版社，2019：70.
② 章太炎全集（演讲集上）[M]. 章念驰编订. 上海：上海人民出版社，2015：337.
③ 章太炎全集（齐物论释，等）[M]. 沈国延等点校. 上海：上海人民出版社，2014：66.
④ 章太炎全集（演讲集下）[M]. 章念驰编订. 上海：上海人民出版社，2015：1010.
⑤ 章太炎全集（演讲集下）[M]. 章念驰编订. 上海：上海人民出版社，2015：1010.
⑥ 章太炎全集（齐物论释，等）[M]. 沈国延等点校. 上海：上海人民出版社，2014：5.
⑦ 章太炎全集（齐物论释，等）[M]. 沈国延等点校. 上海：上海人民出版社，2014：68.

物各自独一无二的价值都予以承认，这是'不齐而齐'的平等"，^①"承认不平等是平等的起源，平等只存在于不平等之中，因而听任人类万物的自然变化，就是实现平等"。^②

庄子提出"齐物论"思想的原因，章太炎的分析是，从理论来源看，"老子打破万事万物的'系统'，为庄子的'齐物'思想开先河。"^③从社会实践来源看，"殆为战国初期学派纷歧，是非蜂起而作。"^④

章太炎高度推许庄子"齐物论"为"天下之鸿宝"，具有重大的理论意义与实践意义，就其理论意义而言，"疏观万物，持阅众甫，破名相制之封执，等酸咸于一味"，就其实践意义而言，"治国保民，不立中德，论有正负，无异门之衅，人无愚智，尽一曲之用，所谓衣养万物，而不为主者也。"^⑤

章太炎对"齐物论"的理论诠释，学界一般称之为章太炎的"齐物哲学"，并对这种"齐物哲学"予以高度评价。王玉华谓齐物哲学提出"'十日并出，万物皆照'的多元的世界文化存在格局"，^⑥为世界文化多元发展提供了极为有力的理论武器。王汎森谓齐物哲学，"坚持每一个体都可以拥有自己的一个标志，不必受任何首出群伦的标准所笼制，世界文化亦不必求其大同，而人类文化之最可贵处也正是在每个文化之间各有着独特性，最重要的不是去寻求统一，而是对相互间的差异抱同情的理解。"^⑦

五、"轮回之说"："不死不生"解读

章太炎认为老学与庄学的重大差异，就是庄子有"近乎佛家轮回之说"，

---

①　[日]石井刚.齐物的哲学：章太炎与中国现代思想的东亚经验[M].上海：华东师范大学出版社，2016：19.

②　朱维铮.走出中世纪（增订本）[M].上海：复旦大学出版社，2007：348.

③　王汎森.章太炎的思想——兼论其对儒学传统的冲击[M].上海：上海人民出版社，2018：36.

④　章太炎全集（演讲集下）[M].章念驰编订.上海：上海人民出版社，2015：1010.

⑤　章太炎.菿汉三言[M].虞云国校点.上海：上海书店出版社，2011：27.

⑥　王玉华.多元视野与传统的合理化——章太炎思想的阐释[M].上海：上海人民出版社，2018：193.

⑦　王汎森.章太炎的思想——兼论其对儒学传统的冲击[M].上海：上海人民出版社，2018：216.

而老子没有，庄子提出"物化"论，即人的形体可以转化为万物，而万物也可以转化为人，人与万物为一体（"万物与我为一"），"《庄子》云："若人之形者，万化而未始有极也，其为乐可胜计邪？'此谓虽有轮回而不足惧，较之'精气为物，游魂为变'二语，益为明白。"① 人与万化的相互转化，对于人而言，不应视为一种悲哀，故而根本不必害怕，而应视为一种"不可胜计"的"为乐"。章氏"以'轮回义'释庄子的'物化'之旨，并将庄子的'物化'之旨同唯识宗的'依他自起性'等视"，其真实意图是阐明"世界万物的变化之理"。② 章氏所言"薪尽火传"，乃是"佛家轮回之说"的形象比喻，"（《养生主》）其末云：'指穷于为薪，火传也，不知其尽也。'以薪喻形骸，以火喻神识，薪尽而火传至别物，薪有尽，而火无穷。喻形体有尽，而神识无尽，此佛家轮回之说也。"③

　　人在"物化"过程中如何感知到"快乐"，庄子提出"不死不生之说"，认为人必须通过修炼，获得"常心"（"不生不灭之心"），有了这此心，人方能证知"不死不生"境界，心灵修养的过程则是"外天下"（破除空间观念）—"外物"（破有情世间，即破除实体观念）—"朝彻"（顿悟）—"见独"（破除世俗观念）—"无古今"（破除时间观念）—"不死不生"（获得"不生不灭之心"）。章太炎详细解说了这一过程，"《大宗师》篇，南伯子葵问乎女偶，女偶称卜梁倚守其道三日，而能外天下；又守之七日，而能外物；又守之九日，而后能外生。已外生矣，而后能朝彻，朝彻而后能见独，见独而后能无古今，无古今而后能入于不死不生。天下者，空间也，外天下则无空间观念。物者，实体也，外物即一切物体不足撄其心。先外天下，然后外物者，天下即佛法所谓地、火、水、风之器，世间物即佛法所谓有情世间也。已破空间观念，乃可破有情世间，看得一切物体与己无关，然后能外生。外生者犹未能证到不死不生，必须朝彻而后能见独。朝彻犹言顿悟，见独则人所不见，已独能见，故先朝彻而后能见独。人为世间所转，乃成生死之念。无古今者，无时间观念，死生之

---

① 章太炎全集（演讲集下）[M]. 章念驰编订. 上海：上海人民出版社，2015：1008.

② 王玉华. 多元视野与传统的合理化——章太炎思想的阐释[M]. 上海：上海人民出版社，2018：195.

③ 章太炎全集（演讲集下）[M]. 章念驰编订. 上海：上海人民出版社，2015：1011.

念因之灭绝，故能证知不死不生矣。佛家最重现量，阳明亦称留得此心常现在。庄子云无古今，而后能入于不死不生者，亦此意也。"①庄子又用佛教的修持方法，对这一过程做了简化的解释，即打破"阿赖耶识"（相当于"自我"，"小我"），进入"菴摩罗识"（"末那识"，相当于"大我""超我"），"因为'阿赖耶识'存在，人总有妄想苦恼；惟能打破生命之现象，那'不生不灭之心'才出现。庄子求常心，也是此理。他也以为常心是非寻常所能知道的。"②

庄子的最高理想是成为"至人"或"真人"，所谓"大宗师"，乃是证知"不死不生"境界的"真人"，"《大宗师》篇有不可解处，如'真人之息以踵，众人之息以喉'。喉踵对文，自当训为实字，疑参神仙家言矣。至于其极，即为卜梁倚之不死不生，如此方得谓之大宗师。"③章太炎虽然认为庄子的"不死不生"近于佛家的"轮回"，但庄子的"不死不生"与佛家的"轮回"毕竟有别，庄子并不认为"轮回"是一种烦恼或痛苦，反而觉得是一种"遣忧"或"为乐"，佛家以摆脱"轮回"的痛苦而进入涅槃境界为最高理想，而庄子"根本没有羡慕'寂灭'即涅槃境界"。④

六、"犹晏坐也"："心斋"解读

章太炎特别推崇"心斋"，或者说"坐忘"，因为这是庄子所言"外天下""外物""朝彻""见独""无古今"的重要方法，那究竟何谓"心斋""坐忘"？章太炎的说法是，"犹'晏坐'也"，即相当于后世的"晏坐"，或者说"静坐"。庄子生活的时代，相对易达"坐忘"的境界，因为那时的人们还能做到"守礼"，而礼制中规定"坐如尸，立如齐"，后世破坏了礼制，要修炼"心斋"，必须以"晏坐"法取代，"宋儒亦多以晏坐为务。余谓'心斋'犹'晏坐'也。古者以《诗》《书》《礼》《乐》教士，《诗》《书》属于智识，《礼》《乐》属于行为。古人守礼，故能安定。后人无礼可守，心常扰扰。《曲礼》云'坐如尸，立如齐'，此与晏坐之功初无大异。常人闲无事，非昏沉，即掉举。欲救此弊，惟

① 章太炎全集（演讲集下）[M]. 章念驰编订. 上海：上海人民出版社，2015：1008-1009.

② 章太炎全集（演讲集上）[M]. 章念驰编订. 上海：上海人民出版社，2015：337.

③ 章太炎全集（演讲集下）[M]. 章念驰编订. 上海：上海人民出版社，2015：1012.

④ [日] 石井刚. 齐物的哲学：章太炎与中国现代思想的东亚经验 [M]. 上海：华东师范大学出版社，2016：24.

又晏坐一法。古人礼乐不可斯须去身，非礼勿动，非礼勿言，自不必别学晏坐。'子之燕居，申申如也，夭夭如也。''申申'，挺直之意，'夭夭'，屈曲之意，申申夭夭并举，非崛强，亦非伛偻，盖在不申不屈之间矣。古有礼以范围，不必晏坐，自然合度。此须观其会通，非谓佛法未入之时，中土绝无晏坐法也。心斋之说，与四勿（非礼勿视，非礼勿听，非礼勿言，非礼勿动）语相近，故其境界，亦与晏坐无异。"① 章太炎反对佛教未入华之前中国没有"晏坐法"的说法，认为孔子的"四勿"与庄子的"心斋"，大体相当于后世的"晏坐"。章太炎进一步在《庄子》中找到了"晏坐"的证据，"向来注《庄子》者，于'瞻彼阒者，虚室生白，吉祥止止'十二字多不了然。谓室比喻心，心能空虚，则纯白独生，然阒字终不可解。按：《说文》'事已闭门'为阒。此盖言晏坐闭门，人从门隙望之，不见有人，但见一室白光而已。此种语，佛书所恒道，而中土无之，故非郭子玄（郭象）所知也。"②

针对有人质疑"心斋""坐忘"并非"晏坐"（"静坐"），"庄周始言'心斋''坐忘'，而《论语》记孔子居不容，则圣人必无静坐息念事。"章太炎的解释是，"静坐"是"礼家恒教"（"坐如尸"），"圣人"更是常在入定之中，故孔子"四勿"、庄子"心斋"都属于"晏坐"之列，"圣人者，常在定中，何劳静坐。岂独孔子然，宗门如大鉴亦然。自非生知，焉得以是为口实？《曲礼》曰：'坐如尸。'常人不习止观，坐至一两刻许，不昏沉即妄念，昏沉者四体驰，妄念者容止变，安能如尸也！故知静坐乃礼家恒教，何容咤为异术？"③

七、"呵佛骂祖"："揶揄孔子""独称颜回"解读

《庄子》书中"揶揄孔子""独称颜回"，这是为何？关于老子、孔子、颜回与庄子的关系，章太炎有一个根本观点，认为庄子思想直接传承颜回，间接来自孔子，而孔子为老子弟子，推重老子，孔子思想深受老子影响，而庄子推重老子与颜回，都与孔子具有很大的关系，"其讥弹孔子者，凡以取便持论，

---

① 章太炎全集（演讲集下）[M].章念驰编订.上海：上海人民出版社，2015：1011.

② 章太炎全集（演讲集下）[M].章念驰编订.上海：上海人民出版社，2015：1011-1012.

③ 章太炎.菿汉三言[M].虞云国校点.上海：上海书店出版社，2011：83.

非出本意，犹禅宗之呵佛骂祖耳。"① 章太炎进而批评苏轼因为不理解这一点，故谓《庄子》杂篇《盗跖》《渔夫》为伪作，"（《庄子》）杂篇有孔子见盗跖及渔夫事，东坡（苏轼）以为此二篇（《盗跖》《渔夫》）当删。其实《渔夫》篇未为揶揄之言，《盗跖》篇亦有微意在也。七国儒者，皆托孔子之说以糊口，庄子欲骂倒此辈，不得不毁及孔子，此与禅宗呵佛骂祖相似。禅宗虽呵佛骂祖，于本师则无不敬之言。庄子虽揶揄孔子，然不及颜子，其事正同。禅宗所以呵佛骂祖者，各派持论，均有根据，非根据佛，即根据祖，如用寻常驳辨，未必有取胜之道，不得已而呵佛骂祖耳。孔子之徒，颜子最高，一生从未服官，无七国游说之风。自子贡开游说之端，子路、冉有皆以从政终其身。于是七国时仕宦游说之士，多以孔子为依归，却不能依傍颜子，故庄子独称之也。东坡生于宋代，已见佛家呵佛骂祖之风，不知何以不明此理，而谓此二篇当删去也。"②

基于老子、孔子、颜回、庄子之间的传承关系，章太炎认为老子、庄子的"无我"、孔子的"毋我"、颜回的"克己复礼"三者含义相同，都是主张"融'小我'于'大我'之中"，与佛法主张打破"阿赖耶识"以求"末那识"相同，"庄子'无我'的主张，都是主张也和佛法相同。庄子底'无我'和孔子底'毋我'，颜子底'克己复礼'也相同，即一己与万物同化，今人所谓融'小我'于'大我'之中。这种高深主张，孟、荀见不到此，原来孔子也只推许颜回是悟此道的。"③

章太炎从佛学"我爱""我慢""我见""我碍"角度诠释孔子"为仁"、颜回"克己复礼"与庄子"坐忘"境界的关系，认为庄子所言"同"（万物齐同）与"化"（万物皆化），与佛法所谓"我爱遣除""我见我碍遣除"意义相通，孔子弟子之中只有颜回能够证知"坐忘"境界，而孔子加以总结，形成"同则无好，化则无常"的修行方法，这也是庄子传承的修行方法，"依何修习而能'无意''无我'？颜回自说坐忘之境，仲尼曰：'同则无好也，化则无常也。'一切众生本无差别，是之谓同。知同，故能无好；能无好，而我爱遣除矣。结生流（《庄子》）注本是递嬗，是之谓化。知化，故达无常；达无常，而我见我碍遣除矣。是则颜回已证，仲尼为推见道之，因晓示来学，非为颜回告也。初晓颜回，但以'克

① 章太炎全集（演讲集下）[M].章念驰编订.上海：上海人民出版社，2015：1013.
② 章太炎全集（演讲集下）[M].章念驰编订.上海：上海人民出版社，2015：1013.
③ 章太炎全集（演讲集上）[M].章念驰编订.上海：上海人民出版社，2015：337.

己复礼'见端耳。凡人皆有我慢，我慢所见，一意胜人，而终未能胜己，以是自反则为自胜。自胜之谓'克己'，慢与慢消，故云'复礼'。我与我尽平等，性智见前，此所以'为仁'也。颜回庶几（贤人）之才，闻一知十，乍聆胜义，便收坐忘之效。"①

庄子之学继承老子、孔子与颜回，但老子相信可以"卫生"，而庄子主张"一死生、齐彭殇"，与老子有所不同，与孔子更是相距较远，可能与庄子对颜回的特别推重相关，"《庄子》书中，自老子而外，最推重颜子，于孔子尚有微辞，于颜子则从无贬语。颜子之道，去老子不远，而不幸短命，是以庄子不信卫生而有一死生、齐彭殇之说也。"②

八、章氏新庄学话语体系的特点

章太炎是近代新庄学话语体系的奠基人，其新庄学话语体系有开创性，对中国、东亚、乃至西方学术界都产生了一定的影响，而且这种影响越来越大。大体说来，章氏新庄学话语体系具有如下特点：以"齐物"为核心，建构中国的现代性，采用以西释庄、以佛释庄、以子释庄、以庄证老、以庄证孔等多种方法，会通古今中西之学，尤其是会通庄学与佛学、老学、孔学、荀学、韩学、西学等，前后有一定的变化，对西方现代性理论、哲学理论、社会科学理论、殖民主义、帝国主义有强烈批判。

其一，以"齐物"思想为核心构建新庄学话语体系体系。

章太炎为何以"齐物"思想为核心来建构新庄学话语体系，这是因为庄子的齐物论"与章太炎自己的思想倾向冥然相契极有关系"，其"相对主义的文化价值观"，"深契章太炎之怀，令章太炎在思想上产生了强烈的共鸣。"③章氏被称为"宣传民族革命的先锋，提倡传统国学的后殿"，④其"齐物"思想迎合了19世纪末20世纪初中国面临严重的民族危机之际批判帝国主义的强烈需求，有助于中国知识分子深刻认识殖民主义的本性，认识到文化帝国主义

---

① 章太炎. 菿汉三言 [M]. 虞云国校点. 上海：上海书店出版社，2011：34.

② 章太炎全集（演讲集下）[M]. 章念驰编订. 上海：上海人民出版社，2015：1009.

③ 王玉华. 多元视野与传统的合理化——章太炎思想的阐释 [M]. 上海：上海人民出版社，2018：180.

④ 冯友兰. 中国现代哲学史 [M]. 广州：广东人民出版社，2019：26.

的危害性，能够强化文化自信与民族认同，"齐物"为章氏社会政治思想的"最后定论"，其核心观点是，"不同的文化都有自己的标准，故不管是'文'、'野'、'愚'、'智'都没有高下之分。"①对"守旧章者"（保守主义）和"顺进化者"（西化主义）都进行了严厉批判。章氏新庄学话语体系，体现了"转俗成真"与"回真向俗"的结合，"破除一切世俗之见，上穷幼眇（幽缈），高蹈太虚，即所谓'转俗成真'；随顺故言，不因己制，下还顺百姓之情，即所谓回真向俗也。"②就其性质与意义而言，新庄学话语体系，"不仅能够敏锐分析与批判西方现代性，而且难能可贵地完成多元文化的思想表达，可说是一种特殊的中国现代性构建。"③

其二，以西释庄。

就其建构方法而言，章太炎的新子学话语体系开创了以西学（西方哲学）释子学的学术新时代，钱穆明确指出章太炎为第一人，"最近学者，转治西人哲学，反以证说古籍""以佛理及西说阐发诸子，于墨、庄、荀、韩诸家皆有创见"。④这种方法，在构建新庄学话语体系中也付诸实践，广泛征引"西哲若叔本华、密尔、康德、黑格尔之流"的论议，⑤与西方近代哲学"会通比较"。⑥章氏认为叔本华哲学主张的"存在主义"，与老庄所持"道法自然"、佛学所持"法尔道理"具有相似性，"萧宾閤尔（叔本华）于转化充足主义，忍识充足主义之外，别立存在充足主义，亦犹佛法之立法尔道理也""彼法尔道理者，即犹老庄所谓自然。"⑦章氏以大乘佛学思想为标准，比较庄子哲学与叔本华哲学，对叔本华哲学中关于"先在观念"决定"物质常在"的思想提出批判，认为叔本华哲学在破除"法执"方面不如庄子哲学，"萧宾閤尔（叔本华），彼说物质常在之律，

① 王汎森.章太炎的思想——兼论其对儒学传统的冲击[M].上海：上海人民出版社，2018：216.

② 章念驰.章太炎生平与学术（下）[M].上海：上海人民出版社，2016：915.

③ 章念驰.章太炎生平与学术（下）[M].上海：上海人民出版社，2016：699.

④ 钱穆.国学概论[M].北京：商务印书馆，1997：322.

⑤ 王玉华.多元视野与传统的合理化——章太炎思想的阐释[M].上海：上海人民出版社，2018：181.

⑥ 姜义华.章炳麟评传[M].上海：上海人民出版社，2019：451.

⑦ 章太炎全集（齐物论释，等）[M].沈国延等点校.上海：上海人民出版社，2014：56.

非实验所能知，唯依先在观念知之。然不悟此先在观念即是法执，其去庄生之见，倜乎不及远矣。"① 章太炎也以"生物进化论"和"社会进化论"审视庄子思想，发现庄子的"万物皆种也，以不同形相禅""时不可止，道不可壅"，"不与化为人，安能化人"等言说具有"进化"思想，《国故论衡》谓庄子有"生物进化论"，"'万物皆种（种子）也，以不同形相禅（传接），始卒若环（循环），莫得其伦（端倪）'（《寓言》），则万物皆递化矣。此即达尔文生物进化之说，亦即近数论细身轮转之说。"② 数论"细身轮转之说"与达尔文"生物进化之说"，相互抵触，二者与庄子的"物化"思想都有距离，章氏此处解释大有牵强。《菿汉微言》谓庄子有"社会进化论"，"孔子见老聃自言：'论先王之道，明周（周公）召（召公）之迹，一君无所钩（取）用。'老子答以'六经，先王之陈迹，时不可止，道不可壅。'此言世务日移，不可守故也。孔子三月不出，复见曰：'丘得之矣。乌雀孺（卵生），鱼傅沫（湿生），细要（腰）者化（化生），有弟而兄啼（胎生），久矣。夫丘不与化（造化）为人（偶）！不与化为人，安能化人？'老子曰：'可，丘得之矣。'此正今之进化论尔。"③ 章氏新庄学话语体系，以西释中，中西会通，"既有传统国学的特点，又有近代西学的素养，两种不同的学术方法与思维，在他身上得到了合而为一"。④ 但章氏以西释中，有时用得比较牵强，故其晚年更专注以中释中，诸子互释，经子互释，子史互释，表现在新庄学话语体系构建方面，就是以老释庄、以孔释庄、以庄释庄、以韩释庄、以荀释庄、以庄证老、以庄证孔，以庄证颜等。

　　其三，以佛解庄。

　　章太炎解读庄子思想，建构新庄学话语体系，大量采用"以佛解庄"的方

　　① 章太炎全集（齐物论释，等）[M].沈国延等点校.上海：上海人民出版社，2014：62.

　　② 章太炎全集（国故论衡先校本　校定本）[M].王培军，马勇整理，上海：上海人民出版社，2017：310.

　　③ 章太炎.菿汉三言[M].虞云国校点.上海：上海书店出版社，2011：26.

　　④ 刘固盛，刘韶军，肖海燕.近代中国老庄学[M].福州：福建人民出版社，2014：426.

法，^①"用佛教思想"来证明庄子思想和它有相通的地方，^②广泛地征引"瑜伽、华严、唯识诸经的精义"，^③特别是"用法相宗的教义"，^④即"佛家唯识宗思想"来解释《齐物论》，甚至可以说是一篇讲解"佛教唯识论"思想的文献，而庄子的《齐物论》"反倒成了例证以作陪衬"。^⑤章氏亦自言《庄子》中尚有多义，足与佛法相证"。^⑥

章太炎何以能够采用"以佛解庄"的方法？胡适认为章氏"精于佛学，先有佛家的因明学、心理学、纯粹哲学，作为比较印证的材料，故能融会贯通，于墨翟、庄周、惠施、荀卿的学说里面寻出一个条理系统"。^⑦章太炎自己又如何解释其选择"以佛解庄"的方法？章氏自言在讲读《庄子》的过程上发现《庄子》大义与佛法多有相通之处。1910 年章氏在《齐物论释》中明言"《齐物》大旨，多契佛经"，^⑧尤其是契合"唯识论"，"夫能上悟唯识，广利有情，域中故籍，莫善于《齐物论》"。^⑨1913 年章氏《自述学术次第》解释自己如何发现庄学与唯识学相通，"少虽好周秦诸子，于老庄未得统要，最后终日读《齐物论》，知多与法相相涉，而郭象、成玄英诸家悉含胡虚冗之言也。"^⑩1914—1916 年《菿汉微言》又进一步阐释了自己如何发现庄学如何与《瑜伽》《华严》相通，"为诸生说《庄子》，间以郭（象）义敷释，多不惬心，旦夕比度，遂有所得。端居深观，而释《齐物》，乃与《瑜伽》《华严》相会，所谓摩尼见光，随见异色，

---

①　黄燕强 . 由朴学转向义理——章太炎诸子学思想演变的考察 [M]// 余杭章太炎故居纪念馆 . 章太炎逝世八十周年暨章太炎故居保护开放三十周年纪念文集 . 上海：上海人民出版社，2017：37.

②　章太炎全集（齐物论释，等）[M]. 沈延国等点校 . 上海：上海人民出版社，2014：145.

③　王玉华 . 多元视野与传统的合理化——章太炎思想的阐释 [M]. 上海：上海人民出版社，2018：181.

④　章太炎全集（齐物论释，等）[M]. 沈延国等点校 . 上海：上海人民出版社，2014：144.

⑤　刘固盛，刘韶军，肖海燕 . 近代中国老庄学 [M]. 福州：福建人民出版社，2014：438.

⑥　章太炎书信集 [M]. 马勇编 . 石家庄：河北人民出版社，2003：94.

⑦　胡适 . 中国哲学史大纲 . 北京：商务印书馆，2011：21.

⑧　章太炎全集（齐物论释，等）[M]. 沈国延等点校 . 上海：上海人民出版社，2014：27.

⑨　章太炎全集（齐物论释，等）[M]. 沈国延等点校 . 上海：上海人民出版社，2014：8.

⑩　章太炎自述（1869—1936）[M]. 文明国编 . 北京：人民日报出版社，2011：51.

因陀帝纲,摄入无碍,独有庄生明之,而今始探其妙,千载之秘,睹于一曙。"①1916年3月,章氏在与许寿裳通信中谈及老庄思想如何难解,提出必须以印度佛学与西学加以诠释方能真正理解,"至于老、庄玄理,虽有纂述,而实未与学子深谈,以此土无可语耳。必索解人,非远在大秦,则当近在印度。"②

章氏以佛学"有分别智"解释"明者",以"名相"解释"明者所证",以"无分别智"解释"神者",以"真如"解释"神者所证","庄生临终之语曰:'以不平平(用不平等的方式来达到平等),其平也不平(这种平等不能算是平等);以不徵徵(用不能验证的东西来作验证),其徵也不徵(这种验证不能算作验证)。明者唯为之使(自以为聪明的人总是被别人役使),神者徵之(只有精神健全的人才符合自然)。夫明(者)之不胜神(者)也久矣(自以为聪明的人早就不如精神健全的人),而愚者恃其所见入于人(而愚昧的人还依恃他的偏见沉溺于世俗),其功外也(他的功效是背离原意的),不亦悲乎!'夫言与齐不齐,齐与言不齐,以言齐之,其齐犹非齐也。以无证验者为证验,其证非证也。明(者)则有分别智,神(者)则无分别智。有分别智,所证唯是名相,名相妄法所证,非诚证矣。无分别智所证始是真如,是为真证耳。所谓'一切众生,以有妄心,念念分别,皆不相应,离念境界唯证相应',临终乃自言其所至如此。"③

章氏以佛学"生空观"解释庄子"心斋"修炼的第一过程(从"外天下"到"外生"),以"法空观"解释庄子"心斋"修炼的第二过程(从"朝彻"到"无古今"),"外天下至于外生,则生空观成矣。朝彻,见独,至于无古今,则前后际断,法空观成矣。凡二乘(大乘与小乘),皆有生空观,无法空观。大乘有法空观者,非至七地(菩萨十地之七),犹未能证无生,此既成法空观,又入于不死不生,故知为七地尔。"④

章氏以佛学"如来藏"解释"道"之为"物",以"随顺法性"解释"无不将也,无不迎也",以"一切染法不相应"解释"无不毁也",以"究竟显实"解释"无不成也",以"依本觉有不觉,依不觉有始觉"解释"撄而后成","其

① 章太炎.菿汉三言[M].虞云国校点.上海:上海书店出版社,2011:71.

② 章太炎书信集[M].马勇编.石家庄:河北人民出版社,2003:615.

③ 章太炎.菿汉三言[M].虞云国校点.上海:上海书店出版社,2011:28.

④ 章太炎全集(国故论衡先校本 校定本)[M].王培军,马勇整理.上海:上海人民出版社,2017:315.

（道）为物，无不将（送）也，无不迎也，无不毁也，无不成也，其名为撄宁（在万物生死成毁的纷纷纭纭中保持一颗宁静的心）。撄宁者，撄而后成也。所谓物者，谓如来藏，随顺法性，故无不将迎。一切染法不相应，故无不毁，究竟显实，故无不成，依本觉有不觉，依不觉有始觉，故撄而后成。"①

章氏以佛学"入空无边处定"解释"吾丧我"，"周（庄子）数称南郭子綦，言吾（真我）丧我（达到与万物一体的忘我境界；或者说，丧失小我，成就大我），则是入空无边处定也。《大毗婆沙论》八十四云：法尔初解脱色地，名空无边处。依等流故，说此定名空无边处，谓瑜伽师从此定出，必起相似空想现前，曾闻苾刍出此定已，便举两手扪摩虚空，有见问，言汝何所觅？苾刍答曰：我觅我身。彼言汝身即在床上，如何余处更觅自身？此即'吾丧我'之说。"②更通俗一些解释，"吾丧我"就是"要求人们破除我执、法执，去掉幻我、名相，回归到'真我'，即主客不分、物我合一的至真至善的自由境界。"③

章氏以佛学"意识"解释"知"，以"阿赖耶"解释"心"，以"真如心"解释"常心"，"以其知，得其心，以其心，得其常心"（《庄子·德充符》），"知者，佛法所谓意识；心者，佛法所谓阿赖耶。阿赖耶恒转如瀑流，而真如心则无变动。常心者，真如心之谓，以止观求阿赖耶，所得犹假，直接以阿赖耶求真如心，所得乃真。"④

章氏以佛学"无尽缘起"（"由阿赖耶缘起、如来藏缘起转入无尽缘起"）解释"万物皆种"，章氏谓"'万物皆种'等语，与《华严》'无尽缘起，又同诸此'文证"，⑤"庄子说的'万物皆有种也'，你看作《易传》说的'大哉乾元，万物资始'，又说'首出庶物'，这是万物一元的话。后来又说'群

① 章太炎全集（国故论衡先校本 校定本）[M].王培军，马勇整理.上海：上海人民出版社，2017：315.

② 章太炎全集（国故论衡先校本 校定本）[M].王培军，马勇整理.上海：上海人民出版社，2017：315.

③ 黄燕强.由朴学转向义理——章太炎诸子学思想演变的考察[M]//余杭章太炎故居纪念馆.章太炎逝世八十周年暨章太炎故居保护开放三十周年纪念文集.上海：上海人民出版社，2017：37.

④ 章太炎全集（演讲集下）[M].章念驰编订.上海：上海人民出版社，2015：1012.

⑤ 章太炎.菿汉三言[M].虞云国校点.上海：上海书店出版社，2011：38.

龙无首，天德不可为首也'，这都是无尽缘起的话。自说自破。庄子也曾说一元的话，只'万物皆种也'一段，就说无尽缘起的话，仿佛佛家由阿赖耶缘起、如来藏缘起转入无尽缘起。"①

对于章氏采取"以佛解庄"的方法，学界评价甚高。钱穆谓章氏"以佛理及西说阐发诸子，于墨、庄、荀、韩诸家皆有创见"。②梁启超谓章氏"用佛学解老庄，极有理致"。③姜义华认为章氏"以佛解庄"的方法，"并非强行格义比附，而是通过对于中、印、西方哲学的体认，借助新的话语系统，可以更为深入而准确地掌握《齐物论》的根本精神。"④黄燕强认为，章氏会通佛庄，"不是要宣传佛家的出世主义，甚至不是庄子的自然主义，究其实际，乃是儒家的入世主义。"⑤

其四，以子解庄。

章太炎受子学兴起的影响"极为巨大"，其文章中，发挥子学"远多过于"发挥经学，⑥章氏认为只有子学才是学问的"堂奥"（"以真理为归宿"），只有"诸子能起近人之废"，⑦因此，章氏广泛征引"孔、颜、孟、荀、老、墨、惠施、公孙龙子等"的论议，⑧把庄学与"儒墨诸子论述"进行会通比较。⑨章氏自述其《齐物论释》就是以老解庄、以庄解庄、以荀解庄、以韩解庄。1911年7月7日，章氏在与其弟子钱玄同的通信中谈到，"仆近思老、庄、荀、韩，

---

① 章太炎书信集 [M]. 马勇编. 石家庄：河北人民出版社，2003：665.

② 钱穆. 国学概论 [M]. 北京：商务印书馆，1997：322.

③ 梁启超. 清代学术概论 [M]. 朱维铮校订. 北京：中华书局，2011：142.

④ 姜义华. 章炳麟评传 [M]. 上海：上海人民出版社，2019：451.

⑤ 黄燕强. 由朴学转向义理——章太炎诸子学思想演变的考察 [M]// 余杭章太炎故居纪念馆. 章太炎逝世八十周年暨章太炎故居保护开放三十周年纪念文集. 上海：上海人民出版社，2017：37.

⑥ 王汎森. 章太炎的思想——兼论其对儒学传统的冲击 [M]. 上海：上海人民出版社，2018：33.

⑦ 章太炎书信集 [M]. 马勇编. 石家庄：河北人民出版社，2003：237.

⑧ 王玉华. 多元视野与传统的合理化——章太炎思想的阐释 [M]. 上海：上海人民出版社，2018：181.

⑨ 姜义华. 章炳麟评传 [M]. 上海：上海人民出版社，2019：451.

真天民之秀，盖无一浮夸欺诞语，比日检此四种，能解《齐物论》矣。"①

其五，以庄证老。

《老子》一书深奥晦涩难懂，章太炎以《庄子》证老，使得《老子》一书明白可解。章氏以《庄子》详细阐述的"无我"（"丧我""坐忘""心斋"）思想证实《老子》书中亦隐含有这种思想，从而能够与《史记》中记载的老子思想相互印证。"无我之言，《老子》书中所无，而《庄子》详言之。太史公《孔子世家》：'老子送孔子曰：'为人臣者毋以有己，为人子者毋以有己'。'二语看似浅露，实则含义宏深。盖空谈无我，不如指切事状以为言，其意若曰'一切无我'，故不仅言'为人臣''为人子'而已。所以举臣与子者，就事说理，《华严》所谓'事理无碍'矣。于是孔子退而有犹龙之叹。"② 在这里，章氏论证了孔子的"无我"思想对老子的继承关系。章氏以《庄子·天下》篇"建之以常无有，主之以太一"，论证《老子》"道可道，非常道。名可名，非常名"一章确为老子的主导思想，也证明了《老子》一书确为《庄子》所言老聃的论著。《老子》第一章出现了"常无""常有"的论述，章氏谓"常无有者，常无、常有之简语也。"③ 章氏以《庄子》"坐忘"论证老子"上德不德，是以有德"的确切内涵，"盖坐忘者，一切皆忘之谓，即无所得之上德也。"④ 章氏以《庄子》"有始也者，有未始有始也者，有未始有夫未始有始也者"论证老子"天下万物生于有，有生于无"的明白内涵。⑤

其六，以庄证孔。

"以庄证孔"是章太炎新庄学话语体系的一大特色，近代中国多数学者受疑古思潮影响，多不相信《庄子》书记载的孔子思想，而是直接视为庄子或庄子后学的思想，甚至其他人的思想，而章太炎秉持老先孔后、老为孔师、"子史相通""以子解子"的原则，以庄证孔，结果发现《论语》中所言"耳顺""绝四"之旨，"居然可明，知其阶位卓绝，诚非功济生民而已。"⑥ 章氏深入研

① 章太炎全集（书信集）[M]. 马勇整理. 上海：上海人民出版社，2017：208.
② 章太炎全集（演讲集下）[M]. 章念驰编订. 上海：上海人民出版社，2015：1005.
③ 章太炎全集（演讲集下）[M]. 章念驰编订. 上海：上海人民出版社，2015：1004.
④ 章太炎全集（演讲集下）[M]. 章念驰编订. 上海：上海人民出版社，2015：1006.
⑤ 章太炎全集（演讲集下）[M]. 章念驰编订. 上海：上海人民出版社，2015：1004.
⑥ 章太炎. 菿汉三言 [M]. 虞云国校点. 上海：上海书店出版社，2011：72.

究后，发现《论语》中的孔子、颜回等人的许多言说的详细阐发居然出现在《庄子》一书里，"孔子所言著在《论语》，而深美之说翻在庄周书中。庄周述孔，容有寓言，然频频数见，必非无因，则知孔氏绪言遗教，辞旨阔简，庄生乃为敷畅其文。总纰于彼，而成文于此，事所宜有。子曰'六十而耳顺'，明为自说阶位之言，而耳顺云何，莫知其审。庄周述之则曰：'听止于耳，心止于符。孔子行年六十而六十化，鸣而当律，言而当法，利义陈于前，而好恶是非直服人之口而已矣。使人乃以心服而不敢蘁（忤），立定天下之定。'耳顺之旨居然可明。"①

其七，会通老学、孔学、庄学、佛学等。

章太炎建构新庄学话语体系，致力于会通老学、孔学、颜学、庄学、荀学、韩学、佛学、西学，尤其是会通老学、孔学、庄学与佛学，其《齐物论释》主要会通老学、庄学、荀学、韩学、唯识学，以此来批判西学与西方现代性的缺陷。其《菿汉微言》"以佛教唯识论为主体，将其与中国的老庄、孔孟等儒、道、易、玄、理学等贯通比较"，以此来寻找拯救中国的发展之道。②对于中外形势的认识，社会现实的理解，传统文化的得失，西方现代性的问题，章氏批判"东西学人之所说"，都有认识的缺陷，或浓厚的偏见，"拘者执著而鲜通，短者执中而居间，卒之鲁莽灭裂，而调和之效，终未可睹"，而以"齐物"为核心的新庄学话语体系，会通了老学、孔学、颜学、庄学、荀学、韩学、佛学、西学，则"割制大理，莫不孙（逊）顺"。③

其八，前后有一定变化。

章太炎的思想大体经历了推重儒家（古文经学）、佛学（以佛学构建"革命道德"与"国民道德"）、老庄（铸子为哲，构建中国的现代性，批判西方的现代性）、儒学（铸经为史，构建国性，铸造国魂）四个阶段，其中后三个阶段的界限并不特别明显，有交叉重叠。故其新庄学话语体系前后有一定的变化，青年时代的章太炎"在诸子之中较为关心的却并非庄子，而是《管子》"，对《庄

① 章太炎 . 菿汉三言 [M]. 虞云国校点 . 上海：上海书店出版社，2011：33–34.

② 章太炎 . 菿汉三言 [M]. 虞云国校点 . 上海：上海书店出版社，2011：前言 1.

③ 章太炎 . 菿汉三言 [M]. 虞云国校点 . 上海：上海书店出版社，2011：72.

子》的关注随着自身哲学的形成而"逐步增强"。① 大体上 1908—1920 年左右，是章氏对庄学特别重视的时期，"大致从光绪卅四年（1908）起，他认为庄子兼统佛、儒之长，而又为二家所不及。"② 从五四运动"至 1920 年代的前半段，王学取而代之成为'方便'"，"再往后是孔子——儒"。③ 黄燕强谓章氏对庄子思想的重视出现在其子学研究的第二期（义理诠释）与第三期（新经典诠释）。④ 章氏亦自言其有一个从推崇孔子为"素王""独圣"，到"倾倒佛法，鄙薄孔子、老、庄"，进一步发展到推重"老、庄"，最后又再次推重孔子的变化过程，成书于 1894—1900 年间的《訄书》初刻本谓"仲尼横于万纪""必曰周、孔""独有仲尼"，⑤ 1906 年章氏谓"提倡佛教，为社会道德上起见，固是最要；为我们革命军的道德上起见，亦是最要。"⑥ 1913 年章氏谓"佛法虽高，不应用于政治社会，此则惟待老、庄也。"⑦ 1920 年章氏谓"我从前倾倒佛法，鄙薄孔子、老、庄，后来觉得这个见解错误。"⑧ 1935 年章氏谓"今日国难当前，尊重孔子，犹为当务之急。"⑨

---

① ［日］小林武.章太炎《齐物论释》的哲学——与西洋近代思想的对抗 [M].白雨田译.上海：上海人民出版社，2018：145.

② 王汎森.章太炎的思想——兼论其对儒学传统的冲击 [M].上海：上海人民出版社，2018：36.

③ ［日］坂元弘子.中国近代思想的"连锁"——以章太炎为中心 [M].郭驰洋译.上海：上海人民出版社，2019：55、52.

④ 黄燕强.由朴学转向义理——章太炎诸子学思想演变的考察 [M]// 余杭章太炎故居纪念馆编.章太炎逝世八十周年暨章太炎故居保护开放三十周年纪念文集.上海：上海人民出版社，2017：28—29。黄燕强从子学研究方法论的视角，把章太炎的子学研究分为三期，第一期为"朴学"时期，第二期为"义理"时期，第三期为"新经典"时期。

⑤ 章太炎全集（訄书初刻本，等）[M].朱维铮点校.上海：上海人民出版社，2014：103、104.

⑥ 章太炎全集（演讲集上）[M].章念驰编订.上海：上海人民出版社，2015：8.

⑦ 章太炎自述（1869—1936）[M].文明国编.北京：人民日报出版社，2011：51.

⑧ 章太炎讲国学 [M].史文编.上海：上海人民出版社，2019：102.

⑨ 章太炎全集（演讲集下）[M].章念驰编订.上海：上海人民出版社，2015：618.

其九，对西方现代性理论、哲学理论、社会科学理论、殖民主义、帝国主义有强烈批判。

章太炎的新庄学话语体系，具有对西方现代性理论的强烈批判色彩，"与西洋近代的对抗极强"，① 被学界称为"进化和抽象公理霸权的批评者"② "否定一切桎梏的思想家"。③ 章太炎的新庄学话语体系，对西方启蒙思想家者和哲学家"所宣布的种种'公理'、'法则'、'自然规律'的完全不信任"，④ 拒绝了西方某些"所谓科学世界观的基本范畴，同时反对了这一体系得以扩散和自我合法化的途径之一：帝国主义"，⑤ 批判西方所谓"认识的客观性"及其背后的"产业化的近代西洋社会"，⑥ 批判"现代主义平等观"和"功利主义政治哲学"，⑦ 批判"大国沙文主义、社会达尔文主义、文化帝国主义"，⑧ 反对"所有形而上学的绝对主义"，反对"一切宿命论与机械论"，⑨ 反对"将世界的运动发展简单化、直线化、教条化"，⑩ 以"缘生"破西方的"因果律"和"线性进化论"，以"两行"破黑格尔的"正—反—合"论和"单线进化论"，主张不可用"一个普适一切的文化模式"来限定所有文化，不可以用"本民族的文化模式"来限定别的民族的文化。⑪

① ［日］小林武.章太炎与明治思潮 [M].白雨田译.上海：上海人民出版社，2018：160.

② ［美］慕唯仁.章太炎的政治哲学：意识之抵抗 [M].上海：华东师范大学出版社，2018：53.

③ 章念驰.章太炎生平与学术 [M].上海：上海人民出版社，2016：489.

④ 姜义华.章太炎思想研究 [M].北京：中国人民大学出版社，2009：297.

⑤ ［美］慕唯仁.章太炎的政治哲学：意识之抵抗 [M].上海：华东师范大学出版社，2018：250.

⑥ ［日］小林.章太炎与明治思潮 [M].白雨田译，上海：上海人民出版社，2018：160.

⑦ ［日］石井刚.齐物的哲学：章太炎与中国现代思想的东亚经验 [M].上海：华东师范大学出版社，2016：117.

⑧ 李智富.世情不齐，文野异尚：章太炎庄学"内圣外王"之道发覆 [M]// 余杭章太炎故居纪念馆.章太炎逝世八十周年暨章太炎故居保护开放三十周年纪念文集.上海：上海人民出版社，2017：174.

⑨ 姜义华.章太炎思想研究 [M].北京：中国人民大学出版社，2009：289.

⑩ 姜义华.章太炎思想研究 [M].北京：中国人民大学出版社，2009：297.

⑪ 王玉华.多元视野与传统的合理化——章太炎思想的阐释 [M].上海：上海人民出版社，2018：193.

以"齐物"思想为核心的新庄学话语体系，矛头指向"志存兼并者""伐国取邑者"，一直以来被理解为"亚洲抵抗帝国主义的主体思想"而备受青睐。①因为章氏看穿"近代化的西欧的帝国主义"，进而更早地看穿"近代化日本的殖民主义"，并果敢地进行批判。②章氏深刻意识到庄子"齐物论"思想的批判锋芒，大力加以发掘诠释，而让那些假借"文明"之名（"外辞蚕食之名"）的殖民主义者、帝国主义者、霸权主义者、欧洲中心主义者全部无所遁形，原形毕露，不过是"桀跖"而已，"原夫《齐物》之用，将以内存寂照，外利有情，世情不齐，文野异尚，亦各安其利，无所慕往，飨海鸟以太牢，乐斥鷃以钟鼓，适令颠连取斃，斯亦众情之所恒知。然志存兼并者，外辞蚕食之名，而方寄言高义，若云使彼野人，获与文化，斯则文野不齐之见，为桀跖之嚆矢明矣。"③

章太炎深刻认识到殖民主义者、帝国主义者、霸权主义者的猖狂与危害，必须破除他们的"文明"面具，还其本来面目，戳穿其"社会达尔文主义"的真面目，即使不能减少战争，也能够不让世界人民受其蒙骗，"今之伐国取邑者，所在皆是，以彼大儒，尚复蒙其眩惑，返观庄生，则虽文明，灭国之名，犹能破其隐慝也。二者之见，长短相校，岂直龙伯之与焦（僬）侥哉！或云物相竞争，智力乃进。案：庄生《外物篇》固有其论，所谓'谋稽于谇，知（智）出乎争'，'春雨日时，草木怒（努）争，铫鎒（耨）于是乎始脩（修），草木之到植者过半而不知其然。'知之审矣，终不以彼易此者，物有自量，岂须增益，故宁绝圣弃知（智）而不可邻伤也。向令《齐物》一篇，方行海表，纵无减灭攻战，舆人之所不与，必不得藉为口实以受淫名，明矣。"④

人类社会进入所谓"文明社会"以来，"文野之见"一直存在，不易剔除，而西方崛起以来，以传播"基督教文明""启蒙思想""工业文明""科技文明"为名，更是不断强化这种"文野之见"，以行其殖民主义、帝国主义、霸权主义之实，即使是"无政府主义"者也不例外。章太炎的严厉批评是"何其妄欤"，让世界和平共处的根本办法只有一个，那就是"以齐物为究极"，文

① [日]石井刚.齐物的哲学：章太炎与中国现代思想的东亚经验[M].上海：华东师范大学出版社，2016：115.
② 章念驰.章太炎生平与学术[M].上海：上海人民出版社，2016：494–495.
③ 章太炎全集（齐物论释，等）[M].沈国延等点校.上海：上海人民出版社，2014：46.
④ 章太炎全集（齐物论释，等）[M].沈国延等点校.上海：上海人民出版社，2014：47.

明没有上下高低之别,文明没有价值优劣之分,所有文明的地位与价值是同等的,文明之间可以相互学习取长补短,文明是多样的,现代性是多元的,世界人民一律平等相待,"夫灭国者,假是为名,此是梼杌、穷奇之志尔。如观近世有言无政府者,自谓至平等也,国邑州闾,泯然无间,贞廉诈佞,一切都捐,而犹横著文野之见,必令械器日工,餐服愈美,劳形苦身,以就是业,而谓民职宜然,何其妄欤! 故应物之论,以齐物为究极。"① 章太炎反对以所谓"文野之见"把强者对弱者的支配或改造"正当化",这是他直接针对帝国主义借文明之名进行殖民化吞并而发的掷地有声的"抗议之言"。②

结语

就思想解放而言,章太炎建构的新庄学话语体系,"专引佛家法相宗学说比附庄旨",③ "打破思想的枷锁",④ 既打破了对西方现代性的偏执狂信,又打破了对中国传统观念的盲目株守,具有思想解放的重大意义,"确认宇宙万物都在不断的生灭变化之中",不存在"尽善尽美"的东西,⑤ 历史的发展并没有完美的唯一的终极目标,"齐其不齐,下士之鄙执;不齐而齐,上哲之玄谈"。⑥ 就文化与文明问题而言,章太炎建构的新庄学话语体系,"深刻揭示了文化的内在本质"⑦ "必令世无工宰,见无文野,人各自主",⑧ 打破了西方中心主义与人类中心主义,"破除文明与野蛮的偏见",⑨ 为世界文化与文明的多元发

---

① 章太炎全集(齐物论释,等)[M].沈国延等点校.上海:上海人民出版社,2014:47.

② [日]石井刚.齐物的哲学:章太炎与中国现代思想的东亚经验[M].上海:华东师范大学出版社,2016:19.

③ 梁启超.中国近三百年学术史[M].北京:商务印书馆,2011:283.

④ 姜义华.章炳麟评传[M].上海:上海人民出版社,2019:468.

⑤ 姜义华.章太炎思想研究[M].北京:中国人民大学出版社,2009:297.

⑥ 章太炎全集(齐物论释,等)[M].沈延国等点校.上海:上海人民出版社,2014:5.

⑦ 王玉华.多元视野与传统的合理化——章太炎思想的阐释[M].上海:上海人民出版社,2018:204.

⑧ 章太炎全集(齐物论释,等)[M].沈延国等点校.上海:上海人民出版社,2014:66.

⑨ 姜义华.章炳麟评传[M].上海:上海人民出版社,2019:468.

展开辟了道路，"提醒人们同情其他文化传统与价值的多元性"。[①]就现代性建构与发展道路而言，章太炎建构的新庄学话语体系，"坚持所有国家、民族、社会集团和个人都有存在的权利和自由发展的权利"，[②]建构了多元的现代性和多元的现代化发展道路，坚持中国应该走自己的发展道路，"中国本因旧之国，非新辟之国，其良法美俗应保存者，则存留之，不能事事更张也"。[③]当然，就当时的时代潮流而言，章太炎构建的新庄学话语体系，对西化潮流持强烈的批判态度，如对西方工业与科技的批判，似乎有些矫枉过正，同时"承认万事万物在各个不同的时间、空间、条件下，分别有其存在的理由"，[④]为所有保守现状的要求"提供了理据"。[⑤]当时黄宗仰期待章氏新庄学话语体系能够改变世道人心，但在当时环境下却未能真正改变人心，甚至没有影响到自己的学生，以致"其在诸子学领域的造诣'指穷于为薪'，而不能'火传'了"，[⑥]这确实是一个巨大的遗憾，但是章氏新庄学话语体系，"可以毫无愧色地被称作他那个时代的时代精神的精华"。[⑦]

① 王汎森.章太炎的思想——兼论其对儒学传统的冲击[M].上海：上海人民出版社，2018：217.

② 姜义华.章太炎思想研究[M].北京：中国人民大学出版社，2009：285.

③ 章太炎全集（演讲集上）[M].章念驰编订.上海：上海人民出版社，2015：161.

④ 姜义华.章太炎思想研究[M].北京：中国人民大学出版社，2009：297.

⑤ 王汎森.章太炎的思想——兼论其对儒学传统的冲击[M].上海：上海人民出版社，2018：217.

⑥ 王玉华.多元视野与传统的合理化——章太炎思想的阐释[M].上海：上海人民出版社，2018：204.

⑦ 姜义华.章太炎思想研究[M].北京：中国人民大学出版社，2009：298.

第八章　章太炎与近代新名学话语体系的建构

章太炎涉及新名学话语体系构建的文章并不多，但很有深度，值得反复咀嚼。从最初的《膏兰室札记·历物疏证（附辩者与惠施相应光学三条）》①，中间经过《论诸子学·论名家》（又名《诸子学略说·名家略说》）②、《国故论衡》（《原名》与《明见》）③，最后到晚年的国学讲演录《诸子略说·名家略说》④，章太炎建构起具有独创性的近代新名学话语体系。这个话语体系，对于西方科学和逻辑学在中国的扎根，对于中国科学与逻辑学话语体系在近代的成长产生了重大的影响，同时对于传统名家在近代中国的价值重估，对于新名学话语体系在近代中国的形成和发展也具有重要的影响。

一、驳"名家出于礼官"说，提出广义名家说

《汉书·艺文志》《七略》提出"名家出于礼官"说。章太炎对此不予认同，谓其为"局于一部之言""非可以概论名家""名家不全出于礼官"，⑤甚至于"礼

---

① 　《膏兰室札记》四卷，今存三卷。作于 1891–1892 年左右，沈国延在《膏兰室札记校点后记》的评价是，"承王、俞余绪，考证至精"，"可与《读书杂志》、《诸子平议》、《札迻》相抗衡"，但亦"间有滞义"。

② 　《论诸子学》，又称为《诸子学略说》，原载《国学讲习会略说》，1906 年 9 月日本秀光舍（社）首版。后载于《国粹学报》1906 年 9 月 8 日、10 月 7 日。

③ 　《国故论衡》，辛亥革命前旅居日本时作，1910 年 5 月日本秀光舍（国学讲习会）首版，1912 年大共和日报馆再版。目前关于《国故论衡》的最善版本莫过于庞俊、郭诚永合著的《国故论衡疏证》。

④ 　章太炎晚年有《在苏州国学讲习会的讲稿》，包括《星期讲演会记录》和《国学讲习会讲演记录》，讲于 1934 年秋至 1936 年 6 月。《诸子略说》属于《国学讲习会讲演记录》，讲于 1935 年 9 月至 1936 年 6 月。

⑤ 　章太炎国学讲演录 [M]. 诸祖耿，王謇，王乘六等记录. 北京：中华书局，2013：278、279.

官"关系不大。章太炎的理由是，《汉书·艺文志》的立说依据仅仅是"爵名"，即"礼官所守者，名之一端，所谓爵名也"，① 而名家探讨的对象主要是"散名"。"可以期命万物者，惟散名为要。"② 当然章太炎也不否认"古之名家，考阀阅，程爵位"。③ 根据《荀子·正名篇》，名有"刑名、爵名、文名、散名"四种，"刑名、爵名、文名"都与政治事务有关，只有"散名"与政治事务没有什么关系，而是与一般的社会事务有关，"民所以察书契者，独有万物之散名而已"，④ 名家讨论的一般对象正是有关社会事务的"散名"，而不是与国家政治事务密切相关的"刑名、爵名、文名"。"散名"约定俗成，不易变化，而"刑名、爵名、文名"则"乃与法制推移"。⑤

名家主"形（实）名"，即讨论名实关系。胡适谓"名家是治'正名定分之学'，就是现代底论理学，可算是哲学底一部分"。⑥ 章太炎提出名家起于"正名之说"。根据《礼记》《国语》《易》《管子》的记载，章太炎谓"正名之说"由来已久。《礼记》载"黄帝正名百物，以明民共财（记姓名，造书契）"，"百名以上则书之于策"；《国语》载"成命（名）百物"；《易》载"上古结绳而治，后世圣人易之以书契"，"理财正辞"；《管子·心术篇》载"物固有形，形固有名"，都说明"正名之说"相延已久。章太炎推孔子为"古之名家"与"九流"之名家的分界线，"名家本出于孔子正名一语，其后途径各别，遂至于南辕北辙。"⑦

章太炎不认同传统的狭义名家（"九流"之名家，或"诡辩"之名家）说，而提出广义名家（包括"九流"之名家与"古之名家"；"近诡辩"之名家与"正名"之名家）说。"凡正名者，亦非一家之术，儒、道、墨、法，必兼是学，然后能立能破。故儒有《荀子·正名》，墨有《经说》上下，皆名家之真谛，散在

---

① 庞俊，郭诚永.国故论衡疏证（下）[M].北京：中华书局，2011：717.

② 庞俊，郭诚永.国故论衡疏证（下）[M].北京：中华书局，2011：723.

③ 庞俊，郭诚永.国故论衡疏证（下）[M].北京：中华书局，2011：718.

④ 庞俊，郭诚永.国故论衡疏证（下）[M].北京：中华书局，2011：719.

⑤ 庞俊，郭诚永.国故论衡疏证（下）[M].北京：中华书局，2011：723.

⑥ 胡适.中国哲学史大纲[M].长沙：岳麓书社，2009：28.

⑦ 章太炎国学讲演录[M].诸祖耿，王謇，王乘六等记录.北京：中华书局，2013：279.

余子①者也。"②章太炎谓"九流"之名家既应该包括"绝无诡辩之风"的荀子、尹文子等"循名责实"的"正名"派，③也可以包括"近诡辩一派"的惠施、公孙龙、《墨经》。章太炎谓"名家最得大体者，荀子；次则尹文。尹文之语虽简，绝无诡辩之风"，而"惠施、公孙龙以及《墨子·经上、下》，皆近诡辩一派，而以公孙龙为最。"④章太炎虽谓惠施"近诡辩一派"，与公孙龙大体为一派（章太炎谓"惠施、公孙龙二人之术，自来以为一派"），⑤但又认为惠施"尚非诡辩"，⑥"尚少诡辩之习也"，⑦与公孙龙"其实亦不同"，⑧只有"《墨经》上、下以及公孙龙辈，斯纯为诡辩矣"，"盖公孙龙纯为诡辩，故庄子不屑与为伍也。"⑨

狭义名家是汉代学者所明确的一个概念，专指从春秋末年到战国时期以"正名实"⑩为根本旨意、以"专绝于名"⑪为主要特征、以"两可之说"⑫为基本

---

① 此处《菿汉雅言札记》作"散在诸子者也"。载《菿汉三言》，虞云国校点，上海：上海书店出版社，2011：176.

② 章太炎演讲集[M].章念驰编订.上海：上海人民出版社，2011：46。此段引文又可见于《菿汉雅言札记》。

③ 章太炎在《国故论衡·原名》中对邓析"刑名"有所表彰，谓"刑名有邓析，传之李悝，以作《具律》。杜预又革为《晋名例》"，"文约而例直，听直而禁简"，因为"厝刑之本，在于简直，故必审名分。"

④ 章太炎国学讲演录[M].诸祖耿，王謇，王乘六等记录.北京：中华书局，2013：279.

⑤ 章太炎国学讲演录[M].诸祖耿，王謇，王乘六等记录.北京：中华书局，2013：280。章太炎在《国故论衡·原名》中批评"惠施、公孙龙名家之杰，务在求胜，其言不能无放纷。"

⑥ 章太炎国学讲演录[M].诸祖耿，王謇，王乘六等记录.北京：中华书局，2013：282.

⑦ 章太炎国学讲演录[M].诸祖耿，王謇，王乘六等记录.北京：中华书局，2013：279.

⑧ 章太炎国学讲演录[M].诸祖耿，王謇，王乘六等记录.北京：中华书局，2013：280.

⑨ 章太炎国学讲演录[M].诸祖耿，王謇，王乘六等记录.北京：中华书局，2013：282.

⑩ 名家特以"正名实"为根本旨趣，与其他诸子百家的根本旨趣不同。

⑪ 所谓"专绝于名"，指的是专门分析名词、概念，即冯友兰谓"必全在所谓名理上立根据"（《中国哲学史》，中华书局，2014：207）。

⑫ "两可之说"，由邓析首创，不是"诡辩"，而是一种辩证思维，要求从对立统一中把握事物：既看到矛盾对立性，又要看到矛盾的同一性；既要看到矛盾双方在一定条件下的相互依存，又要看到矛盾双方在一定条件下的相互转化；既要看到事物的肯定方面，又要看到事物的否定方面。董英哲在《先秦名家四子研究》中谓"两可之说""开了我国传统辩证逻辑发展的先河"，邓析成为"我国传统辩证逻辑的开创人之一"。黄克剑在《公孙龙子》（中华书局2012）谓惠施的"合同异"就是"两可之说"。

方法，包括邓析①、惠施与辩者、兒说、田巴、桓团、公孙龙、毛公、綦母子、黄疵和成公生等人在内的一个学派。②狭义名家之所以能够独立成家，在于这一派人物把言谈或辩难所涉及的思维形式及"名""言"性状问题拓辟为一个有着特殊探讨价值的领域。③但章太炎反对狭义"名家"的"正名实"之说，谓其"徒以求胜而已"，④"专以名家著闻，而苟为觚析者多，其术反同诡辩。"⑤名家"诡辩"说，由来已久，《庄子·天下篇》《荀子·非十二子》批评名家"能胜人之口，不能服人之心"，"好治怪说，玩琦辞"。近代以来，受传统与西方影响，对名家的评价"始终没有完全摘掉'诡辩'这顶帽子"。⑥章太炎对狭义"名家"的评价大体上也受到传统与西方的影响，缺乏对其"深奥学理（超越性智慧）、形式反常（反向性思维）但富于思辨"⑦的逻辑命题的深入分析，"细绎其旨，皆哲学通常之理，初无所谓诡辩也。"⑧

二、"得大体""失之太简"：尹文名学新诠

尹文子，战国中期名家学派重要代表人物，齐国稷下学宫的著名学者，其著为《尹文子》，虽残而真，在汉代就已经残缺不全，原书五篇，只有一篇《大道》留传下来。尹文子"探讨了形名的生成问题，把名实理论提高到本体论的水平；发现了名法的内在矛盾，把名法统一论到提高到辩证思维的水平；首创概念分类法，把辩学从辩物提高到辩名的水平；分析了复合概念的结构，提高了形式逻辑概念论的水平。"⑨

"得大体""循名责实""无诡辩""上下平"，遗憾的是，"失之太简"，

---

① 邓析，名家学派开创者，春秋后期郑国人，其遗著为《邓析子》，虽残而真。考证见董英哲《〈邓析子〉非伪书考辨》，载氏著《先秦名家四子研究》（上海古籍出版社 2014）第三章。

② 董英哲．先秦名家四子研究（上）[M]．上海：上海古籍出版社，2014：14.

③ 公孙龙子（外三种）[M]．黄克剑译注．北京：中华书局，2012：26.

④ 章太炎．菿汉三言 [M]．虞云国校点．上海：上海书店出版社，2011：176.

⑤ 章太炎演讲集 [M]．章念驰编订．上海：上海人民出版社，2011：46.

⑥ 董英哲．先秦名家四子研究（上）[M]．上海：上海古籍出版社，2014：序言 7.

⑦ 董英哲．先秦名家四子研究（上）[M]．上海：上海古籍出版社，2014：序言 8.

⑧ 吕思勉．先秦学术概论 [M]．长沙：岳麓书社，2010：104.

⑨ 董英哲．先秦名家四子研究（上）[M]．上海：上海古籍出版社，2014：79.

是章太炎对尹文子名学的大体评价，"名家最得大体者，荀子；次则尹文。尹文之语虽简，绝无诡辩之风"；"不尚坚白同异之辩，奇偶不忤之辞，故与相里勤、五侯之徒——南方之墨异趣"；① 属于"循名责实一派，无荒诞琐屑病，惟失之太简，大体不足耳。"② 当然，章太炎对尹文名学的评价前后有所变化，《国故论衡·原名》批评"自惠施、公孙龙名家之杰，务在求胜，其言不能无放纷，尹文尤其短"。③ 而《诸子略说》，章太炎则推崇尹文为"循名责实一派"，名家"得大体者"。④

章太炎从两个方面对尹文子名学进行了新的解读。其一，认为尹文子的"名有三科"论，在孔子之后系统讨论"名"的概念，提出了"命物之名""毁誉之名""况谓之名"的概念，对"名"进行了分类，但"简单肤廓，不甚切当"，⑤远没有荀子论名的深刻。其二，研究尹文子"形（实）名"关系理论，重点研究了《尹文子·大道上》"有形者必有名，有名者未必有形。形而不名，未必失其方圆黑白之实。名而不可寻名，以检其差，故亦有名以检形，形以定名，名以定事，事以检名。察其所以然，则形名之与事物，无所隐其理矣"，章太炎得出的结论是，尹文子的名学理论是"循名责实"派，不是"诡辩"派。"名家（狭义名家）之前，孔子有正名之语，《荀子》有《正名》之篇，皆论大体，不及琐细。其后《尹文子》亦然，"⑥ "盖尹文之名，不过正名之大体，循名责实，可施于为政，与荀子正名之旨同。"⑦

三、"博学""玄远"：惠施名学新诠

惠施，宋国人，曾任梁惠王相，战国中期名家重要代表，"中国传统辩证逻辑的奠基人"，⑧ 胡适谓惠施"有极妙的学说"，⑨ 章太炎对惠施之学评价颇

① 章太炎国学讲演录 [M]. 诸祖耿，王謇，王乘六等记录. 北京：中华书局，2013：233.
② 章太炎国学讲演录 [M]. 诸祖耿，王謇，王乘六等记录. 北京：中华书局，2013：279–280.
③ 庞俊，郭诚永. 国故论衡疏证（下）[M]. 北京：中华书局，2011：723.
④ 章太炎国学讲演录 [M]. 诸祖耿，王謇，王乘六等记录. 北京：中华书局，2013：279.
⑤ 章太炎国学讲演录 [M]. 诸祖耿，王謇，王乘六等记录. 北京：中华书局，2013：279.
⑥ 章太炎国学讲演录 [M]. 诸祖耿，王謇，王乘六等记录. 北京：中华书局，2013：272.
⑦ 章太炎国学讲演录 [M]. 诸祖耿，王謇，王乘六等记录. 北京：中华书局，2013：233.
⑧ 董英哲. 先秦名家四子研究（上）[M]. 上海：上海古籍出版社，2014：300.
⑨ 胡适. 中国哲学史大纲 [M]. 长沙：岳麓书社，2009：186.

高，称其"博学"，^①"玄远"，^②"去尊"，^③"方法多"，^④"有权谋"，^⑤虽"近诡辩"，^⑥但"尚非诡辩"，^⑦是"形名家"。^⑧不过，"惠施虽非诡辩，然其玄远之语，犹非为政所急，以之讲学则可，以之施于政治则无所可用。"^⑨因此，惠施名学"并未得到他所处时代的相应理解"。^⑩

惠施"成为'天下之辩者'的核心"，^⑪在名家学派中，"处于执牛耳的地位"，^⑫而且著述丰富，《庄子·天下篇》称"其（惠施）书（著述）五车"，但遗憾的是，到了汉代，其书大部分佚失，只有《汉书·艺文志》著录的《惠子》一篇，而这一篇后来在西晋初期也佚失了。目前对惠施名学的研究，主要依据先秦诸子（如《庄子》《荀子》《韩非子》《吕氏春秋》等）与《战国策》《说苑》《韩诗外传》《淮南子》等对惠施之学的转述与评论，尤其是《庄子·天下篇》。

惠施把名学视野，"从社会领域扩展到自然界，从'正名实'扩展到'辩同异'，从形式逻辑扩展到辩证逻辑领域，从常规认识扩展到反向思维。"^⑬

章太炎对惠施名学的研究，主要见于《膏兰室札记·历物疏证（附辩者与惠施相应光学三条）》《国故论衡·明见》《诸子略说》中的《惠施略说》。

《膏兰室札记》第三卷第 412 条，分"小引"和 11 小条，对惠施《历物》^⑭进行疏证。第三卷 413 条，分 3 小条和结语，对《辩者与惠施相应光学三条》

---

① 章太炎国学讲演录 [M]. 诸祖耿，王謇，王乘六等记录 . 北京：中华书局，2013：280.

② 章太炎国学讲演录 [M]. 诸祖耿，王謇，王乘六等记录 . 北京：中华书局，2013：282.

③ 庞俊，郭诚永 . 国故论衡疏证（下）[M]. 北京：中华书局，2011：718.

④ 章太炎国学讲演录 [M]. 诸祖耿，王謇，王乘六等记录 . 北京：中华书局，2013：280.

⑤ 章太炎国学讲演录 [M]. 诸祖耿，王謇，王乘六等记录 . 北京：中华书局，2013：280.

⑥ 章太炎国学讲演录 [M]. 诸祖耿，王謇，王乘六等记录 . 北京：中华书局，2013：279.

⑦ 章太炎国学讲演录 [M]. 诸祖耿，王謇，王乘六等记录 . 北京：中华书局，2013：282.

⑧ 章太炎国学讲演录 [M]. 诸祖耿，王謇，王乘六等记录 . 北京：中华书局，2013：280.

⑨ 章太炎国学讲演录 [M]. 诸祖耿，王謇，王乘六等记录 . 北京：中华书局，2013：283.

⑩ 公孙龙子（外三种）[M]. 黄克剑译注 . 北京：中华书局，2012：93.

⑪ 董英哲 . 先秦名家四子研究（上）[M]. 上海：上海古籍出版社，2014：261.

⑫ 董英哲 . 先秦名家四子研究（上）[M]. 上海：上海古籍出版社，2014：260.

⑬ 董英哲 . 先秦名家四子研究（上）[M]. 上海：上海古籍出版社，2014：79.

⑭ 章太炎谓"历物"即"算物"。陈鼓应《庄子今注今译》（商务印书馆 2014）谓"历物"即"究析事物"。林志鹏《战国诸子评述辑证》（复旦大学出版社 2014）谓"历物"即"析物"，或"理物"。

进行疏证。在《膏兰室札记》中，章太炎对惠施名学的评价颇高，第一条评价见于第412条"小引"，谓"中国惠施与欧几理时代相先后，其说（"历物"）见于《庄子》者，人第以名家缴绕视之，不知其言算术，早与几何之理相符"。① 第二条评价见于413条结语，谓"名家立说（与辩者相应二十二条，章太炎主要疏证了光学三条），不尽析言破辞，语可徵实，与晋人谈玄迥异"。② 章太炎的评价言之有据，确为平论。

在《膏兰室札记》中，章太炎解读惠施名学，采取了数学（含几何学）、物理学（含光学）、化学、地理学、天文学、生物学等学科的理论与方法。章太炎以几何学"点、线、面、体"、物理学"空气"、化学"原质"，解"至大无外，谓之大一；至小无内，谓之小一"③；以几何学"方圆"解"无厚不可积也，其大千里"④；以天文学"度数相合"解"天与地卑（比）"，以地理学"山之突，泽之坳，相抵则均"解"山与泽平"；以地理学"东半球之昼，西半球之夜"解"日方中方睨"，以生物学"朝菌日及，同时在此则生，在彼则死"解"物方生方死"；以数学"开方"解"大同（以'十百千万亿兆'解'大同'）与小同（以'诸式方'解'小同'）异"，以数学"开方同式则毕同，异式则毕异"解"万物毕同毕异"；以地理学"地球圆形"解"南方无穷而有穷"；以地理学"时差"解"今日适越而昔来"；以几何学"形圆而相错"解"连环可解也"；以地理学"地为球形"解"我知天下之中央，燕之北，曰之南也"；以生物学"空气"解"泛爱万物，天地一体也"⑤；用光学"非光不见"解"目不见"，用光学"光顺直线而行，故阻光之质能成影，质动而影不动"解"飞鸟之影，未尝动也"，以光学"目能暂留光点，故以光点旋转成规，视之则成一大光圈，而不见质点之离移"解"镞矢之疾，而有不行不止之时"。

在《国故论衡·明见》中，章太炎把惠施名学（历物十事）与辩者名学（辩

① 章太炎全集（膏兰室札记，等）[M]. 沈国延，汤志钧点校. 上海：上海人民出版社，2014：210.

② 章太炎全集.（膏兰室札记，等）[M]. 沈国延，汤志钧点校. 上海：上海人民出版社，2014：214.

③ 董英哲谓惠施第一次明确表述了"无限大"与"无限小"的概念。

④ 董英哲谓惠施提出了类似欧几里得几何学中的"面"的概念。

⑤ 董英哲谓惠施创立了"有机宇宙的哲学"。

者与惠施相应二十一事[①]）作了区别，"观惠施十事，盖异于辩者矣"，[②]对惠施名学的评价很高，对辩者与惠施相应的论题的评价却很低，"辩者之言，独有飞鸟、镞矢、尺棰之辩[③]，察明当人意。目不见，指不至[④]，轮不碾（辗）地，亦几矣。其他[⑤]多失伦。夫辩说者，务以求真，不以乱俗也。故曰'狗无色'，可；云'白狗黑'，则不可。名者，所以召实，非以实为名也。故曰'析狗至于极微，则无狗'，可；云'狗非犬'，则不可。"[⑥]胡适指出章太炎"极推

---

①　辩者与惠施相应究竟是多少条，有不同的说法，章太炎本人就有21条、22条两种说法，另外还有 20 条、23 条的说法。《国故论衡》持 21 条说，《诸子略说》持 22 条说。

②　庞俊，郭诚永 . 国故论衡疏证（下）[M]. 北京：中华书局，2011：777.

③　章太炎所谓"飞鸟、镞矢、尺棰之辩"，《庄子·天下篇》作"飞鸟之景（影）未尝动也"，"镞矢之疾而有不行不止之时"，"一尺之棰，日取其半，万世不竭"。

④　"指不至"，《庄子·天下篇》作"指不至，至（物）不绝"，此为辩者的"指物论"。《公孙龙子》书中有《指物论》。

⑤　章太炎批评"失伦"的"其他"，当指的是"马有卵"，"卵有毛"，"丁子有尾"，"鸡三足"，"白狗黑"，"狗非犬"，"犬可以为羊"，"黄马骊牛三"，"火不热"，"山出口"，"龟长于蛇"，"孤驹未尝有母"，"矩不方，规不可以为圆"，"凿不围枘"，"郢有天下"。这些论题，在章太炎看来"近于诡辩"。董英哲《先秦名家四子研究》（上海古籍出版社 2014）谓"辩者和惠施一样，具有丰富的自然科学知识。他们的论题大都与当时的数学、物理学、光学、声学、热学和生物学知识相关，蕴含着深邃的科学思想"，"除去一两条外，则都不是诡辩"。如谓"矩不方，规不可以为圆"，"凿不围枘"具有微观几何学（"误差"）的眼光。"马有卵"，"卵有毛"，"丁子有尾"揭示的是物种化生和变异的思想。"白狗黑"，"狗非犬"，"犬可以为羊"，"黄马骊牛三""龟长于蛇""郢有天下"属于求同辨异的反向思维。董英哲认为只有"鸡三足"，"孤驹未尝有母"，属于"诡辩"。冯友兰《中国哲学史》（中华书局 2014）分辩者之言为两组：一组为就惠施观点立论的"合同异"（包括"马有卵"，"卵有毛"，"丁子有尾"，"山出口"，"龟长于蛇"，"白狗黑"，"犬可以为羊"，"郢有天下"），另一组为就公孙龙观点立论的"离坚白"（包括"目不见"，"鸡三足"，"火不热"，"狗非犬"，"轮不碾（辗）地"，"指不至，至（物）不绝"，"矩不方，规不可以为圆"，"凿不围枘"，"孤驹未尝有母"，"黄马骊牛三"，"飞鸟之景（影）未尝动也"，"镞矢之疾而有不行不止之时"，"一尺之棰，日取其半，万世不竭"）。冯友兰认为不能以常识（感觉）眼光去看待辩者之论题，谓"辩者盖用理智以观察世界，理智所见之世界，故可与感觉所见者不合也。"

⑥　庞俊，郭诚永 . 国故论衡疏证（下）[M]. 北京：中华书局，2011：776-777.

崇惠施，却不重视这二十一事"，批评"太炎此说似乎有点冤枉这些辩者了"。[①]
章太炎重点用佛学和西学对惠施"历物"论题进行了深入的诠释。分成三组：
讨论空间问题；讨论时间问题；讨论异同问题（事物的共相与自相）。第一组，
关于空间问题的讨论，惠施的论题是"至大无外，谓之大一；至小无内，谓之
小一""无厚不可积也，其大千里""天与地卑；山与泽平""南方无穷而有
穷""我知天下之中央，燕之北，越之南也""连环可解也"。章太炎主要以
几何学的点、线、面、体，佛学（顺世与胜论）的"无方分"（果色极微，小一）
与"有方分"（因量极微，无厚）来解释"至小"与"至大"。以"分齐废"[②]
解释"天与地卑；山与泽平"。以"方位废"[③]解释"我知天下之中央，燕之北，
越之南也"。以"有际、无际一也"[④]解释"南方无穷而有穷"。以"有分、无
分均也"[⑤]解释"连环可解也"。第二组，关于时间问题的讨论，惠施的论题是"日
方中方睨；物方生方死""今日适越而昔来"。章太炎以时间的"可析"性与"不
可驻"性解释"日方中方睨；物方生方死"。以"时者惟人所命，非有实也"[⑥]
解释"今日适越而昔来"。第三组，关于同异问题的讨论，惠施的论题是"大
同而与小同异，此之谓小同异；万物毕同毕异，此之谓大同异"[⑦]、"泛爱万物，
天地一体也"。章太炎以"物固无毕同者，亦无毕异者"，[⑧]"无毕同故有自相，
无毕异故有共相"[⑨]来进行解释。总而言之，章太炎的惠施"历物"十事的解释是，
"惠施之言，无时、无方、无形、无碍，万物几几皆如矣。"[⑩]章太炎的这种解释，
较为准确地揭示了时间、空间和万物异同的相对性与同一性，既充满佛学的色彩，

① 胡适.中国哲学史大纲[M].长沙：岳麓书社，2009：177.
② 庞俊，郭诚永.国故论衡疏证（下）[M].北京：中华书局，2011：781.
③ 庞俊，郭诚永.国故论衡疏证（下）[M].北京：中华书局，2011：781.
④ 庞俊，郭诚永.国故论衡疏证（下）[M].北京：中华书局，2011：781.
⑤ 庞俊，郭诚永.国故论衡疏证（下）[M].北京：中华书局，2011：781.
⑥ 庞俊，郭诚永.国故论衡疏证（下）[M].北京：中华书局，2011：782.
⑦ 黄克剑在《公孙龙子》（中华书局2012）中谓"一定范围的'同异'之辩，是'小同异'之辩，整个经验世界的'同异'之辩是'大同异'之辩"。
⑧ 庞俊，郭诚永.国故论衡疏证（下）[M].北京：中华书局，2011：782.
⑨ 庞俊，郭诚永.国故论衡疏证（下）[M].北京：中华书局，2011：783.
⑩ 庞俊，郭诚永.国故论衡疏证（下）[M].北京：中华书局，2011：783.

也充满辩证法的色彩。胡适对章太炎的《明见》非常推崇，谓其"精到"。①

在《诸子略说·惠施略说》中，章太炎对惠施"历物"十条又重新解释了一遍。以"几何学之点"解"小一"，以"几何学之体"解"大一"；以物理学"空间"解"无厚"；以天文学"天与地必有比连之处"解"天与地卑（比）"，以地理学"黄河大江，皆出昆仑之巅，松花江亦自长白山下注"解"山与泽平"；以物理学关于时间的变动不居解"日方中方睨"，以生理学"人体新陈代谢"、佛学"刹那、无常"解"物方生方死"；以生物学"鸟兽皆物也，别称之曰鸟兽"解"小同异"，以"动物、植物、矿物同称之曰物"解"（万物）毕同"，以"由心观物"解"（万物）毕异"，以"（万物）毕异"解"大同异"；以天文学"太虚之无穷，而就地上言之则有穷"解"南方无穷而有穷"；以物理学"时无断限"（时间的连续性）解"今日适越而昔来"；以"既能贯之，自能解之"即"连环可解也"；以"以北极为中央"或"依实事亦可通"解"我知天下之中央，燕之北，越之南也"；至于"泛爱万物，天地一体"，章太炎谓"此系实理，不待繁辞"。对惠施的"历物"论题的评价是"无一诡辩"，但对惠施与辩者相应的论题，谓"虽有可通者，然用意缴绕，不可不谓之诡辩"。②

比较《膏兰室札记》《国故论衡》与《诸子略说》对惠施名学的解释，共同之处是：都以科学诠释为主导，诠释方法与义理阐释大同小异，对惠施的"历物"评价较高。不同之处是：《膏兰室札记》《国故论衡》对惠施名学评价更高，《国故论衡》区别了惠施与辩者，而《诸子略说》的评价则更低一些，因为章太炎在《诸子略说》中已经贬惠施与辩者相应二十一条为"诡辩"。《膏兰室札记》主要运用西学解释，而《国故论衡》与《诸子略说》的诠释方法则是西学、佛学、中学并用。

---

① 胡适.中国哲学史大纲[M].长沙：岳麓书社，2009：781.

② 章太炎.诸子略说[M]//章太炎演讲集.章念驰编订.上海：上海人民出版社，2011：602。《章太炎国学讲演录·诸子略说》（中华书局2013）第281页与《诸子学略说·诸子略说》（广西师范大学出版社2010）第88页，皆误"虽有可通者，然用意缴绕，不可不谓之诡辩"为"虽有可通者，然用意缴绕，不可谓之诡辩"，《章太炎全集》本与章念驰编订《章太炎演讲集》（上海人民出版社2011）的文字是正确的。

四、"最得大体"：荀子名学新诠

荀子，战国末期儒学重要代表，齐国稷下学宫著名学者。章太炎服膺荀子名学，在广义名家之中，评价最高，称其为"名家最得大体者"，[1]又说荀子《正名》，"研究名学也很精当"，[2]"不为造次辩论，务穷其柢"，[3]故"颇得大体"。[4]章太炎认为荀子的名学，符合儒家"正名"之旨，对"名"的来源、分类、差异（成因）、特质都分析得清清楚楚，"为名家者，即此已定"。[5]

关于"名"的来源，荀子《正名篇》谓"后王之成名"，"刑名从商，爵名从周，文名（章太炎谓"节文威仪"）从《礼》"，"散名之加于万物者，则从诸夏之成俗曲期（章太炎谓"方言"）"。

关于"名"的分类，荀子分为"刑名""爵名""文名"与"散名"，而专论"散名"，分之为十项：性、情、虑、伪、事、行、智、能、病、命。荀子认为"刑名"会随着时代变化而变化（"随时可变"），"爵名"会随着改朝换代的变化而变化（"易代则变"），"文名"会随着礼仪制度的变化而变化（"文名从礼"），只有"散名"不容易变化（"惟散名不易变"），故"必有循于旧名，有作于新名"。[6]章太炎极为认同荀子的说法，谓"古今语言，虽有不同，然其变以新，无突造新名以易旧名之事；不似刑名、爵名、文名之随政治而变也"。[7]

关于"名"的差异原因（"名何缘而有同异"），荀子的答案是"缘天官"。章太炎对荀子的这个解答极为欣赏，反复称赞。认为符合人的认识过程，与西方哲学中的感觉、知觉、综合思考可以相通，"名之成，始于受（感觉），中于想（知觉），终于思（综合思考、理性认识）"，[8]"想随于受，名役于想"，[9]

---

① 章太炎国学讲演录 [M]. 诸祖耿，王謇，王乘六等记录. 北京：中华书局，2013：279.

② 章太炎. 国学概论 [M]. 长沙：岳麓书社，2009：28.

③ 庞俊，郭诚永. 国故论衡疏证（下）[M]. 北京：中华书局，2011：723.

④ 章太炎国学讲演录 [M]. 诸祖耿，王謇，王乘六等记录. 北京：中华书局，2013：280.

⑤ 章太炎国学讲演录 [M]. 诸祖耿，王謇，王乘六等记录. 北京：中华书局，2013：283.

⑥ 章太炎国学讲演录 [M]. 诸祖耿，王謇，王乘六等记录. 北京：中华书局，2013：282.

⑦ 章太炎国学讲演录 [M]. 诸祖耿，王謇，王乘六等记录. 北京：中华书局，2013：282.

⑧ 庞俊，郭诚永. 国故论衡疏证（下）[M]. 北京：中华书局，2011：724.

⑨ 庞俊，郭诚永. 国故论衡疏证（下）[M]. 北京：中华书局，2011：725.

可以打破"诡辩"名家公孙龙辈的"白马非马"之论、"坚白同异"之论。章太炎批评"草昧之名，思想不能综合，但知牛之为牛，马之为马，不知马与牛之俱为兽；知鸡之为鸡，鹜之为鹜，不知鸡与鹜之俱为鸟。稍稍进步，而有鸟兽之观念；再进步而有物之观念。有物之观念，斯人类开化矣"①。

关于"名"的特质，荀子谓"名无固宜"，"约之以命，约定俗成"，但章太炎亦承认"约定俗成则不易"，尤其是"散名"之外的"刑名""爵名""文名"，"乃与法制（政治制度）推移"。②但"约定俗成"很重要，"一经制定，则不可以变乱"，为什么，"名"对"政治、文牍"的影响最大，章太炎引用孔子的一句名言来表达："名不正则言不顺；言不顺则事不成；事不成则礼乐不兴；礼乐不兴则刑罚不中；刑罚不中则民无所措手脚"，归根结底，"循民不能责实，其弊至于无所措手足矣。"③

五、从"名之至"到"纯为诡辩"：《墨经》名学新诠

《墨经》，又称为《墨辩》，为《墨子》书中的重要篇章，包括《经》（上下）、《经说》（上下）、《大取》《小取》六篇。④胡适谓《墨经》"乃是中国古代名学最重要的书"，⑤"中国古代的第一部奇书"。⑥章太炎视《墨经》为"名家的开山"，⑦其《国故论衡·原名》对《墨经》名学评价极高，把它与荀子《正名》并列，谓其近于"名之至"，"察之儒墨，墨有《经》下上，儒有孙卿《正名》，皆不为造次辩论，务穷其柢。鲁胜有言，取辩乎一物，而原极天下之汙隆，名之至也。墨翟、孙卿近之矣。"⑧1922年《国学概论》亦谓"《经上》《经

---

① 章太炎国学讲演录 [M]. 诸祖耿，王謇，王乘六等记录. 北京：中华书局，2013：283.

② 庞俊，郭诚永. 国故论衡疏证（下）[M]. 北京：中华书局，2011：723.

③ 章太炎国学讲演录 [M]. 诸祖耿，王謇，王乘六等记录. 北京：中华书局，2013：283.

④ 梁启超《墨子学案》谓《经上下》为墨子自著，《经说上下》有些是墨子自著，有些是墨家后学的申说，《大取》《小取》则像是"很晚辈"的墨家所作。胡适《中国哲学史大纲》则谓《墨经》都是"别墨"（后期墨家）所著。章太炎早期认同《墨经》为墨子所作，后来，大概受胡适影响，似乎也认为《墨经》为"别墨"所作，但章太炎没有明确的说法与考证。

⑤ 胡适. 中国哲学史大纲 [M]. 长沙：岳麓书社，2009：142.

⑥ 胡适. 中国哲学史大纲 [M]. 长沙：岳麓书社，2009：20.

⑦ 章太炎全集（演讲集上）[M]. 章念驰编订. 上海：上海人民出版社，2015：124.

⑧ 庞俊，郭诚永. 国故论衡疏证（下）[M]. 北京：中华书局，2011：723.

下》二篇，是极好的名学"。^①到了1925年以后著《菿汉昌言》以及晚年讲《诸子略说》之时，对《墨经》的评价则大为降低，批评其"近诡辩一派"，^②"纯为诡辩"，^③"流于诡辩"，^④"琐碎之甚"，"于制名之枢要，盖绝未一窥也"，^⑤"庞杂"，"无系统可循"，"去《正名》篇远矣"。^⑥当然，章太炎仍然承认《墨经》"今人谓与形学物理学合"，^⑦"有近于后世科学之语"。^⑧

在《国故论衡·原名》中，章太炎结合荀子名学、印度因明学与西方逻辑学，对《墨经》名学的核心思想作了详细诠释，有的诠释很精到通透，如关于名的分类、认识的来源、认识的过程、推理的方法、辩论的方法等，有的解释还有待于深入，如实践与认识的关系，认识的辩证法等。

关于名（概念）的分类，《墨经》云："名：达、类、私。"《经说》云："名：物，达也，有实必待之名也命之。马，类也，若实也者必以是名也命之。臧，私也，是名也止于实也。声出口，俱有名，若姓字丽。"^⑨荀子云："万物虽众，有时而欲遍举之，故谓之物。物也者，大共名^⑩也。有时而欲偏举之，故谓之鸟兽。鸟兽也者，大别名^⑪也。"章太炎关于名的分类则结合了《墨经》和荀子的分析，"若则骐、𫘝、骊、骊为私，马为类，畜为达，兽为别，物为共也。"章太炎还依据荀子的说法对《墨经》关于名的分类作了进一步的扩充，区别了"单名"与"兼名""一名二实"与"一实二名"。

关于认识的来源、实践与认识的关系，《墨经》云："知：问（闻）^⑫、说、亲。名、

① 章炳麟.国学概论[M].长沙：岳麓书社，2009：28.
② 章太炎国学讲演录[M].诸祖耿，王謇，王乘六等记录.北京：中华书局，2013：279.
③ 章太炎国学讲演录[M].诸祖耿，王謇，王乘六等记录.北京：中华书局，2013：282.
④ 章太炎国学讲演录[M].诸祖耿，王謇，王乘六等记录.北京：中华书局，2013：272.
⑤ 章太炎.菿汉三言[M].虞云国校点.上海：上海书店出版社，2011：109.
⑥ 章太炎国学讲演录[M].诸祖耿，王謇，王乘六等记录.北京：中华书局，2013：273.
⑦ 章太炎.菿汉三言[M].虞云国校点.上海：上海书店出版社，2011：109.
⑧ 章太炎国学讲演录[M].诸祖耿，王謇，王乘六等记录.北京：中华书局，2013：273.
⑨ 王讚源.墨经正读[M].上海：上海科学技术文献出版社，2011：59.
⑩ 《墨经》称之为"达名"。
⑪ 《墨经》称之为"类名"。
⑫ 《墨经正读》，把"闻"误为"问"。章太炎引文为"闻"。对比《墨经》下一条对"闻"的解说，以章太炎引文为是。

实、合、为。"《经说》云："知：传授之，问（闻）也。方不廧（障），说也。身观焉，亲也。所以为，名也；所谓，实也。名实耦，合也。志行，为也。"①《墨经》云："闻，传、亲。"《经说》云："闻：或告之，传也。身观焉，亲也。"②章太炎以印度因明学对"问（闻）、说、亲"予以诠释，"亲者，因明以为现量。说者，因明以为比量。闻者，因明以为声量。"③《墨经》的精华其实在下一句"名、实、合、为"，墨家特别注重"为"（行动、实践），遗憾的是，章太炎没有作出新的诠释。

关于认识的过程，《墨经》云："知（理性认识）而不以五路（五官），说在久（时间）④。"《经说》云："智（通"知"）：以目见，而目以火（光线）见，而火不见。惟以五路知。久，不当以目见，若以火见。"⑤章太炎的解释是，"此谓疟不自知，病疟者知之。火不自见，用火者见之。是受（感觉）想（知觉）之始也。受（感觉）想（知觉）不能无五路（五官），及其形谢，识笼其象，而思（理性认识）能造作，将无待于天官（五官），天官之用，亦若火矣。"⑥虽然章太炎的《墨经》引文混入了"若疟病之之于疟也"，但章太炎的解释还是比较恰当地揭示了认识的过程，感性认识⑦需要依赖人的感觉器官⑧形成感觉与知觉⑨，而理性认识⑩则不是仅仅凭借五官就可以认识的，需要通过心官的综合思考⑪才能认识，"墨子以为'知识的来源'有二：一是来自感官的感觉和印象；

---

①　王讚源.墨经正读 [M].上海：上海科学技术文献出版社，2011：62.

②　王讚源.墨经正读 [M].上海：上海科学技术文献出版社，2011：63.

③　庞俊，郭诚永.国故论衡疏证（下）[M].北京：中华书局，2011：371–372.

④　《墨经》对"久"的解释是，"弥异时也"，"合古今旦莫（暮）"。

⑤　王讚源主编.墨经正读.上海：上海科学技术文献出版社，2011：126.此条，章太炎的引文中多出了"若疟病之之于疟也"，按《墨经正读》：此条应该属于前条的误入，即应该归入（经）"损而不害，说在余"，（经说）"损：饱者去余，适足不害。饱能害，若伤糜之无脾也。且有损而后益知者，若疟病之之于疟也。"章太炎引文为误。

⑥　庞俊，郭诚永.国故论衡疏证（下）[M].北京：中华书局，2011：727.

⑦　《墨经》称之为"知接"。

⑧　《墨经》称之为"知材"。

⑨　《墨经》称之为"虑求"。

⑩　《墨经》称之为"智明"。

⑪　《墨经》称之为"以其知论物，而其知之也著"。

即'知材'、'知接';另一个是来自心官的悟性:即'虑求'、'智明',感官和心官二者的合作才足以形成知识。"①

关于因果关系的理论(三段论),此条章太炎在《国故论衡·原名》与《论诸子学》中都进行了详细解释,大同小异。《墨经》云:"故(原因、条件),所得而后成(结果、结论)也。"《经说》云:"故:小故(必要条件、部分原因),有之不必然,无之必不然。体(部分原因)也,若尺(线)有端(点)。大故(充分条件、全部原因),有之必然,无之必不然,若见(具备了看见的所有条件)之成见(一定能够看见物体)也。"②章太炎以印度因明学和西方逻辑学来解读墨家的逻辑学,"印度之辩(逻辑推理),初宗(判断、结论)、次因(小前提)、次喻③(大前提)。大秦之辩,初喻体(大前提)、次因(小前提)、次宗(判断、结论)。其为比量(推理)三支一矣。《墨经》以因为故,其立量次第,初因(故)、次喻体(无喻依)、次宗,悉异印度、大秦。"④比较而言,章太炎对三家逻辑学高下的判断是,"大秦与墨子者,其量(推理)皆先喻体(大前提)后宗(结论)。先喻体者,无所容喻依,斯其短于因明。"⑤章太炎的判断明显受到日本学者村上专精的影响,"欧洲无异喻⑥,而印度有异喻,则以防其倒合,倒合则有减量换位之失。是故示以离法⑦,而此弊为之消弭。村上专精,据此以为因明法式,长于欧洲。"⑧胡适批评章太炎关于墨家也有宗、因、喻三支的说法"未免太牵强了","《经说上》论大故小故的一节,不过是说'故'有完全与不完全的分别,并不是说大前提与小前提。太炎错解了'体也,若有端'一句,故以为是说小前提在先之意。其实'端'即是一点,并无先后之意。"⑨

---

① 王讚源.墨经正读[M].上海:上海科学技术文献出版社,2011:6.

② 王讚源.墨经正读[M].上海:上海科学技术文献出版社,2011:1.

③ 章太炎谓"喻"兼"喻体"(所喻之义理)与"喻依"(其喻体之所依)。

④ 庞俊,郭诚永.国故论衡疏证(下)[M].北京:中华书局,2011:735-736.

⑤ 庞俊,郭诚永.国故论衡疏证(下)[M].北京:中华书局,2011:740.

⑥ 章太炎在《论诸子学》中谓印度因明学"于喻之中,又有同喻异喻"。

⑦ 章太炎在《论诸子学》中谓印度因明学"同喻异喻之上,各有其合离之言词,名曰喻体。即此喻语,名曰喻依。"

⑧ 章太炎演讲集[M].章念驰编订.上海:上海人民出版社,2011:48.

⑨ 胡适.中国哲学史大纲[M].长沙:岳麓书社,2009:159.

胡适的批评很有道理，墨家确实没有印度因明学的三支和逻辑学的三段论，墨家所谓"大故"与"小故"，不等于逻辑学的"大前提"与"小前提"，而是"全部原因"与"部分原因"的意思。

关于认识的辩证法（部分认识与全部认识），《墨经》云："见（认识）：体（部分认识）、尽（全部认识）。"《经说》云："见：特（一部分）者，体（部分认识）也。二（正反两方面）者，尽（全部认识）也。"①章太炎的解释是，"夫分于兼之谓体，无序而最前之谓端。特举为体，分二为节（尽）之谓见"，"'时'读为'特'，'尽'读为'节'"，②"此凡所作（凡所作者皆无常），体（喻体，大前提）也。彼声所作（声是所作），节（因，小前提）也。故拟以'见之成见'"，"上见为体（喻体），下见为节（因）"。③胡适批评章太炎"太炎解'见'字更错了"，④"太炎把'尽'读为'节'字（胡适谓"此类推法之错误"），以为墨家有三支式的证据，其实是大错的。"⑤胡适的批判是对的，章太炎对"体"与"见"的解释是牵强附会的。

关于"坚白论"，墨家主张"盈坚白"，反对"离坚白"，《墨经》云："（坚白石）不可偏去而二（分离坚性与白性），说在见与俱（见到的与见不到的都可以知觉）、一与二（石与坚白二性融为一体），广与修（长与宽同在一个平面里）。"《经说》云："不（墨家所反对的观点）：见与不见离（见到的与见不到的就是分离，即坚白分离），一二不相盈（石与坚白不相容），广修（长宽不同面）、坚白（坚白不同体）。"⑥章太炎的解释是，"诸有形（形体）者，广（宽）必有修（长），修亦必有广矣。云'线有长无宽'，形学之乱也。墨子知其不偏去，俍（适当）也。"⑦

关于辩论的方法，《墨经》云："（有人说）仁义之为内外也，内（仁义都出自内心）。说在仵（悟）颜（犹如说"左目出，右目入"，这是违反脸面

---

① 王讚源主编 . 墨经正读 [M]. 上海：上海科学技术文献出版社，2011：63.

② 庞俊，郭诚永 . 国故论衡疏证（下）[M]. 北京：中华书局，2011：736.

③ 庞俊，郭诚永 . 国故论衡疏证（下）[M]. 北京：中华书局，2011：737.

④ 胡适 . 中国哲学史大纲 [M]. 长沙：岳麓书社，2009：159.

⑤ 胡适 . 中国哲学史大纲 [M]. 长沙：岳麓书社，2009：160.

⑥ 王讚源主编 . 墨经正读 [M]. 上海：上海科学技术文献出版社，2011：82.

⑦ 庞俊，郭诚永 . 国故论衡疏证（下）[M]. 北京：中华书局，2011：738–739.

的正常功能）。"《经说》云："仁：仁，爱也；义，利也。爱利，此也。所爱所利，彼也。爱利不相为内外，所爱利亦不相为外内。其谓'仁，内也；义，外也'，举爱与所利，是狂举（胡乱提出不切实际的名）也。若左目出，右目入（就像提出"左眼管外视，右眼管内观"一样的怪异）。"① 章太炎把《墨经》中的这则案例，作为辩论可以不用"三支"（三段论）的证据。"立量者，常则也。有时不及用三支，若《墨经》之驳仁内义外。"② 根据佛经《大毗婆沙论》，章太炎进一步阐述"三支"之外的辩论的多种方法，"破人（驳斥对方）者，有违宗③，有同（等）彼④，有胜彼⑤。"⑥ 章太炎谓《墨经》"以言为尽悖。悖，说在其言"属于"胜彼破"。

关于推理的方法，《墨经》云："（地方）无穷不害（妨碍）兼（兼爱），说在盈（充满人口）否（没有充满人口）。"《经说》云："无：（反对兼爱的人说）'南者（南方）有穷则可尽（兼爱），无穷则不可尽。有穷无穷未可知，则可尽（可以兼爱）不可尽（不可以兼爱）未可知，人之盈之否（是否充满整个南方）未可知，人之可尽不可尽亦未可知，而必人之可尽爱也，誖。'（墨家的辩驳是）人若不盈无穷，则人有穷也，尽有穷无难；盈无穷，则无穷尽也，尽有穷无难。"⑦《墨经》云："不知其（人民）数而知其尽（兼爱）也，说在问（问人）者。"《经说》云："不：（反对兼爱的人说）不知其数，恶知爱民之尽之也？（墨家反驳）或者遗（失）乎其问也，尽问人，则尽爱其所问。

---

① 王讚源.墨经正读[M].上海：上海科学技术文献出版社，2011：158.

② 庞俊，郭诚永.国故论衡疏证（下）[M].北京：中华书局，2011：740.

③ 关于"违宗破"，章太炎在《国故论衡·原名》中的解释是，"彼以物有如'种极微'（原子）者，而忌言人有'菴摩罗识'（又称为'清净识'，'无垢识'，'真如识'，'如来藏识'），因言无相者无有。诘之曰：'如种极微有相不（否）？'则解（破）矣。"

④ 关于"同彼破"，章太炎在《国故论衡·原名》中的解释是，"彼以异域之政可法也，古之政不可法也，因言时异俗异，胡可得而法？诘之曰：'地异俗异，可得法不（否）？'则解（破）矣。"

⑤ 关于"胜彼破"，章太炎在《国故论衡·原名》中的解释是，"彼以世多宛言（妄言）也，谓'言皆妄'。诘之曰：'是言妄不（否）？'则解（破）矣。"

⑥ 庞俊，郭诚永.国故论衡疏证（下）[M].北京：中华书局，2011：740.

⑦ 王讚源.墨经正读[M].上海：上海科学技术文献出版社，2011：154.

若(则)不知其数而知爱之尽之也,无难。"①章太炎谓墨家的推理方法是适当的,"比量(推理)成而试之,信(确实)多合者,则比量不惑也。"②

1925年以后章太炎著《菿汉昌言》,晚年讲《诸子略说·墨家略说》中,对《墨经》进行了重新估价,与《国故论衡·原名》比较,批评重于表彰,其一,谓《墨经》开启了名家对"坚白同异"问题的讨论,"《墨经》上下所载,即坚白异同之发端",③批评"坚白同异"问题的讨论属于"诡辩"或"小辩","独《墨子》有坚白同异之说,惠施、公孙龙辈承之,流为诡辩,与孔子、荀子不同",④"《墨经》之说,正当时所谓小辩者"。⑤这其实表明,章太炎对《墨经》没有完全读懂,⑥因为《墨经》恰恰强烈反对诡辩,主张"(政治目的)明是非之分,审治乱之纪,(认识目的)明同异之处,察名实之理,(作用)处厉害,决嫌疑。"。⑦《墨经》讨论"坚白同异"问题,完全是为了"察名实之理","明是非之分",不是为了诡辩。其二,批评《墨经》科学的系统性不足,指出《墨经》虽然有"近于后世科学之语",但"既不周遍,又无部类,是何琐碎之甚",⑧"庞杂","不成片段","无系统","一鳞一爪,偏而不全,总不如几何学,事事俱备"。⑨其三,表彰墨子对科学技术的追求和科学原理的探究。墨子"能造机械、备攻守","尚匠,亦擅勾股测量之术",并"由股术进求其理"。⑩

六、章氏新名学话语体系的价值与影响

章太炎构建新名学话语体系,重点研究了惠施、尹文、荀子和《墨经》,

---

① 王讚源.墨经正读[M].上海:上海科学技术文献出版社,2011:156.

② 庞俊,郭诚永.国故论衡疏证(下)[M].北京:中华书局,2011:745.

③ 章太炎国学讲演录[M]诸祖耿,王謇,王乘六等记录.北京:中华书局,2013:272.

④ 章太炎国学讲演录[M].诸祖耿,王謇,王乘六等记录.北京:中华书局,2013:272.

⑤ 章太炎.菿汉三言[M].虞云国校点.上海:上海书店出版社,2011:109.

⑥ 2009年5月21日,王讚源在《墨经正读》"主编的话"中言,"近百年来,这么多的学者专家,花那么多的精力和时间研究《墨经》,可是到目前,竟没有人能真正懂得《墨经》六千文,你说奇怪不奇怪?"

⑦ 王讚源.墨经正读[M].上海:上海科学技术文献出版社,2011:197.

⑧ 章太炎.菿汉三言[M].虞云国校点.上海:上海书店出版社,2011:109.

⑨ 章太炎国学讲演录[M].诸祖耿,王謇,王乘六等记录.北京:中华书局,2013:273.

⑩ 章太炎国学讲演录[M].诸祖耿,王謇,王乘六等记录.北京:中华书局,2013:273.

对邓析、公孙龙及其他辩者的名学研究存在明显不足，探讨其中的原因，主要是因为章太炎对邓析、公孙龙及辩者存在严重的误解，章太炎谓邓析"变乱是非，民献襦袴（裤）而学讼，殆与后世讼师一流"，[1] 而"惠子和公孙龙子主用奇怪的论调，务使人为我驳倒，就是希腊所谓诡辩学派"[2]。当然，章太炎认为"惠施尚少诡辩之习也"，[3] 因此对惠施的研究多一点。尽管如此，章太炎构建的新名学话语体系，仍然具有重要的学术价值和思想价值，对民国时期和当代的名学研究、学术研究产生了长期的、深刻的影响。

就中国名学的研究范式创新而言，章太炎开创了以印度佛学（特别是因明学）、西方科学（数学、物理学、天文学、地理学、生物学等）与逻辑学研究中国名学的新范式，"首开墨佛论辩比较"，[4] 胡适称之为"互相印证，互相发明"，[5] 深刻影响了此后的名学研究和子学研究。胡适与钱穆均高度评价章太炎的《原名》，胡适誉之为"空前的著作"，[6] 钱穆誉之为"精辟有创见"，[7] 胡适分析其"所以能如此精到，正因为太炎精于佛学，先有佛家的因明学、心理学、纯粹哲学，作为比较印证的材料，故能融会贯通，于墨翟、庄周、惠施、荀卿的学说里面寻出一个条理系统"，[8] 胡适以《墨经》为例，说明这种"互相印证，互相发明"的研究范式的极端重要性，"《墨子》的《经》（上、下）《经说》（上、下）《大取》《小取》六篇，从鲁胜以后，几乎无人研究。到了近几十年之中，有些人懂得几何算学了，方才知道那几篇里有几何算学的道理。后来有些人懂得光学力学了，方才知道那几篇里又有光学力学的道理。后来有些人懂得印度的名学心理学了，方才知道这几篇里又有名学知识论的道理。到了今日，这几篇二千年没人过问的书，竟成为中国古代的第一奇书了！"[9]

---

① 章太炎国学讲演录 [M]. 诸祖耿，王謇，王乘六等记录. 北京：中华书局，2013：234.
② 章太炎. 国学概论 [M]. 长沙：岳麓书社，2009：28.
③ 章太炎国学讲演录 [M]. 诸祖耿，王謇，王乘六等记录. 北京：中华书局，2013：279.
④ 郑杰文.20 世纪墨学研究史 [M]. 北京：清华大学出版社，2002：50.
⑤ 胡适. 中国哲学史大纲 [M]. 长沙：岳麓书社，2009：19.
⑥ 胡适. 中国哲学史大纲 [M]. 长沙：岳麓书社，2009：19.
⑦ 钱穆. 国学概论 [M]. 北京：商务印书馆，1997：323.
⑧ 胡适. 中国哲学史大纲 [M]. 长沙：岳麓书社，2009：19.
⑨ 胡适. 中国哲学史大纲 [M]. 长沙：岳麓书社，2009：19-20.

就中国学术话语体系的创新而言，章太炎创立了近代新名学话语体系，对中国传统名学进行了反思、继承、转化与创新，对中国科学、逻辑学、知识论的发展产生了巨大的影响。郭齐勇等指出，"随着西方认识论、逻辑学、印度因明学的传入和研究"，学者们开始了"名家价值和意义的再发现"。^①章太炎提出的广义名家论（"名家之真谛，散在诸子者也"），启发了胡适等人提出"先秦无名家"论。胡适谓"古代本没有什么'名家'，无论哪一家的哲学，都有一种为学的方法。这个方法，便是这一家的名学（逻辑）"，"因为家家都有'名学'，所以没有什么'名家'。"^②蒋伯潜谓"我国周秦之际之'名学'，犹印度之因明、西洋之逻辑，同为辩证术，为各家都需要的阐发自己学说、驳斥他派学说的工具"，"向来所谓'名家'，如惠施、公孙龙等，则似于辩论之外，并没有充实的内容、特殊的学说；故无以名之，名之曰'名家'而已。"^③章太炎的狭义名家"诡辩"论，成为近代新名学话语体系的主流话语，同时也成为"二十世纪研究名家、名学最感困惑"^④的重大问题。深受章太炎名学影响的胡适，谓惠施、公孙龙的学说虽然"极妙"，却属于"诡辩"，"不用明白晓畅的文字来讲解，却用许多极怪僻的'诡辞'，互相争胜，'终身无穷'。"^⑤侯外庐也认为战国中期的名家属于"诡辩家"，惠施、公孙龙的名学属于"唯心论的诡辩主义"。^⑥赵吉惠指出，"自二十世纪初期即1919年2月由商务印书馆出版的胡适名作《中国哲学史大纲》卷上问世，开始用现代方法研究'名学'，以至于八十年代出版的有影响的中国哲学史、中国思想史著作，对于先秦名家的评价始终没有完

① 郭齐勇，吴根友.诸子学通论[M].北京：商务印书馆，2015：362.
② 胡适.中国哲学史大纲[M].长沙：岳麓书社，2009：142.胡适、钱穆等人把惠施、公孙龙等归之为墨家。胡适在《中国哲学史大纲》中批评汉代学者司马谈、刘向、刘歆、班固之流，"只晓得周秦诸子的一点皮毛糟粕，却不明诸子的哲学方法。于是凡有他们不能懂的学说，都称为'名家'。"劳思光《中国哲学史》（台北三民书局1981年版）、郭齐勇等《诸子学通论》均反对胡适的"家家都有名学论"。
③ 蒋伯潜.诸子学纂要[M].北京：首都经济贸易大学出版社，2017：204.
④ 董英哲.先秦名家四子研究（上）[M].上海：上海古籍出版社，2014：序言6.
⑤ 胡适.中国哲学史大纲[M].长沙：岳麓书社，2009：186.
⑥ 侯外庐.中国古代思想学说史[M].长沙：岳麓书社，2009：212.

全摘掉'诡辩'这顶帽子。"①其实名家并非"诡辩","虽尚辩而不必即尚诡也"。②章太炎提出的"名家不出于礼官"论，启发了胡适等人提出"诸子不出于王官论"，而章太炎的"诸子出于王官论"又成为胡适批判的靶子。胡适谓"近人说诸子出于王官者，惟太炎先生为最详，然其言亦颇破碎不完"，③"吾意以为诸子自老聃孔丘至于韩非，皆忧世之乱而思有以拯济之，故其学皆应时而生，与王官无涉。"④章太炎以科学、逻辑学、佛学对惠施、荀子、《墨经》名学的诠释，影响更加深远。章太炎对《墨经》的推崇与深入研究，深刻影响了民国时期的《墨经》研究，推动"《墨经》诸篇为研究墨学之中心"⑤。

结语

章太炎致力于先秦名家研究，重点研究了《墨经》、惠施、尹文与荀子，撰写了被胡适认为"精到"的《原名》与《明见》（收入《国故论衡》），又相继撰写了与名家有关的《膏兰室札记》《论诸子学》《论诸子学的大概》《国学概论》《国学略说·诸子略说》等，重新解读了名家学说，构建了近代新名学话语体系，提出了广义名家论、名家不出于王官论，开创了以印度佛学、西方科学与逻辑学研究名学的新典范，对先秦名学的创造性转化和创新性发展作出了杰出贡献，推动了现代逻辑学与科学的成长，推动了现代学术话语体系的生成。章太炎对新名学话语体系的建构，也存在诸多的不足之处，其一，以印度因明学、西方逻辑学和科学诠释先秦名学，存在不少扞格之处，有所牵强附会，如关于墨家名学也有逻辑学三段论的说法，关于惠施"历物"的一些"科学"解释；其二，对邓析、公孙龙及其他辩者的名学研究存在明显不足，对惠施、尹文的名学研究亦有待深入；其三，其关于公孙龙和辩者之名学的"诡辩"说，不如胡适、冯友兰等人解释得更加到位，产生了一定的不良影响。

① 董英哲.先秦名家四子研究（上）[M].上海：上海古籍出版社，2014：序言7.
② 冯友兰.中国哲学史[M].北京：中华书局，2014：207.
③ 胡适.中国哲学史大纲[M].长沙：岳麓书社，2009：300.
④ 胡适.中国哲学史大纲[M].长沙：岳麓书社，2009：302.
⑤ 栾调甫.墨子研究论文集[M].北京：人民出版社，1957：145.

第九章　章太炎与近代新法家话语体系的建构

法家以"富国强兵"为目标，以"法治""以刑去刑""农战"为基本方法，"是中国传统思想中唯一可以称为'政治学'的学派"。[①]自戊戌维新以来，投身"政治"的章太炎就对法家有浓厚好感，特别是对商鞅与韩非的学说推崇备至，自谓"老、庄、荀、韩，真天民之秀"，[②]"余所持论不出《通典》《通考》《资治通鉴》诸书，归宿则在孙卿（荀子）、韩非"。[③]为了推出自己的救国治国方案，章氏致力于新法家话语体系建设，对《管子》《商君书》《韩非子》等法家论著进行了深入研究，对管仲、商鞅、慎到、申不害、韩非等人的思想进行了重新诠释，同时对商鞅、秦始皇、李斯等人奠基的中国大一统体制的得失进行了评点，提出了中国治理的新思路与新方案，构建了近代新法家话语体系。[④]

一、"非所可语于任术一流"：质疑"法家出于理官"说

传统关于法家起源的学说为"法家出于理官"说，这一说法出自《汉书·艺文志》，本于刘歆《七略》，章太炎对此有不同认识，谓"法家者，略有两种，

---

① 宋洪兵.韩非子政治思想再研究 [M].北京：中国人民大学出版社，2010：3.

② 章太炎全集（书信集）[M].马勇整理.上海：上海人民出版社，2017：208.

③ 章太炎自述（1869—1936）[M].文明国编.北京：人民日报出版社，2011：8.

④ 章氏构建新法家话语体系的文章，主要有《訄书》初刻本（1894–1900）中的《儒法》《官统》《商鞅》《正葛》《刑官》《定律》，《訄书》重订本（1902–1904）中的《儒法》《通法》《官统》《商鞅》《正葛》《刑官》《定律》，《检论》（1914–1915）中的《原法》《通法》《官统》《五术》《刑官》《商鞅》《思葛》，《太炎文录初编》中的《秦献记》《秦政记》《五朝法律索隐》《官制索隐》《说刑名》《释戴》《非黄》《代议然否论》，《国故论衡》中的《原道》（下），以及《论诸子学》（《诸子学略说》）、《诸子略说》，其他如《诸子学的大概》《国学概论》等，亦有涉及。

其一为'术',其一为'法'",①只有主"法"的一派,出于"理官",主"术"的一派与"理官"没有什么关系,"法家有两派:一派以法为主,商鞅是也;一派以术为主,申不害、慎到是也。惟韩非兼擅两者,而亦偏重于术。出于理官者,任法一派则然,而非所可语于任术一流。"②

法家的主流不是主"法"派,而是主"术"派,"商鞅不务术,刻意任法,真所谓出于理官者。其余申不害、慎到,本于黄老,而主刑名,不纯以法为主。韩非作《解老》《喻老》,亦法与术兼用者也。太史公以老、庄、申、韩同传,而商君别为之传,最为卓识。"③

法家主"术"派,非出于"理官",而是本于道家。法家主"术"派,以"道"为本,以"法"为末,"自管子以刑名整齐国,著书八十六篇,而《七略》题之曰道家。然则商鞅贵宪令,(申)不害主权术,自此始也。道其本已,法其末已",④法家主"术"派皆从老学发展而来,本于"黄老",而主"刑名",故与道家相近,而法家主"法"派则与道家相反,老子谓"法令滋章,盗贼多有",而法家主"法"派主张"任法而治",⑤"以法治者,强",⑥故章氏谓"为术者,则与道家相近;为法者,则与道家相反",⑦法家主"术"派,与"理官"毫无关系,与道家关系密切,可以说"出于道家",章氏谓"主术者用意最深。其原出于道家,与出于理官者绝异"。章氏举证辛伯、管子为"法家出于道家"的案例,"春秋时世卿执政,国君往往屈服。反对世卿者,辛伯谏周桓公云:'并后匹敌,两政耦国,乱之本也。'辛伯者,辛甲之后,是道家渐变而为法家矣。管子亦由道家而入于法家,《法法》篇谓'人君之势,能杀人,生人、富人、贫人、贵人、贱人。人主操此六者以畜其臣;人臣亦望此六者以事其君。六者在臣期年,臣不忠,君不能夺;在子期年,子不孝,父不能夺。故《春秋》之记,臣有弑其君,子又弑其父者'。其惧大权之旁落如此。"道家为何能演变为法

① 章太炎全集(演讲集上)[M].章念驰编订.上海:上海人民出版社,2015:60.
② 章太炎全集(演讲集下)[M].章念驰编订.上海:上海人民出版社,2015:1021.
③ 章太炎全集(演讲集下)[M].章念驰编订.上海:上海人民出版社,2015:1021.
④ 章太炎全集(訄书初刻本,等)[M].朱维铮点校.上海:上海人民出版社,2014:9.
⑤ 商君书·慎法第二十五[M].石磊译注.北京:中华书局,2011:171.
⑥ 商君书·去强第四[M].石磊译注.北京:中华书局,2011:39.
⑦ 章太炎全集(演讲集上)[M].章念驰编订.上海:上海人民出版社,2015:60.

家，章氏的分析是，老子是"道家、法家之枢转"的关键人物，"老子则云：'鱼不可脱于渊，国之利器不可以示人。'语虽简单，实最扼要。盖老子乃道家、法家之枢转矣。"① 章太炎的认识既立足于《老子》文本的义理，亦立足于老子思想的实际影响。章氏有关于"诸子出于王官论"的宏观阐述，但亦有对"诸子出于王官论"的具体质疑，"法家不出于理官论"可以视为章氏对"诸子出于王官论"质疑的确切证据。胡适有"诸子不出于王官论"，既批评章氏"诸子出于王官论"，谓"章太炎先生之说，亦不能成立"，② 又受到章太炎对"诸子出于王官论"质疑的影响，谓诸子"交互影响"。③

二、"即变民主，无益于治"："专制"与"法治"新论

战国时期，法家辈出，变法相继，这是一个法家大显身手的时代，当时为何需要法家？章太炎认为，法家的产生有其历史的应然性和急迫性，即身处"礼崩乐坏"、列国纷争、"杀人盈城""杀人盈野"的时代，国家渴望富国强兵，人民渴望和平稳定，极度忧虑生命财产的安全，而法家致力于社会秩序的恢复，国家的稳定与富强，故法家应运而生，"当是时，民不患其作乱，而患其驰荡姚易以大亡其身。于此有法家焉，虽小器也，能综核名实，而使上下交蒙其利，不犹愈于荡乎？苟曰吾宁国政之不理，民生之不遂，而必不欲使法家者整齐而搏绌之。是则救饥之必待于优饭，而诚食壶殑者以宁为道殣也。"章太炎的结论是，"以法家之鸷，终使民生；以法家之刻，终使民膏泽。"④

近代以来，在西方"民主"思想的观照下，法家受到主张"专制"的严厉指责，章太炎谓法家主张"专制"并非法家的罪过，因为先秦诸子亦多主张"专制"，主张"专制"是当时时代的需求，是针对"贵族用事"的理性应对之道，"春秋之后，大臣篡弑者多，故其时论政治者，多主专制。主专制者，非徒法家为然，管子、老子皆然。即儒家亦未尝不然。盖贵族用事，最易篡夺，君不专制，则臣必擅主。是故孔子有不可以政假人之论。而孟子对梁惠王之言，先及弑君。"

---

① 章太炎全集（演讲集下）[M].章念驰编订.上海：上海人民出版社，2015：1021.

② 胡适.胡适文集2（胡适文存）[M].欧阳哲生编.北京：北京大学出版社，2013：168.

③ 胡适.胡适文集2（胡适文存）[M].欧阳哲生编.北京：北京大学出版社，2013：170.

④ 章太炎全集（訄书初刻本，等）[M].朱维铮点校.上海：上海人民出版社，2014：83.

章氏认为，只有孟子、庄子反对"专制"，但二人亦无"民主之说"，因为"民主之说"并非时代的需求，即使当时采用"民主"制度，也不是结束"礼崩乐坏"、终止"列国纷争"的有效对策，"惟孟子不主用术，主用仁义以消弭乱原，此其与术家不同处耳。庄子以法术仁义都不足为治，故云'窃钩者诛，窃国者侯'，'绝圣弃智，大盗乃止'。然其时犹无易专制为民主之说，非必古人未见及此，亦知即变民主，无益于治耳。"①

就法家而言，商鞅主张"任法""法治""重刑""以刑去刑"，韩非主张"无书简之文，以法为教；无先王之语，以吏为师"，章氏批评其"有见于国，无见于人；有见于群，无见于孑"，导致"政之弊，以众暴寡，诛岩穴之士；法之弊，以愚割智。"②但这并非主张君主"专制"（"心治"），商鞅明确主张"刑赏断于民心""治不听君，民不从官"。③韩非明确反对君主"释法用私"④"释法术而心治"，⑤主张君主应该"忠法"⑥"无为于上""不穷于智""不穷于能""不穷于名"，"去智""去贤""去勇""去好""去恶""去旧""无事"，"有智不以考虑，使万物知其处；有贤而不以行，观臣下之所因；有勇而不以怒，使群臣尽其武。"⑦章太炎认为中国古代的帝王制度，仅有"专制"之名而无"专制"之实，"帝王制度亦仅有专制之伪名，并无专制之实力"。中国历史上大部分时期并不存在君主"专制"，"中国惟汉可称专制，三国以降，名为专制，实则放任"。⑧汉代"专制"，与商鞅、萧何也没有关系，而是"董仲舒、公孙弘之徒，踵武公羊氏而文饰之，以媚人主，以震百辟，以束下民，于是乎废《小雅》。此其罪则（公孙）弘、（董）仲舒为之魁，而（张）汤为

---

① 章太炎全集（演讲集下）[M]. 章念驰编订. 上海：上海人民出版社，2015：1022.

② 章太炎全集（国故论衡先校本　校定本）[M]. 王培军，马勇整理. 上海：上海人民出版社，2017：121.

③ 商君书·说民第五 [M]. 石磊译注. 北京：中华书局，2011：54.

④ 韩非子·有度 [M]. 高华平，王齐洲，张三夕译注，北京：中华书局，2010：50.

⑤ 韩非子·用人 [M]. 高华平，王齐洲，张三夕译注，北京：中华书局，2010：302.

⑥ 韩非子·安危 [M]. 高华平，王齐洲，张三夕译注，北京：中华书局，2010：293.

⑦ 韩非子·主道 [M]. 高华平，王齐洲，张三夕译注，北京：中华书局，2010：35.

⑧ 章太炎全集（演讲集上）[M]. 章念驰编订. 上海：上海人民出版社，2015：168.

之辅，于商鞅乎何与？"① 即使是满清政府也是"名为专制，其实放任而已"。②

先秦诸子虽然并不主张民主，但并非不赞同民权，章氏谓："民权者，文祖五府之法，上圣之所以成既济也。"但先秦诸子认识到，民权的实施有其特定的历史条件，需要"法"（法治）、"人"（辩慧之士）"时"（时机）的同时具备，"有其法矣，而无其人；有其人矣，而无其时；则三统之王者起而治之。降而无王，则天下荡荡无文章纲纪，国政陵夷，民生困弊，其危不可以终一铺"，③ "夫使民有权者，必其辩慧之士，可与议令者也。"④

章太炎对"法家"与"法治"有其新解。章氏认为"法家"之"法"乃是广义的"法"，认为"法治"是"以制度治国"，⑤ "法家"即是"政治家"。"法者，制度之大名。周之六官，官别其守而陈其典，以扰义天下，是之谓法。故法家者，则犹西方所谓政治家也，非胶于刑律而已"。⑥ "礼"是一个比狭义的"法"（刑法）更广义的概念，与广义的"法"含义相同，"礼者，法度之通名，大别则官制、刑法、仪式是也"，⑦ "礼"蕴含的"官制"与"刑法"，属于"法"的内涵。法家是"政治家"，不是"刀笔吏"（司法人员与行政人员），章太炎区别了"法家"与"刀笔吏"，认为二者"其优绌诚不可较哉！且非特效之优绌而已，其心术亦殊绝矣"⑧。

"法治"不是"人治"，但"法治"离不开人的主体性与可操作性（"法不自用"），章太炎反对"有治法无治人"的简单说法，重新思考了人与法的关系，提出"法者，非生物，人皆比周，则法不自用"。⑨ 健全的法治需要严格的完善的监督体制（中央有"御史台"，地方有"监刺史"），才具有可操

---

① 章太炎全集（訄书初刻本，等）[M]. 朱维铮点校. 上海：上海人民出版社，2014：621.

② 章太炎全集（演讲集上）[M]. 章念驰编订. 上海：上海人民出版社，2015：169.

③ 章太炎全集（訄书初刻本，等）[M]. 朱维铮点校. 上海：上海人民出版社，2014：82-83.

④ 章太炎全集（訄书初刻本，等）[M]. 朱维铮点校. 上海：上海人民出版社，2014：82.

⑤ 《商君书》之《壹言第八》谓"凡将立国，制度不可不察也，治法不可不慎也，国务不可不谨也，事本不可不抟也。"

⑥ 章太炎全集（訄书初刻本，等）[M]. 朱维铮点校. 上海：上海人民出版社，2014：80.

⑦ 章太炎全集（訄书初刻本，等）[M]. 朱维铮点校. 上海：上海人民出版社，2014：405.

⑧ 章太炎全集（訄书初刻本，等）[M]. 朱维铮点校. 上海：上海人民出版社，2014：81.

⑨ 章太炎全集（太炎文录初编）[M]. 徐复点校. 上海：上海人民出版社，2014：124.

作性。"诚听于法，当官者犹匠人，必依规矩。藉令小有差跌，而弹治者谁也？害及齐民，民故走诉之；害未及齐民，则监剌史摘发之，以告选部御史台，而议其过。"① 重"法"不仅仅是重"律"，"法治"不仅仅是"律治"，"法治"要与"礼治""德治"结合在一起。"后世有律，自萧何作《九章》始。远不本商，而近不本李斯。张汤、赵禹制徒起，踵武（萧）何说而纹饰之，以媚人主，以震百辟，以束下民，于是乎废《小雅》。此其公孙弘为之魁，而汤为之辅，于商鞅乎何与？"② "法治"不等于"专制"（"行己"），"专制"不是"法治"，"法治"是"以百姓心为心"，"辅万物之自然而不敢为"。"法家者，辅万物之自然而不敢为，与行己者绝异"，③ 章氏坚决反对以"专制"为"法治"的误解，"若夫张汤，则专以见知腹诽之法，震怖臣下，诛锄谏士，艾杀豪杰，以称天子专制之意。"④ 法家虽然主张"以刑去刑"（用重刑杜绝犯罪）、"行刑重轻"（加重刑于轻罪）、⑤ "重罚轻赏"（加重刑罚，减轻赏赐）、⑥ "重刑而连其罪"（加重处罚力度，建立连坐制度）、⑦ "去奸之本莫深于严刑"（消灭犯罪的根本在于严刑峻法），⑧ 但重"法"不等于重"刑"，"刑治"不等于"法治"，法外施刑不是"法治"（"不踰法以施罪"），严刑峻法必须是严格以法为据的，而非任意肆为，其目的是达到消灭犯罪和社会自治的效果。"商鞅、韩非虽阴，不踰法以施罪"，⑨ "法治"的最终目的是达到"富国强兵"⑩和社会高度自治有序（"治不听君，民不从官"⑪），法家并不把严刑峻法作为"法治"的目的，章氏对以张汤为代表的"刀笔吏"把"法治"简单理解为"惟在于刑"的司法行为进行了严厉批判，"（张汤之徒）此其鹄的惟在于刑，其刑惟在于簿书筐

① 章太炎全集（太炎文录初编）[M]. 徐复点校. 上海：上海人民出版社，2014：124–125.
② 章太炎全集（訄书初刻本，等）[M]. 朱维铮点校. 上海：上海人民出版社，2014：80.
③ 章太炎全集（太炎文录初编）[M]. 徐复点校. 上海：上海人民出版社，2014：121.
④ 章太炎全集（訄书初刻本，等）[M]. 朱维铮点校. 上海：上海人民出版社，2014：80.
⑤ 商君书·去强第四 [M]. 石磊译注. 北京：中华书局，2011：44.
⑥ 商君书·去强第四 [M]. 石磊译注. 北京：中华书局，2011：41.
⑦ 商君书·垦令第二 [M]. 石磊译注. 北京：中华书局，2011：16.
⑧ 商君书·开塞第七 [M]. 石磊译注. 北京：中华书局，2011：75.
⑨ 章太炎全集（太炎文录初编）[M]. 徐复点校. 上海：上海人民出版社，2014：123.
⑩ 商君书·壹言第八 [M]. 石磊译注. 北京：中华书局，2011：78.
⑪ 商君书·说民第五 [M]. 石磊译注. 北京：中华书局，2011：55.

箧，而五官之大法勿与焉，任天子之重征敛恣调发而已矣。有拂天子之意者，则已为天子深文治之，并非能自持其刑也。"①法家虽然主张"法""术"并用，但有的重"法"，有的重"术"，章太炎认同"法""术"并用，同等重要，"大概用法而不用术者，能制百姓、小吏之奸，而不能制大臣之擅权"，②"申不害之术，能控制大臣，而无整齐百姓之法，故相韩不能致富强。商鞅之法，能至富强，而不能防大臣之擅权"③"法治"应该是儒法结合，法家虽然极力排斥儒家，但儒家并不完全排斥法家，大多数儒家"援引法家以为己用"，④章氏亦认同儒法互补并用，法治、礼治、德治三者应该结合，"儒者之道，其不能摒法家，亦明已。今乎法家亦得一于《周官》，而董仲舒之《决事比》，引儒附法，则吾不知也。"⑤先秦法家儒家亦是儒法结合，并没有纯粹的儒家与法家，儒家与法家只是相对而言，"吾观古为法者，商鞅无科条，管仲无五曹令，其上如流水。其次不从则大刑随之。贵其明信，不曰榷轻重。子弓曰：'居敬而行简，以临其民。'呜呼！此可谓儒法之君矣。"⑥"法治"应该是"礼""法"一体，儒家的"礼"与法家的"法"是相通的，都是以符合民心所向为前提和归宿的，"韩非任法，而孙卿亦故隆礼，礼与法则异名耳。"⑦章氏谓"法治"的最大效用在于法术与教化并用，否则仅靠严刑峻法未必有用，"假令（魏）惠王用公叔（痤）之言，使商鞅行法于魏，魏人被文侯武侯教化之后，宜非徒法之所能制矣"，⑧"尊贤上功"与"亲亲尚恩"二者不能偏废，"尊贤上功，国威外达，主权亦必旁落，不能免篡弑之祸，亲亲尚恩，以相忍为国，虽无篡弑之祸，亦不能致富强也。"⑨

　　在充分理解中西"法治"异同的基础上，章太炎认为可以吸收西方法治的

① 章太炎全集（訄书初刻本，等）[M].朱维铮点校.上海：上海人民出版社，2014：80-81.

② 章太炎全集（演讲集下）[M].章念驰编订.上海：上海人民出版社，2015：1021.

③ 章太炎全集（演讲集下）[M].章念驰编订.上海：上海人民出版社，2015：1024.

④ 章太炎政论选集（上册）[M].汤志钧编.北京：中华书局，1977：300.

⑤ 章太炎全集（訄书初刻本，等）[M].朱维铮点校.上海：上海人民出版社，2014：9.

⑥ 章太炎全集（訄书初刻本，等）[M].朱维铮点校.上海：上海人民出版社，2014：10.

⑦ 章太炎全集（太炎文录初编）[M].徐复点校.上海：上海人民出版社，2014：124.

⑧ 章太炎全集（演讲集下）[M].章念驰编订.上海：上海人民出版社，2015：1024.

⑨ 章太炎全集（演讲集下）[M].章念驰编订.上海：上海人民出版社，2015：1025.

积极因素，但要结合中国的制度文化传统与现实需求，未可简单模仿。章氏反对完全模仿西方的"三权分立"，主张中国式的分权制衡，提出五权分立学说，"三权分立之说，现今颇成为各国定制，然吾国于三权而外，并应将教育、纠察（监督）二权独立"，①行政权独立，国家元首的权力仅仅限于"行政国防，于外交则为代表，他无得与，所以明分局（分权）也。"司法权独立，司法官的地位与总统平等，权力与总统相互制衡，"不为元首陪属，其长官与总统敌体，官府之处分，吏民之狱讼，皆主之。虽总统有罪，得逮治罢黜，所以防比周也。"教育权独立，教育长官的地位与国家元首平等，权力与国家元首相互制衡，"学校者，使人知识精明，道行坚厉，不当隶政府，惟小学校与海陆学校属之，其他学校皆独立，长官与总统敌体，所以使民智发越，毋枉执事也。"②司法系统不仅要独立化，而且要专业化，"司法官由明习法令者，自相推择为之，咨于政府，不以政府尸其黜陟。夫长吏不奸，裁判之权则无由肆其毒。司法官不由朝命，亦不自豪民选举，则无所阿附，以斟其文如是，而民免于陧杌矣。"③以司法权制衡行政权，"总统与百官行政有过及溺职受贿诸罪，人人得诉于法吏，法吏征之逮之而治之，所以正过举，塞官邪也。"④以法治严格限定总统的行政权，"总统任官以停年格迁举之，有劳则准则例而超除之，他不得用。官有专门者毋得更调，不使元首以所好用人也。在官者非有过失、罪状为法吏所报当者，总统不得以意降调，不使元首以所恶黜人也。凡事有总统亲裁者，必与国务官共署而行之，有过则共任之，不使过归于下也。"⑤章氏主张中国式"法治"，立法权归于专业人士（"明习法律者与通达历史周知民间利病之士"），"政府"与"豪右"没有立法权，否定了西方以"豪右"为代表的议会制度，"凡制法律不自政府定之，不自豪右定之，令明习法律者与通达历史周知民间利病之士，参伍定之，所以塞附上附下之渐也。法律既定，总统无得改，百官有司毋得违越。

---

① 中国近代思想家文库　章太炎卷 [M]. 姜义华编 . 北京：中国人民大学出版社，2015：93.

② 章太炎全集（太炎文录初编）[M]. 徐复点校 . 上海：上海人民出版社，2014：318.

③ 章太炎全集（太炎文录初编）[M]. 徐复点校 . 上海：上海人民出版社，2014：312.

④ 章太炎全集（太炎文录初编）[M]. 徐复点校 . 上海：上海人民出版社，2014：318–319.

⑤ 章太炎全集（太炎文录初编）[M]. 徐复点校 . 上海：上海人民出版社，2014：318.

有不守者，人人得诉于法吏，法吏逮而治之，所以戒奸纪也。"①章氏亦主张中国式"民权"，"民权"范围包括：政府收支公开受民监督（不是受议会监督）、征税否决权、非罪不得逮捕、参与国家急务（非常任代议制）、集会、言论、出版等各种权利，"凡经费出入政府，岁下其数于民，所以止奸欺也。凡因事加税者，先令地方官各询其民，民可则行之，否则止之，不以多数制少数也"；"民无罪者，无得逮捕，有则得诉于法吏而治之，所以遏暴滥也"；"民平时无得举代议士，有外交宣战诸急务，临时得遣人与政府抗议，率县一人。议既定，政府毋得自擅，所以急祸难也"；"民有集会、言论、出版诸事，除劝告外叛、宣说淫秽者，一切无得解散禁止；有则得诉于法吏而治之，所以宣民意也。"

三、"以'抑民尊君'蔽罪于商鞅"：商鞅变法的新评价

传统观点认为，商鞅的法家学说导致了中国古代的人民权利被严重压制（"抑夺民权"），导致了君主专制（"人君纵恣"），"自汉以来，抑夺民权，使人君纵恣者，皆商鞅法之说为之者"，②章太炎认为这是对商鞅的"谗诽"，是对商鞅法家学说的误解，而近代以来的误解尤为严重，"商鞅之中于谗诽也二千年，而今世为尤甚"，③戊戌维新时期，出现了一股批判商鞅、荀子、韩非子的"专制主义"学说的思潮，"凡非议法家者，自谓近于维新，而实八百年来帖括之见也"，④章太炎批评这股思潮属于"帖括之见"，故专著《商鞅》予以驳斥，"余著此篇，为世人所骇怪"。⑤以致与好友宋恕发生了严重分歧，"对商（鞅）、韩（非）之言甚为厌恶的宋恕，在戊戌年的日记中记下：'与枚叔争商鞅及鄂帅不合，大辩攻。'随后他致信章太炎：'商鞅灭文学，禁仁孝，以便独夫，祸万世，此最仆所切齿痛恨，而君乃有取焉。'因此要和章氏'暂绝论交'。"⑥

商鞅的"法治"并非君主"专制"（"任喜怒"），而是"任法"（"法

---

① 章太炎全集（太炎文录初编）[M]. 徐复点校. 上海：上海人民出版社，2014：318.
② 章太炎全集（訄书初刻本，等）[M]. 朱维铮点校. 上海：上海人民出版社，2014：80.
③ 章太炎全集（訄书初刻本，等）[M]. 朱维铮点校. 上海：上海人民出版社，2014：80.
④ 章太炎全集（訄书初刻本，等）[M]. 朱维铮点校. 上海：上海人民出版社，2014：83.
⑤ 章太炎全集（訄书初刻本，等）[M]. 朱维铮点校. 上海：上海人民出版社，2014：83.
⑥ 王锐. 自国自心：章太炎与中国传统思想的更生[M]. 北京：商务印书馆，2019：169.

任而国治"①）。商鞅主张"立君之道莫广于胜法（任法）"，②"治法不可不慎也"，③"以法治者，强"。④章氏谓商鞅把"任法"发挥到极致，完全符合现代法治精神，"鞅知有大法，而（张）汤知有狴狱之制度耳"，⑤即使是国君的言行也受到法律的严格约束，"方孝公以国事属鞅，鞅自是得行其意，政令出内，虽乘舆亦不得违法而任喜怒"，即使是未来的国君（"太子"）一旦违法，也必须受到法律的制裁，"辱大（太）子，刑公子虔，知后有新主能为祸福，而不欲屈法以求容阅。"⑥除了"重刑"与"轻刑"之异，商鞅的"法治"与西方的"法治"别无其他差异，"今西人之异于商君者，惟轻刑一事，其整齐严肃则一也。"⑦

　　章太炎从客观效果视角对商鞅变法予以高度评价，充分肯定商鞅所行的严格法治、军功爵制、奖励耕战等，都是利国利民的行为，最终实现"道不拾遗，山无盗贼，家给人足"，其"严刑峻法"只是"以刑维其法"，是实现"法治"的手段，而不是"以刑为法之本"，即不是"法治"的根本和目的，"鞅之作法也，尽九变以笼五官，核其宪度而为治本，民有不率，计画至无俚，则始济之以攫杀援噬。此以刑维其法，而非以刑为法之本也。故大（太）史公称之曰：行法十年，秦民大悦，道不拾遗，山无盗贼，家给人足。今夫家给人足而出于虔刘之政乎？功坚其心，纠其民于农牧，使向之游堕无所业者，转而傅井亩，是故盖藏有余，而赋税亦不至于缺乏。其始也觳，其终也交足，异乎其厉民以鞭箠，而务充君之左藏者也。"⑧章氏强调，正是因为商鞅执法严厉（"酷烈"），才会出现后来"家给人足，道不拾遗"的良好社会效果，"夫鞅之一日刑七百人以赤渭水，其酷烈或过于（张）汤，而苛细则未有也"，"刑七百人，盖所以止刑也。俄而家给人足，道不拾遗矣。虽不刑措，其势将偃齐斧以攻橾桷。

① 商君书·慎法第二十五 [M]. 石磊译注，北京：中华书局，2011：171.
② 商君书·开塞第七 [M]. 石磊译注. 北京：中华书局，2011：75.
③ 商君书·壹言第八 [M]. 石磊译注. 北京：中华书局，2011：76.
④ 商君书·去强第四 [M]. 石磊译注. 北京：中华书局，2011：39.
⑤ 章太炎全集（訄书初刻本，等）[M]. 朱维铮点校. 上海：上海人民出版社，2014：81.
⑥ 章太炎全集（訄书初刻本，等）[M]. 朱维铮点校. 上海：上海人民出版社，2014：81.
⑦ 章太炎全集（訄书初刻本，等）[M]. 朱维铮点校. 上海：上海人民出版社，2014：83.
⑧ 章太炎全集（訄书初刻本，等）[M]. 朱维铮点校. 上海：上海人民出版社，2014：80.

世徒见鞅初政之酷烈，而不考其后之成效，若鞅之为人，终日持鼎镬以宰割其民者，岂不谬哉！"①

商鞅被公认为典型的"法家"，"法家"虽然反对儒家道德，主张消除《诗》《书》、礼、乐、善、修、仁、廉、辩、智（"去此十者"②），但主要反对的是以道德作谋取名利的手段，不是反对道德自觉，更不是不讲个人道德，不择手段，而是以道德为实现"法治"的基础，章氏谓商鞅具有实现"法治"的人格，极为注重信用，属于"骨鲠之臣"，而非一味讨好君主的"佞媚"之士。即使是国君与太子违法，也敢于追究责任。

商鞅以"法治"为主导的变法取得巨大的成功，但亦有其特定的历史背景，有特定地域的适宜性，不可推而广之，章氏归结为秦国缺乏足够的教化，故商鞅类型的"法治"（"以刑去刑"，只重视"农战"，以"法治"对待贵族）反而容易推行，如果在教化基础良好的其他六国，商鞅变法未必行得通。"商鞅之法，亦惟可施于秦国耳。何者？春秋时，秦久不列诸侯之会盟，故《史记·六国表》云：'秦始小国辟远，诸夏宾之，比于戎翟。'商君曰：'始秦戎翟之教，父子无别，同室而居，今我更制其教，而为男女之别，大筑冀阙，营如鲁卫。'可见商鞅未至之时，秦民之无化甚矣。唯其无化，故可不用六虱，而专任以法。如以商君之法施之关东，正恐未必有效。"③

商鞅变法属于"救时"，有其特殊的针对性，并非要一劳永逸解决社会问题，不能把特定历史条件下的商鞅"法治"视为可以普世的价值，章氏谓"鞅固救时之相而已。其法取足以济一时，其书（《商君书》）取足以明其所行之法。非若儒墨之著书，欲行其说于后世者也。"④商鞅"法治"思想有其时代的约束、学派的局限、地域的局限与个人认识上的限制，主要表现在，其一，商鞅不重道德教化，章氏反复批判"商鞅不重孝弟、诚信、贞廉"，⑤"诋《诗》《书》，

①　章太炎全集（訄书初刻本，等）[M]. 朱维铮点校. 上海：上海人民出版社，2014：81.

②　商君书·农战第三 [M]. 石磊译注. 北京：中华书局，2011：29.

③　章太炎全集（演讲集下）[M]. 章念驰编订. 上海：上海人民出版社，2015：1024.

④　章太炎全集（訄书初刻本，等）[M]. 朱维铮点校. 上海：上海人民出版社，2014：82.

⑤　章太炎全集（演讲集下）[M]. 章念驰编订. 上海：上海人民出版社，2015：1025.

毁孝弟，"①"毁孝弟、败天性"。②其二，重"法"不重"术""势"，商鞅虽然认识到"术"为"国之要"，③"势""术"均为治国之"道"，"凡知道者，势、数（术）也"，主张"托其势"，"守其数（术）"，④但重视程度远远不够，章氏批评商鞅"能致富强，而不能防大臣之擅权"。⑤其三，抑制工商业发展，主张"事本而禁末"，⑥反对人口流动，"使民无得擅徙"。⑦其四，严刑峻法，主张"以战去战，虽战可也；以杀去杀，虽杀可也；以刑去刑，虽重刑可也"，⑧采用"重刑"，"连坐"，今日看来，都有违和平与人道。其五，有愚民思想，主张"民愚则易治也"，⑨提倡"有道之国务在弱民"⑩"下辩说技艺之民""贱游学之人"。⑪

四、"人主独贵者，其政平"：秦大一统体制的价值重估

秦始皇确立的大一统体制以君主"独制""法治"、中央集权、专业化的官僚制度、官吏任免退休制度、取消贵族权力世袭制度等为基本特征。除"人主独贵"外，法律面前人人平等，取消贵族制度，打破等级森严的"阶级"制度，"人主独贵者，其政平，不独贵，则阶级起。"⑫君主"独制"与"持法为齐"密切结合，把君主"独制"建立在"法治"基础上。"人主独贵者，政以独制。虽独制，然必以持法为齐。"⑬

---

① 章太炎全集（訄书初刻本，等）[M]. 朱维铮点校. 上海：上海人民出版社，2014：82.

② 章太炎全集（訄书初刻本，等）[M]. 朱维铮点校. 上海：上海人民出版社，2014：265.

③ 商君书·算地第六 [M]. 石磊译注. 北京：中华书局，2011：60.

④ 商君书·禁使第二十四 [M]. 石磊译注. 北京：中华书局，2011：165.《商君书》之《禁使》篇专门探索"势""术"在治国理政中的重要性。

⑤ 章太炎全集（演讲集下）[M]. 章念驰编订. 上海：上海人民出版社，2015：1024.

⑥ 商君书·壹言第八 [M]. 石磊译注. 北京：中华书局，2011：77.

⑦ 商君书·垦令第二 [M]. 石磊译注. 北京：中华书局，2011：17.

⑧ 商君书·画策第十八 [M]. 石磊译注. 北京：中华书局，2011：130–131.

⑨ 商君书·定分第八 [M]. 石磊译注. 北京：中华书局，2011：177.

⑩ 商君书·弱民第二十 [M]. 石磊译注. 北京：中华书局，2011：148.

⑪ 商君书·壹言第八 [M]. 石磊译注. 北京：中华书局，2011：76.

⑫ 章太炎全集（太炎文录初编）[M]. 徐复点校. 上海：上海人民出版社，2014：64.

⑬ 章太炎全集（太炎文录初编）[M]. 徐复点校. 上海：上海人民出版社，2014：65.

章氏认为中国古代把"平等"（"平其政"）发挥到极致的只有秦制，"古先民平其政者，莫遂于秦。"主要表现在：第一，皇室子弟不仅不参政，而且为"庶人"，"秦皇负扆以断天下，而子弟为庶人。"第二，将相官员的选拔标准为"功臣良吏"，"所任将相，李斯、蒙恬，皆功臣良吏也。"第三，皇帝后宫不得干预政治，"后宫之属，椒房之嬖，未有一人得自遂者。"第四，豪强富人不得兼并，"富人如巴寡妇，筑台怀清，然亦诛杀名族，不使兼并。"第五，高高在上的只有皇帝一人，但皇帝之所以尊贵是因为"秉政劳民""夫其卓绝在上，不与士民等夷者，独天子一人耳。天子以秉政劳民贵，帝族无功，何以得有位号？授之以政而不达，与之以爵而不衡，诚宜下替，与布衣黔首等。夫贵擅于一人，故百姓病之者寡。其余荡荡，平于浣准矣。"章氏预计，如果秦朝不是因为暴政导致二世而亡，秦制对后世的影响力可能会远远超过"三皇五帝""藉令秦皇长世，易代以后，扶苏嗣之，虽四三皇、六五帝，曾不足比隆也，何有后世繁文饰礼之政乎？"[①]

章太炎探究秦朝二世而亡之因，谓"非法之罪也"，乃秦二世暴政所致，"周继世而得胡亥者，国亦亡；秦继世而得成王者，六国亦何以仆之乎？"[②]秦二世暴政引发了人民反抗，从而被"欲复其宗庙"的六国贵族加以利用，导致秦朝覆灭。

秦始皇确立的大一统体制有其长期的历史传统，始于商鞅变法形成的"法治"传统，这种传统并未因商鞅之死而中断，而是被历代秦王持续坚持，"世受其术"，故最终能够形成可以施行于全国的、具有可操作性的大一统体制，"秦制本商鞅，其君亦世守法。韩非道：'昭王有病，百姓里买牛而家为王祷。王曰：非令而擅祷，是爱寡人也。夫爱寡人，寡人亦且改法，而心与之相循者，是法不立，法不立，乱亡之道也！不如人罚二甲，而与为治。秦大饥，应侯请发五苑以活民。昭襄王曰：秦法，使民有功而受赏。今发五苑之蔬草者，使民有功与无功惧赏也。夫发五苑而不乱，不如弃枣蔬而治。'要其用意，使君民不相爱，块然循于法律之中。秦皇固世受其术，其守法则非草茅、搢绅所能拟己（矣）。"[③]

---

① 章太炎全集（太炎文录初编）[M]. 徐复点校. 上海：上海人民出版社，2014：64–65.

② 章太炎全集（太炎文录初编）[M]. 徐复点校. 上海：上海人民出版社，2014：66.

③ 章太炎全集（太炎文录初编）[M]. 徐复点校. 上海：上海人民出版社，2014：65–66.

与素来为人所称道的汉文帝、汉武帝比较,章太炎对秦始皇的评价更高,"秦皇之与孝武,则犹高山之与大湫也。其视孝文,秦皇犹贤也。"章氏批评汉文帝不守法治("迁怒无罪,以饰己名"),更严厉批判汉武帝的任人唯亲("女富溢尤,宠霍光以辅幼主","嬖幸卫、霍、贰师之伦")和严重缺乏"法治"观念("孝武一怒,则大臣莫保其性"),谓秦始皇更具有法治与平等的意识。章氏谓"韩非有之曰:'明王之吏,宰相必起于州部,猛将必发于卒伍。夫有功者必赏,则爵禄厚而愈劝;迁官袭级,则官职大而愈治。'汉武之世,女富溢尤,宠霍光以辅幼主。平生命将,尽其嬖幸卫、霍、贰师之伦。宿将爪牙,若李广、程不识者,非摧抑,乃废不用。秦皇则一任李斯、王翦、蒙恬而已矣。岂无便辟之使,燕昵之谒耶?抱一司契,自胜而不为也。孝武一怒,则大臣莫保其性,其自太守以下,虽直指得擅杀之。文帝为贤矣,淮南之狱,案诛长吏不发封者数人,迁怒无罪,以饰己名。世以秦皇为严,而不妄诛一吏也。"① 对秦始皇的总体评价,章氏谓功大于过,"秦皇之庇华夏,功亦盛矣。"② 缺点有三:"秦皇微点,独在起阿旁,及以童男女三千人资徐福;诸巫食言,乃坑术士,以说百姓。其他无过。"③

五、"不燔六艺,不足以尊新王":秦始皇"焚书"新论

关于"焚书坑儒",历来多认为是秦始皇的暴政之一,而予以否定,而自近代以来,又有一些人为秦始皇翻案,谓"焚书坑儒"是子虚乌有的事情。其历史真相究竟如何,应该如何看待。

章太炎认为"焚书"事件是客观存在的,毋容置疑,除了"《秦纪》《史篇》、医药、卜筮、种树"之类的书籍以外,其他一切书籍,无论是"秘书私箧",还是"方策述作",都在焚烧与禁止之列,"余以为著于法令者,自《秦纪》《史篇》、医药、卜筮、种树而外,秘书私箧,无所不烧,方策述作,无所不禁。"④

至于"坑儒"事件,章氏亦认为是客观存在的,不容置疑,但事出有因,

① 章太炎全集(太炎文录初编)[M].徐复点校.上海:上海人民出版社,2014:65.
② 章太炎全集(訄书初刻本,等)[M].朱维铮点校.上海:上海人民出版社,2014:59.
③ 章太炎全集(太炎文录初编)[M].徐复点校.上海:上海人民出版社,2014:66.
④ 章太炎全集(太炎文录初编)[M].徐复点校.上海:上海人民出版社,2014:63.

属于偶然的历史事件，出于恶卢生"诽谤"，类似汉代"党锢之祸"，不是为了灭"文学"而坑杀"儒生"，"若其咸阳之坑，死者四百六十人，是特以卢生故，恶其诽谤，令诸生传相告引，亦犹汉世党锢之狱，兴于一时，非其法令必以文学为戮。"① 因此，章太炎更关注具有历史必然性的"焚书"事件背后的深刻根源。

考察"焚书"事件之因，章氏从时代需求与历史传统两个方面予以分析：其一，"焚书"事件有其"尊新王"的时代"需求"，"不燔六艺，不足以尊新王。诸子之术，分流至于九家，游说乞贷，人善其私，其相攻甚于六艺。今即弗焚，则恣其蔓衍乎？诸子与百家语，名实一也。不焚诸子，其所议者云何？"② 其二，"焚书"事件并非秦始皇时期的偶然事件，而是秦自商鞅变法以来的历史传统之一，"烧书者，本秦旧制，不始李斯，自斯始旁及因国耳。韩非言：'商鞅焚《诗》《书》，明法令，塞私门之请，以遂公家之劳；禁游宦之民，以显耕战之士。其验也。'商君既诛，契令犹在，遗法余教未替。"③ 商鞅确实认为"学民恶法"，④ 主张"不法古，不修今"，⑤ 谓"虽有《诗》《书》，乡一束，家一员（卷），犹无益于治也，非所以反之之术也"。⑥ 韩非亦认为"儒以文乱法""文学者非所用"⑦"藏管、商之法者家有之，而国愈贫""藏孙、吴之书者家有之，而兵愈弱"，主张"明主之国，无书简之文，以法为教；无先王之语，以吏为师"，⑧ 可见主张"法治者强"的"法家"多对书籍"乱法"深恶痛绝，而秦国有长期的"法治"传统，故"焚书"事件有其历史的必然性。

对于"焚书"事件中李斯的责任问题，章氏的分析是，"（李）斯受学孙卿，好文过于余主，此则令之之谏，零陵之难，成公之说，一切无所穷治，自其分也。又况票票羊、黄之徒乎？以（李）斯鼢于用法，顾使秦之黎献，因是得优游论著，

① 章太炎全集（太炎文录初编）[M]. 徐复点校. 上海：上海人民出版社，2014：64.
② 章太炎全集（太炎文录初编）[M]. 徐复点校. 上海：上海人民出版社，2014：63.
③ 章太炎全集（太炎文录初编）[M]. 徐复点校. 上海：上海人民出版社，2014：63.
④ 商君书·农战第三 [M]. 石磊译注，北京：中华书局，2011：31.
⑤ 商君书·开塞第七 [M]. 石磊译注，北京：中华书局，2011：71.
⑥ 商君书·农战第三 [M]. 石磊译注，北京：中华书局，2011：31.
⑦ 韩非子·五蠹 [M]. 高华平、王齐洲、张三夕译注，北京：中华书局，2010：709.
⑧ 韩非子·五蠹 [M]. 高华平、王齐洲、张三夕译注，北京：中华书局，2010：714.

亦（李）斯赞之矣！"①

六、"前代之图法，今以因革者也"：中国传统制度的反思

政治制度不存在"历史的终结"，世界上没有永恒不变的美好制度，政治制度是随着时间空间的变化而变化的，不仅与时俱进，而且有地域之别。章太炎极为强调制度之"变"，"帝王之政，不期于纯法八代。其次著法，维清缉熙，合符节于后王，足以变制者，则美矣"，任何根本的制度都是建立在传统延续与适时变化基础上的，"宪者，前代之图法，今以因革者也"。② 对于中国古代制度，章氏反对以"专制"为由一概抹杀，而是一分为二，不仅认识其缺陷，也看到其合理性，"不好将专制政府所行的事，一概抹杀"。③

对于秦汉奠基的中国大一统体制，章氏充分肯定其对中国历史发展的功绩，认识到大一统体制的合理性在于融中央"集权"与地方"自治"于一体，使得中国辽阔广袤、千差万别的国土能够得到有效的管理，又给予民间参政议政的机会，"（汉）景、武集权于中央，其郡县犹得自治"，④ 郡县制度是中央集权制度与地方自治制度的有效结合，与之前的分封制度既有重大区别，也有存续关系，"郡县之始，亡（无）大异于封建。汉氏因之，大（太）守上与天子剖符，而下得刑赏辟除。一郡之吏，无虑千人，皆承流修职，故举事易而循吏多。"肯定县制具有一定的"民主"色彩，有"议院之效""其县邑犹有议院""国命不出于议郎，而县顾独与议民图事""凡汉世道路河渠之役，今难其费，彼举之径易者，无虑议院之效"。⑤ 对于明朝施行的三司制度，章氏认识到其优点在于"分权制衡"，"三司同位，不相长弟，贤于后嗣常设督抚。后王式之，按察与布政分，则司法、行政异官之隧也；都指挥与布政分，则治戎、佐民异官之剂也。"⑥ 对于中国传统家族制度，近人为了谋民族国家之认同，图国家富强之速效，欲根本打破而快之，章氏认识到其合理性在于"均分支子、惩治恶逆、

① 章太炎全集（太炎文录初编）[M]. 徐复点校. 上海：上海人民出版社，2014：64.
② 章太炎全集（訄书初刻本，等）[M]. 朱维铮点校. 上海：上海人民出版社，2014：245.
③ 章太炎全集（演讲集上）[M]. 章念驰编订. 上海：上海人民出版社，2015：10.
④ 章太炎全集（訄书初刻本，等）[M]. 朱维铮点校. 上海：上海人民出版社，2014：245.
⑤ 章太炎全集（訄书初刻本，等）[M]. 朱维铮点校. 上海：上海人民出版社，2014：246.
⑥ 章太炎全集（訄书初刻本，等）[M]. 朱维铮点校. 上海：上海人民出版社，2014：249.

严科内乱"。①

对于中国传统法律制度，近人多批评其"酷烈"，章氏认识到其合理性在于"法不阿贵，绳不挠曲"，贫富犯罪，同等治罪，近于"法律面前人人平等""中国法律，虽然近于酷烈，但自东汉定律，直到如今，没有罚钱赎罪的事，惟有职官妇女，偶犯笞杖等刑，可以收赎。除那样人之外，凭你有陶朱、猗顿的家财，都得受刑，总与贫人一样。"②

对于中国传统科举制度，近人诟病严重，几予否定，章氏认识到其合理性在于打通了社会向上流动的渠道，给穷人"参预政权"的机会。章氏固然认同时人批判其中蕴含的"恶劣"性，"这科举原是最恶劣的，不消说了，但为甚隋、唐以后，只用科举，不用学校"，章氏更注重深思科举制度长期存在的合理性，"贫人总有做官的希望。若不如此，求学入官，不能不专让富人，贫人是沈（沉）沦海底，永无参预政权的日了。"③

对于中国传统宗教制度，近人多予以否定，要么主张学习西方的基督教制度，要么主张废除宗教制度。章氏则认识到其合理性在于政教分离与信教自由，既赋予人们安身立命的意义，又不干预国家政治的运作，"中国本无国教，不应认何教为国教，虽许信教自由，然如白莲、无为等教，应由学部检定教理，方予公行。政教分离，中国旧俗，其僧侣及宣教师，不许入官，不得有选举权。"④

对于中国古代皇室财政（宫中）与国家财政（府中）分立制度，章氏认识到其合理性在于"帝有私产，不异编户"，"少府（主管皇室财政）与主赋敛者（大司农）分。帝有私产，不异编户，后王以皇室典范所录别于赋税者也。"⑤

对于中国古代长期推行的均田制度，章氏认识到其合理性在于维护起点公平，有助于最大限度地消除贫富差距。章氏对均田制度情有独钟，高度赞美其"合于社会主义""中国特别优长的事，欧、美各国所万不能及的，就是均田一事，合于社会主义"。何谓均田制，章氏的解释是，"大氏先后所制，丁男受田，最多百亩，少不损害六十亩。亩以二百四十步为剂，视古百步则赢。民

① 章太炎全集（演讲集上）[M]. 章念驰编订. 上海：上海人民出版社，2015：163.

② 章太炎全集（演讲集上）[M]. 章念驰编订. 上海：上海人民出版社，2015：10.

③ 章太炎全集（演讲集上）[M]. 章念驰编订. 上海：上海人民出版社，2015：10、11.

④ 章太炎全集（演讲集上）[M]. 章念驰编订. 上海：上海人民出版社，2015：163.

⑤ 章太炎全集（訄书初刻本，等）[M]. 朱维铮点校. 上海：上海人民出版社，2014：245.

无偏幸，故魏、齐兵而不殚，隋世暴而不贫。讫于贞观、开元，治过文、景"，均田制建立了起点的公平，虽然不能完全消除贫富分化，但能最大限度延缓贫富分化的程度，"有均田，无均富；有均地著，无均智慧。今夏民并兼，视他国为最杀，又以商工百技方兴，因势调度，其均则易。后王以是正社会主义也。"① 均田制的最大效果在于，"贫富不甚悬绝，地方政治容易施行。"②

对于中国古代典章制度，总体看来，章氏认识到其合理性在于蕴含着社会平等的诉求，"中国一切典章制度，总是近于社会主义""我们今日崇拜中国的典章制度，只是崇拜我的社会主义。"③

章氏在认识中国传统制度合理性的同时，也清楚地看到其中存在的缺陷，如认为中国传统婚姻制度的缺点在于早婚制度与纳妾制度，"其纳妾一事，于国民经济、个人行为，诸多妨害，如家产之不发达，行为之多乖谬，由此事耗费为之者，十居七八焉。"④ 中国传统家族制度的缺点在于"死后继嗣"，章太炎主张"限制财产相续"。⑤ 认识到宦官制度的惨无人道（"无罪而宫人"）和恶劣后果（"分权陵主"），⑥ 主张废除宦官制度，高度评价梁太祖朱温废除宦官制度的行为，"梁大（太）祖恭行其罚，践位以后，切齿于薰椒，改枢密院曰崇政院，以敬翔为院使，不任中人，虽趋走禁掖者亦绝。及李氏破汳（汴），诏天下求唐宦者悉送京师。此梁无奄（阉）寺之征也。"⑦

章氏既然认识到中国传统制度文明有其深刻的合理之处，故坚决反对在制度上全盘西化的行为，反对"眩于西洋新制以至于不知别择"，⑧ 主张"其良法美俗应保存者，则存留之"，⑨ 章氏对于制度改革的切实建议是，"建设政府，

---

① 章太炎全集（訄书初刻本，等）[M].朱维铮点校.上海：上海人民出版社，2014：248.

② 章太炎全集（演讲集上）[M].章念驰编订.上海：上海人民出版社，2015：10.

③ 章太炎全集（演讲集上）[M].章念驰编订.上海：上海人民出版社，2015：10、11.

④ 章太炎全集（演讲集上）[M].章念驰编订.上海：上海人民出版社，2015：163.

⑤ 章太炎全集（演讲集上）[M].章念驰编订.上海：上海人民出版社，2015：162.

⑥ 章太炎全集（訄书初刻本，等）[M].朱维铮点校.上海：上海人民出版社，2014：558.

⑦ 章太炎全集（訄书初刻本，等）[M].朱维铮点校.上海：上海人民出版社，2014：248.

⑧ 王锐.自国自心：章太炎与中国传统思想的更生[M].北京：商务印书馆，2019：175.

⑨ 章太炎全集（演讲集上）[M].章念驰编订.上海：上海人民出版社，2015：161.

那项须要改良，那项须要复古，必得胸有成竹，才可以见诸施行"。①

七、"因其俗而为之约定俗成"：近代中国制度变革的反思

何谓"制度变革"？章太炎谓，制度变革的本质，不是推倒重来，而是因俗因地因时而变，"法律者，因其俗而为之约定俗成"，②制度变革是水到渠成，自然而然的，不是强行变革，"政治法律，皆依习惯而成，是以圣人辅万物之自然而不敢为，其要在去甚、去奢、去泰。"如果抛弃自己的原有制度，"横取"别国的制度强行在本国实施，完全是行不通的，"横取他国已行之法，强施此土，斯非大愚不灵者弗为。"③近代中国民主制度变革失败的根源，就在于简单模仿西方的政党制度、议会制度等，而没有深入思考其在本土实施的可行性，"外慕远西政党之名，内怀驰骛追逐之志"。④近人大多认为美国制度最为民主，值得仿效，而章氏认为不能模仿美国的制度，因为"中国与美国绝不同，美为新建之国，其所设施，皆可意造，较中国易，无习惯为之拘束也"。⑤中华民国诞生，不少革命人士主张采用美国的联邦制度，章氏以为不可，究其原因，制度基础根本不同，"美之联邦制，尤与中国格不相入，盖美之各州，本殖民地，各有特权，与吾各省之为行政区划、统一已久者不同，故绝不能破坏统一而效美之分离。"⑥

在深入认识"制度变革"的本质基础上，章太炎设计了近代中国制度变革的基本原则，"中国本因旧之国，非新辟之国，其良法美俗，应保存者，则存留之，不能事事更张也。"⑦中国传统制度虽然"阔疏"，但其合理性在于"考课有官，除授有法"，胜过西方的议会制度与政党制度，只要做到"简练其精，陶（淘）

---

① 章太炎全集（演讲集上）[M]. 章念驰编订. 上海：上海人民出版社，2015：10.

② 章太炎全集（太炎文录初编）[M]. 徐复点校. 上海：上海人民出版社，2014：72.

③ 中国近代思想家文库　章太炎卷 [M]. 姜义华编. 北京：中国人民大学出版社，2015：92.

④ 中国近代思想家文库　章太炎卷 [M]. 姜义华编. 北京：中国人民大学出版社，2015：86.

⑤ 章太炎全集（演讲集上）[M]. 章念驰编订. 上海：上海人民出版社，2015：161.

⑥ 章太炎全集（演讲集上）[M]. 章念驰编订. 上海：上海人民出版社，2015：161.

⑦ 章太炎全集（演讲集上）[M]. 章念驰编订. 上海：上海人民出版社，2015：161.

汰其粗"就足够了。① 中国应该走自己的制度现代化之路，不能刻意去模仿西方的君主立宪制度与民主共和制度。君主立宪制度与民主共和制度，分别发源于英国与法美，西方各国虽然相继采用，但其"形式虽同，中坚自异"，中国应该在传承自身传统制度合理之处的基础上，吸取西方现代政治制度的合理之处，融合创造一种不同于西方两种制度的"第三种制度"，"中国当继起为第三种，宁能一意刻划，施不可行之术于域中耶？"②

如何吸取西方民主共和制度的合理之处，章氏认为可以学习其总统制，但要摒弃其议会制度，"吾党以为革命既成，必不容大君世祚，惟建置大总统为无害；而又慕说美利坚人哀思窈窕为我好仇，故联想及于共和政体。不悟置大总统则公，举代议士则戾，且未尝推校丁口与他国相稽也。"③ 近代中国为何不能模仿西方的议会制度？章氏分析了三点原因：其一，西方议会制度适合小国，而不适合中国这样的长期采用大一统体制的大国。西方议会制度源于雅典制度，而雅典是城邦小国，西方各国相对中国而言也是小国，西方大国则是采取地方自治性质的联邦制度（自治小国的联合），章氏谓"今欧洲诸国，皆方雅典，搋大即揪缩为代议。汉土视英、德、法又大至五六倍，视美利坚其民则繁庶至五六倍，由是代议又不可行；行之惟有分州以治，又不足县群众，而有害于和会；是故监督政官之责，当移于法司，此形势自然也。"④

其二，西方议会制度根源于以贵族世袭、等级权力为核心的"封建制度"，而中国自秦统一以来施行的是以"平等"为价值理念、以专门化的官僚系统为治理体系的大一统体制。章氏谓"议者欲反古初合以泰西立宪之制。庸下者，且沾沾规日本。不悟彼之去封建近，而我之去封建远。去封建远者，民皆平等；去封建近者，民有贵族黎庶之分。与效立宪而使民有贵族黎庶之分，不如王者一人秉权于上，规摹廓落则苛察不遍行，民犹得以纾其死。"⑤

其三，西方议会制度立足于利益集团的形成与"阶级分化"的产生，中国

---

① 章太炎全集（太炎文录初编）[M]. 徐复点校. 上海：上海人民出版社，2014：129.

② 中国近代思想家文库 章太炎卷 [M]. 姜义华编. 北京：中国人民大学出版社，2015：92.

③ 章太炎全集（太炎文录初编）[M]. 徐复点校. 上海：上海人民出版社，2014：316.

④ 章太炎全集（太炎文录初编）[M]. 徐复点校. 上海：上海人民出版社，2014：320.

⑤ 章太炎全集（太炎文录初编）[M]. 徐复点校. 上海：上海人民出版社，2014：311.

缺乏西方意义上的"阶级",一旦搞议会制度是"横分阶级",到时只会导致"土豪"横行,而非"贤良"在位,故章氏谓"选举法行,则上品无寒门,而下品无膏粱。名曰国会,实为奸府,徒为有力者傅其羽翼,使得腰膂齐民甚无谓也"。① 中国如果盲目模仿西方的议会制度,恰恰使得中国原有制度的"平等"性被强行消解了,遗祸无穷,"必欲阘置国会,规设议院,未足佐民,而先丧其平夷之美。若是者,于震旦为封豕,投畀有北,未足以尽其诛。"②

清末法律制度改革,生硬模仿西方"法理""法令",章氏表示反对,"季世(清末)士人,虚张法理,不属意旧律,以欧美有法令,可因儳之也。"清末法律制度改革的目的,不是为了人民的利益,而是想要"比迹西方",以"杜塞领事法权","虏庭(清朝)设律例馆,亦汲汲欲改刑法,比迹西方。其意非为明罚饬法,以全民命,惩奸宄,徒欲杜塞领事法权,则一切不问是非,惟效法泰西是急。"清末法律制度改革成为"外交"的工具,缺乏自己内在的理路,"今以改律为外交之币,其律尚可说哉!"章氏严厉批判清末法律制度改革"醟涵于西方法令",没有以"是非利害"为标准,"虏庭亵御无足道,诸士人醟涵于西方法令者,非直不问是非,又不暇问利害,直以殉时诡遇,又愈在虏庭亵御下矣。"③ 近代中国刑法制度改革,未必要学习西方的"轻刑"制度,中国也有自己的"省刑"传统,中国刑法制度的失误不在"刑重之失",而在"轻罪重刑","杀一人不以其罪,圣王有向隅之痛,是故持仁恕之说者,必曰省刑。西人效之,几于刑措。虽然,殃咎者,人主与执法之吏所宜任也。苟诛杀而当,虽少(稍)残酷,犹足以庇民,何取于省?夫中国所患,非刑重之失也,特其米盐琐细,罪不至死,而必致之弃市磐首者,为可减耳。"④ 法家主张"以刑去刑""轻罪重刑",旨在消灭犯罪,但这太理想化了,长期实践会必然导致"绞戾之使必不可行","法之不足以惩民者,非轻重为之也,绞戾之使必不可行耳。"但"重罪重刑""轻罪轻刑",还是可行的,"儒者不究其实,

① 章太炎全集(太炎文录初编)[M].徐复点校.上海:上海人民出版社,2014:313.

② 章太炎全集(太炎文录初编)[M].徐复点校.上海:上海人民出版社,2014:312.

③ 章太炎全集(太炎文录初编)[M].徐复点校.上海:上海人民出版社,2014:72.

④ 章太炎全集(訄书初刻本,等)[M].朱维铮点校.上海:上海人民出版社,2014:269–270.

而慕泰西轻刑之名，欲并断斩去之，谓可以仁恩感下民，斯已过矣。"①

对于通商口岸的法律制度，章氏谓应该制定一种适宜通商口岸"华洋杂居"的法律制度，既不是让华人、洋人适合两种不同的法律制度，也不是中国的法律制度完全与西洋的法律制度接轨，反对法律制度的制定者"欲屈法以就之"，"以一隅之事，变革域中"，"通商之岸，戎（欧美人士）夏相捽，一有贼杀，则华人必论死，而欧美多生。制律者欲屈法以就之，以为罪从下服，则吾民可以无死。乌乎（呜呼）！以一隅之事，变革域中，吾未睹其便也。"章氏主张"参中西之律"，制定特殊的法律制度，在通商口岸实行，"令宜与诸邻国约，于通商之地，特定格令，参中西之律以制断，而不以概域中。此轻重互相革也。"②

近代中国法律制度变革不应该完全抛弃传统，中国传统法律制度有"不可施行"之处，亦有值得学习之处，章氏指出"汉唐二律皆刻深，不可施行。求宽平无害者，上至魏，下讫梁，五朝之法而已。"在法律制度近代化方面，章氏既反对复古主义，亦反对欧化主义，"有可傅以西方之制者，有乎杰于汉土者；有可拟以近世之制者，有乎杰于前代者。驰说者不暇钩校，而空尊尚西方，或沾沾欲复《唐律》，此皆目录辜较之学，加以耳食，未尝问其甘苦云尔。"章氏认为中国传统法律制度中值得传承转化创新的是"五朝之法"，谓其合理之处在于，"一曰重生命，二曰恤无告，三曰平吏民，四曰抑富人。"③

八、"政府之可鄙厌，宁独专制"：近代西方政制的反思

章太炎认为近代西方虽然实行君主立宪，但其治国理念与政治制度之中，并没有完全破除君权神圣的观念与制度，"欧洲法家之训曰：'王者无恶，神圣而不可侵。'王者无恶，有事则与大臣分署也。神圣而不可侵，以其严威深閟也。"导致的结果是，一旦君主违法犯罪，并没有法律去惩罚君主的行为，"今是卒暴小忿，奋佩刀而刃人，及其略夺妇女以为嬖御，大臣所不署，严威所不扶。此谓匹夫之恶，其训不可用。而法律不著其条，独以侵人田器，予其

---

① 章太炎全集（訄书初刻本，等）[M]. 朱维铮点校. 上海：上海人民出版社，2014：270.
② 章太炎全集（訄书初刻本，等）[M]. 朱维铮点校. 上海：上海人民出版社，2014：271.
③ 章太炎全集（太炎文录初编）[M]. 徐复点校. 上海：上海人民出版社，2014：73.

请求。此虽立宪，犹恣人君，使得以一身为奸盗不轨也。"近人批判中国有"君主专制"，但中国自先秦以来就存在对君权神圣的批判，对君主违法犯罪的惩罚，"申无宇陈《仆区》之法，而楚子谢罪。孟轲陈古义，瞽瞍杀人，则皋繇得执之。夫以大（太）上之尊，而犹不免于五咤，使舜妄杀人，则治之等是矣。"章氏的疑问是，号称"民主"的西方为何却一直存在"君权神圣"的思想与制度，而被斥为"专制"的中国却没有，"中国以专制名，尚制是术。彼欧洲则阙者，何也？"①

西方议会制度一出现并非那么美好，而是起源于封建社会后期君主向贵族地主征税，"议院始牙（芽）蘖本为征税，而税实出于地主。既有地主一人足以摄千万人，是故就此访之，不必与无税之佃客议也。"②因此，议会制度是封建制度的一种传承与变体，有其特定的制度基础和文化基因，"代议者，封建之变相。其上置贵族院，非承封建者弗为也。民主之国，虽代以元老，蜕化而形犹在。"③西方议会制度存在"贵贱不相齿""贫富不相齿"的严重问题，"君主之国有代议则贵贱不相齿，民主之国有代议则贫富不相齿。"④追究议会制度出现严重问题之由，章氏认为出在"豪右据其多数"，这些人"惟以发抒党见为期，不以发抒民意为期"，甚至在经济利益方面"循私自环"，"庶事多端，或中或否，民不能豫揣而授其意于选人；选人一朝登王路，坐而论道，惟以发抒党见为期，不以发抒民意为期，乃及工商诸政，则未有不循私自环者。欧洲诸国中选者，亦有社会民主党矣。要之，豪右据其多数，众寡不当则不胜，故议院者，民之雠非民之友。"⑤章氏的结论是，议会制度是人民的敌人，而非人民的朋友。

章氏一针见血指出西方政治的弊病在于"以贿赂成""以苞苴致贵显""佞悦众人"，即"金钱政治"与"选战政治"，其政治品格属于"猥贱""今法之政治，以贿赂成，而美人亦多以苞苴致贵显。夫佞悦众人，与佞悦一君者，其细大虽有异，要之，猥贱则同也。"章氏谓不仅"专制"政府令人"鄙厌"，"民主立宪"也同样令人"鄙厌"，同样是"行谊不修，赇赂公行""承天下之下流者，

① 章太炎全集（訄书初刻本，等）[M].朱维铮点校.上海：上海人民出版社，2014：268.
② 章太炎全集（太炎文录初编）[M].徐复点校.上海：上海人民出版社，2014：323.
③ 章太炎全集（太炎文录初编）[M].徐复点校.上海：上海人民出版社，2014：311.
④ 章太炎全集（太炎文录初编）[M].徐复点校.上海：上海人民出版社，2014：318.
⑤ 章太炎全集（太炎文录初编）[M].徐复点校.上海：上海人民出版社，2014：322.

莫政府与官员议士若。行谊不修，赇赂公行，斯为官吏议士，而总其维纲者为政府。政府之可鄙厌，宁独专制？虽民主立宪，犹将拨而去之。藉令死者有知，当操金椎以趋冢墓，下见拿破仑、华盛顿，则敲其头矣。"①章氏分析美国政治的弊病有三，其一，议会权力缺乏有效节制，议员被利益集团所利用，"议院之权过高，则受贿鬻言，莫可禁制"；其二，以地方自治为支柱的联邦制度，导致政治虚弱，不能形成强大的政治合力，"联邦之形既减，故布政施法，多不整齐"；其三，政治被利益集团所绑架，社会两极分化严重，"臧吏遍于市朝，土豪恣其兼并。"②章氏指出法国政治的弊病在于过分自由和"相与因循""根本错误，在一意自由。民德已媮，习俗淫靡，莠言不塞，奇邪莫制，在位者无能改革，相与因循，其政虽齐，无救于亡国灭种之兆。"③章太炎揭穿近代西方"法治"的欺骗性，批判西方并不存在真正的"法治"，在很大程度上仍然是"以人智乱其步骤"，还是属于"人治"的范围，"举世皆言法治，员舆之上，列国十数，未有诚以法治者也。（黄）宗羲之言，远西之术，号为任法，适以人智乱其步骤。其足以欺愚人，而不足称于名家之前，明矣！"④

　　章太炎认为人类社会从来没有最美好的政治制度，历史上不存在，近代西方也不存在，只有"拥护吏民，为之兴利"的"稍优"的"政体""凡政体稍优者，特能拥护吏民，为之兴利，愈于专制所为耳。"章氏认为政府体系中的官僚无论多么清正廉洁，都没有能力摆脱权力被腐蚀的命运，最终都变成"顽钝无廉耻"，如果不这样的话则"弗能被任用"。章氏以"乾矢鸟粪之孳殖百谷"来比喻政府与人民的关系，谓"百谷无乾矢鸟粪不得孳殖，然其秽恶固自若。"但宣称要消灭丑恶政府的"无政府主义"，在章氏看来，只是一种空想，"求无政府而自治者，犹去乾矢鸟粪而望百谷之自长。"期盼有一种"完美政府"的观点，在章氏看来，也完全是空想而已，批判那些"矜美、法二国以为美谈"者⑤为以"乾

---

① 章太炎全集（太炎文录初编）[M]. 徐复点校. 上海：上海人民出版社，2014：82.

② 中国近代思想家文库　章太炎卷[M]. 姜义华编. 北京：中国人民大学出版社，2015：92.

③ 中国近代思想家文库　章太炎卷[M]. 姜义华编. 北京：中国人民大学出版社，2015：92.

④ 章太炎全集（太炎文录初编）[M]. 徐复点校. 上海：上海人民出版社，2014：129.

⑤ 章太炎全集（太炎文录初编）[M]. 徐复点校. 上海：上海人民出版社，2014：82.

矢""鸟粪"为"馨香"，"以生民之待政府而颂美者，犹见百谷之孳殖，而并以乾矢鸟粪为馨香也。"①

结语

清季民初，章太炎为何要重新诠释"法家"，构建新法家话语体系，究其原因，不外乎以下三点：其一，针对维新变法时期维新派对法家"专制"的批判，谓其"非议法家"，实际上是"八百年来帖括之见"，故不惮世人"骇怪"，②要为商鞅、韩非、申不害、慎到等法家人士恢复名誉，构建新法家话语体系。其二，弥补儒家治理国政方面的缺陷。儒家注重仁义道德的教化作用，但忽视"法治"的"无为而治"的作用，二者相互相成，不可偏废，"儒者之道，其不能摒法家，亦明已（矣）"，期待"儒法兼治"。③章太炎认为法家如商鞅、管仲也是践行"儒法兼治"理念的，"商鞅无科条，管仲无五曹令。其上如流水。其次不从则大刑随之。贵其明信，不曰捶轻重。"而儒家仲弓（子弓）也是奉行"儒法兼治"理念的，"子弓曰：'居敬而行简，以临其民。'乌乎（呜呼）！此可谓儒法之君矣。"④其三，探讨中国传统法律文化与制度中的"良法美俗"，⑤为中华民国建章立制确立原则、方向与可操作的规范。章太炎构建的近代新法家话语体系，具有以下主要内容：对"法家出于理官"说进行质疑，提出法家主流之"术"派出于道家的新见解。对法家"法治"学说进行了新的诠释，提出了行政、立法、司法、教育、纠察（监督）五权分立的新"法治"体系。对近人所谓法家主张"专制"的观点进行了重新思考，提出了"即变民主，无益于治"的新见解。对商鞅变法进行了重新评价，提出了商鞅"法治"并非"专制"的新见解。对秦始皇"焚书"事件作了重新考察，分析了"焚书"事件的历史根源与现实需求。对秦朝大一统体制进行了重新评价，充分肯定了大一统体制内在的"平等"性及其对中国历史发展的长期影响。理性分析了中国传统制度文明的合理性与缺陷，主张在传承本国传统制度合理之处的基础上，吸取西方近代制度的合理之处，

---

① 章太炎全集（太炎文录初编）[M]. 徐复点校. 上海：上海人民出版社，2014：82.

② 章太炎全集（訄书初刻本，等）[M]. 朱维铮点校. 上海：上海人民出版社，2014：83.

③ 章太炎全集（訄书初刻本，等）[M]. 朱维铮点校. 上海：上海人民出版社，2014：9.

④ 章太炎全集（訄书初刻本，等）[M]. 朱维铮点校. 上海：上海人民出版社，2014：10.

⑤ 章太炎全集（演讲集上）[M]. 章念驰编订. 上海：上海人民出版社，2015：161.

融合形成中国自己的近代新制度。对近代中国政治制度变革进行了反思，既反对复古主义，亦反对欧化主义，主张吸收转化创新，走自己的制度近代化之路。对西方近代政治制度形成的根源、缺陷、合理之处进行了辨析，结论是世界上没有完美的政治制度，不要盲目赞美西方的政党制度和议会制度。章太炎构建的新法家话语体系，对其后的"新法家"思潮和"评法"思潮产生了一定的影响，其对秦大一统体制和商鞅变法的新评价，对重写中国历史发生了重大影响。

结束语

　　章太炎是"有学问的革命家"，是"旧民主主义革命"时期最杰出的宣传家，是近代中国新子学话语体系的奠基人，也是近代中国学术（哲学、史学、文学、社会学、政治学等）话语体系的主要奠基人之一。

　　诸子学的近代转型既是回应西方殖民主义与现代性侵入的产物，也是清代"以子证经"的诸子学自我转型的产物。章太炎被胡适、钱穆、汪荣祖、姜义华、严寿澂等许多学者公认为近代中国新子学话语体系的奠基人。章太炎为何要积极构建近代新子学话语体系？为了救亡图存，章氏试图在子学中寻找救国方案；为了批判严酷的社会现实，章氏试图在子学中寻找"微言大义"；为了批判西方"现代性的话语霸权"，章氏试图从佛学与子学的糅合中寻找"理论武器"；为了建构中国自己的"现代性价值系统"与"现代化方案"，章氏试图在与西学有相通之处的子学中寻找"现代性基因"；为了解决深陷"古今中西大战"中的文化现代化困境，章氏试图在"先秦诸子百家争鸣"中寻找答案；为了批判守旧派、西化派、孔教派、新公羊学派、疑古派，章氏试图对子学进行"价值重估"；为了建构"革命道德"与"国民道德"，章氏试图在子学与佛学的融合中寻找"道德良方"；为了中华民族的延续与复兴，章氏试图保存历史文化（子学史学化）的"火种"；针对子学研究者的方法论缺陷，章氏试图指示新子学研究的门径。

　　章太炎构建的近代新子学话语体系，具有开创性、应世性、批判性、启蒙性、现代性、传承创新性、变化性、会通性、平等性、系统性、全面性、深刻性等诸多特点。就其开创性而言，章氏创立了具有现代性、系统性、哲学性、本土性的新子学话语体系，成为"新子学的典范"；就其应世性而言，章氏新子学话语体系的构建，是基于革命、救国、富强的迫切需求；就其批判性而言，章氏新子学话语体系既批判中国的传统性，也批判西方的现代性；既批判中国社会现实，也批判当时的文化思潮；就其启蒙性而言，章氏新子学话语体系在近代中国思想解放方面，有筚路蓝缕之功，批判了"经学独尊""儒学独尊"的意识形态，对清季民初的革命者与知识分子发生了重大影响，被称为"中国的卢梭""中国的马志尼"；就其现代性而言，章氏在新子学话语体系中提出了中国自己的"现代性价值系统"与"现代化方案"；就其传承创新性而言，章氏自觉传承子学，在"自国自心"的基础上进行子学创新，对荀学、韩学、墨学、老学、庄学的创新性尤其大；就其变化性而言，章氏新子学话语体系在其创立的"真如本体论"的基础上有所变化，大体经历了从"转俗成真"（从实践到理论，以唯识学与庄学构建"齐物哲学"）到"回真向俗"（从理论到实践，以孔老之学阐发应世之道）的变化过程；就其会通性而言，章氏新子学话语体系在"齐物哲学"的统合下贯通古今中西；就其平等性而言，章氏新子学话语体系主张诸子平等，儒家与诸子平等，西学与诸子平等，佛学与诸子平等；就其系统性而言，章氏建构了基于"齐物哲学"的新子学话语体系；就其全面性而言，章氏对儒、道、墨、名、法等诸子百家都进行了"价值重估"；就其深刻性而言，章氏创立的"齐物哲学"被公认为近代东亚哲学的"高峰"。

章氏新子学话语体系对近代中国思想、文化、学术、政治、现代化等方面发生了重要影响。就其思想价值而言，为辛亥革命作了思想动员，为新文化运动提供了"思想武器"，为抗日战争凝聚民心，深度推动近代中国的思想解放，具有"启蒙""革命""救国"的价值；就其文化价值而言，推动先秦子学的创造性转化与创新性发展，推动了中国传统文化的更新再造；就其学术价值而言，创立近代中国新子学话语体系，推动子学的哲学化与史学化，推动新子学话语体系的不断发展，对子学研究者产生了长期的影响；就其政治价值而言，以"子学"构建"国性"，推动近代民族革命与民族国家建设，具有创造近代中国民族认同与国家认同的价值；就其现代性价值而言，批判了西方的"现代性话语霸权"与"现代化方案"，着力建构中国自己的"现代性价值"与"现代化方案"，有助于推动国人深入探索"中国式现代化道路"。

主要参考文献

（一）章太炎论著

[1] 章太炎全集（齐物论释　齐物论释定本　庄子解故　管子余义　广论语骈枝　体撰录　春秋左氏疑义问答）[M].沈延国，等，点校.上海：上海人民出版社，2014.

[2] 章太炎全集（膏兰室札记　诂经札记　七略别录佚文徵）[M].沈国延，汤志钧，点校.上海：上海人民出版社，2014.

[3] 章太炎全集（訄书初刻本　訄书重订本　检论）[M].朱维铮，点校.上海：上海人民出版社，2014.

[4] 章太炎全集（春秋左传读　春秋左传读叙录　驳箴膏肓评）[M].姜义华，点校.上海：上海人民出版社，2014.

[5] 章太炎全集（膏兰室札记　诂经札记　七略别录佚文徵）[M].沈延国，汤志钧，点校.上海：上海人民出版社，2014.

[6] 章太炎全集（太炎文录初编）[M].徐复，点校.上海：上海人民出版社，2014.

[7] 章太炎全集（太炎文录续编）[M].黄耀先，饶钦农，贺庸，点校.上海：上海人民出版社，2014.

[8] 章太炎全集（演讲集）[M].章念驰，编订.上海：上海人民出版社，2015.

[9] 章太炎全集（菿汉微言　菿汉昌言　菿汉雅言札记　刘子政左氏说　太史公古文尚书说　古文尚书拾遗定本　清建国别记　重订三字经）[M].虞云国，马勇，整理.上海：上海人民出版社，2015.

[10] 章太炎全集（译文集）[M].马勇，编订.上海：上海人民出版社，2015.

[11] 章太炎全集（国故论衡先校本　校订本）[M]. 王培军，马勇，整理. 上海：上海人民出版社，2017.

[12] 章太炎全集（太炎文录补编）[M]. 马勇，整理. 上海：上海人民出版社，2017.

[13] 章太炎全集（眉批集）[M]. 罗志欢，等，整理. 上海：上海人民出版社，2017.

[14] 章太炎全集（附录）[Z]. 上海：上海人民出版社，2017.

[15] 章太炎政论集 [M]. 汤志钧，编. 北京：中华书局，1977.

[16] 章太炎集　杨度集（近现代著名学者佛学文集）[M]. 黄夏年，主编. 北京：中国社会科学出版社，1995.

[17] 章太炎生平与学术自述 [M]. 倪伟，编. 南京：江苏人民出版社，1999.

[18] 章太炎学术文化随笔 [M]. 张勇，编. 北京：中国青年出版社，1999.

[19] 章太炎经典文存 [M]. 洪治纲，主编. 上海：上海大学出版社，2003.

[20] 章太炎书信集 [M]. 马勇，编. 石家庄：河北人民出版社，2003.

[21] 章太炎学术史论集 [M]. 傅杰，编校. 昆明：云南人民出版社，2007.

[22] 精读章太炎 [M]. 刘琅，主编. 厦门：鹭江出版社，2007.

[23] 章太炎国学讲演录 [M]. 吴永坤，讲评. 南京：凤凰出版社，2008.

[24] 章太炎儒学论集 [M]. 王小红，选编. 成都：四川大学出版社，2010.

[25] 章太炎讲诸子 [M]. 武汉：华中师范大学出版社，2010.

[26] 章太炎说文解字授课笔记 [M]. 朱希祖，钱玄同，周树人，记录.　王宁，整理，北京：中华书局，2010.

[27] 章太炎自述（1869—1936）[M]. 文明国，编. 北京：人民日报出版社，2011.

[28] 章太炎演讲集 [M]. 章念驰，编. 上海：上海人民出版社，2011.

[29] 章太炎国学讲演录 [M]. 诸祖耿，王謇，王乘六，等，记录.　北京：中华书局，2013.

[30] 章太炎的白话文 [M]. 陈平原，选编. 贵阳：贵州教育出版社，2014.

[31] 章太炎国学讲义 [M]. 重庆：重庆出版社，2015.

[32] 章太炎佛学文集 [M]. 李勇，选编. 北京：商务印书馆，2018.

[33] 章太炎家书 [M]. 张钰翰，编注. 上海：上海人民出版社，2019.

[34] 章太炎论学集 [M]. 吴铭峰，编．北京：商务印书馆，2019.

[35] 章太炎讲国学 [M]. 上海：上海人民出版社，2019.

[36] 章太炎讲历史 [M]. 上海：上海人民出版社，2020.

[37] 中国近代思想家文库·章太炎卷 [M]. 姜义华，编．北京：中国人民大学出版社，2015.

[38] 章太炎．国故论衡 [M]. 国学讲习会版．日本秀光舍印．庚戌年五年朔日．

[39] 章太炎．国学概论 [M]. 曹聚仁，整理．汤志钧，导读．上海：上海古籍出版社，1997.

[40] 章太炎，刘师培等．中国近三百年学术史论 [M]. 罗志田，导读．徐亮工，编校．上海：上海古籍出版社，2006.

[41] 章太炎．国学讲义 [M]. 北京：海潮出版社，2007.

[42] 章炳麟．国学概论　外一种：国学讲演录 [M]. 长沙：岳麓书社，2009.

[43] 章太炎．国故论衡 [M]. 张渭毅，点校．北京：商务印书馆，2010.

[44] 章太炎．诸子学略说 [M]. 桂林：广西师范大学出版社，2010.

[45] 章太炎．国故论衡 [M]. 陈平原，导读．上海：上海书店出版社，2011.

[46] 章太炎．菿汉三言 [M]. 虞云国，校点．上海：上海书店出版社，2011.

[47] 章太炎．章太炎国学二种 [M]. 杭州：浙江古籍出版社，2012.

[48] 章太炎．訄书初刻本　重订本 [M]. 朱维铮，编校．上海：中西书局，2012.

[49] 章太炎．国故论衡 [M]. 长沙：岳麓书社，2013.

[50] 章太炎．在苏州国学讲习会的讲稿 [M]. 杨佩昌，整理．北京：中国画报出版社，2013.

[51] 章太炎．太炎先生尚书说 [M]. 诸祖耿，整理．北京：中华书局，2013.

[52] 章太炎．回真向俗：章太炎国学讲义 [M]. 北京：世界图书出版公司，2014.

[53] 章太炎．齐物论释 [M]. 曲经纬，校点．武汉：崇文书局，2016.

[54] 章太炎．国学救亡讲演录 [M]. 蒙木，编．北京：北京出版社，2018.

[55] 章太炎．国学概论　国学略说 [M]. 成都：四川人民出版社，2018.

[56] 章太炎．国学讲义 [M]. 北京：北京理工大学出版社，2020.

（二）章太炎研究论著

[1] 徐复.訄书详注 [M]. 上海：上海古籍出版社，2000.

[2] 庞俊，郭诚永.国故论衡疏证 [M]. 北京：中华书局，2011.

[3] 孟琢.齐物论释疏证 [M]. 上海：上海人民出版社，2019.

[4] 章念驰，编选.章太炎生平与思想研究文选 [M]. 杭州：浙江人民出版社，1986.

[5] 章太炎纪念馆.先驱的踪迹：章太炎先生逝世五十周年纪念文集 [M]. 杭州：浙江古籍出版社，1988.

[6] 陈平原，杜玲玲.追忆章太炎 [M]. 北京：生活·读书·新知三联书店，2009.

[7] 刘克敌，卢建军. 章太炎与章门弟子 [M]. 郑州：大象出版社，2010.

[8] 章念驰.我的祖父章太炎 [M]. 上海：上海人民出版社，2011.

[9] 陈晨.章太炎轶事（1869—1936）[M]. 北京：人民日报出版社，2011.

[10] 汤志钧.章太炎年谱长编（增订本）[M]. 北京：中华书局，2013.

[11] 华强.明德之后有达人：章太炎和他的弟子 [M]. 广州：广东教育出版社，2013.

[12] 姚奠中，董国炎.章太炎学术年谱 [M]. 太原：三晋出版社，2014.

[13] 章念驰.我所知道的祖父章太炎 [M]. 上海：上海人民出版社，2016.

[14] 章念驰.章太炎生平与学术 [M]. 上海：上海人民出版社，2016.

[15] 余杭章太炎故居纪念馆编.章太炎逝世八十周年暨章太炎故居保护开放三十周年纪念文集 [M]. 上海：上海人民出版社，2017.

[16] 周东华，张君国.章太炎和他的时代 [M]. 上海：上海人民出版社，2020.

[17] 汪荣祖.康章合论 [M]. 北京：中华书局，2008.

[18] 汪荣祖.章太炎散论 [M]. 北京：中华书局，2008.

[19] 姜义华.章太炎思想研究 [M]. 北京：中国人民大学出版社，2009.

[20] 陈平原.中国现代学术之建立：以章太炎、胡适之为中心 [M]. 北京：北京大学出版社，2010.

[21] 陈永忠.章太炎与近代学人 [M]. 天津：百花文艺出版社，2011.

[22] 王汎森.章太炎的思想：兼论其对儒学传统的冲击 [M].上海：上海人民出版社，2012、2018.

[23] 蔡志栋.章太炎后期哲学思想研究 [M].上海：上海社会科学院出版社，2012.

[24] 王锐.章太炎晚年学术思想研究 [M].北京：商务印书馆，2014.

[25] 余艳红.传统、现代与现代之后——章太炎的思想世界 [M].北京：中国社会科学出版社，2014.

[26] 李帆.章太炎、刘师培、梁启超清学史著述之研究 [M].北京：商务印书馆，2006.

[27][日]石井刚.齐物的哲学：章太炎与中国现代思想的东亚经验 [M].上海：华东师范大学出版社，2016.

[28] 汤志钧.经与史：康有为与章太炎 [M].北京：中华书局，2018.

[29] 王玉华.多元视野与传统的合理化——章太炎思想的阐释 [M].上海：上海人民出版社，2018.

[30] 林少阳.鼎革以文——清季革命与章太炎"复古"的新文化运动[M].上海：上海人民出版社，2018.吴晓华.章太炎道家思想研究[M].杭州：浙江大学出版社，2018.

[31][日]小林武.章太炎与明治思潮 [M].白雨田，译.上海：上海人民出版社，2018.

[32][美]慕唯仁.章太炎的政治哲学：意识之抵抗 [M].张春田，任致均，等，译.上海：华东师范大学出版社，2018.

[33][日]坂元弘子.中国近代思想的"连锁"——以章太炎为中心 [M].郭驰洋，译.上海：上海人民出版社，2019.

[34] 陈学然.再造中华——章太炎与"五四"一代 [M].上海：上海人民出版社，2019.

[35] 王锐.自国自心：章太炎与中国传统思想的更生 [M].北京：商务印书馆，2019.

[36] 张昭军.儒家近代之境：章太炎儒学思想研究 [M].北京：北京师范大学出版社，2020.

[37] 王锐.探索"良政"：章太炎思想论集 [M].上海：上海人民出版社，

2020.

[38] 彭春凌 . 章太炎译《斯宾塞尔文集》研究、重译及校注 [M]. 上海：上海人民出版社，2021.

[39] 熊月之 . 章太炎 [M]. 上海：上海人民出版社，1982.

[40] 姜义华 . 章太炎 [M]. 台北：东大图书股份有限公司，1991.

[41] 姜义华 . 章太炎评传 [M]. 南昌：百花洲文艺出版社，2010.

[42] 姜义华 . 章炳麟评传 [M]. 南京：南京大学出版社，2002.

[43] 姜义华 . 章炳麟评传 [M]. 上海：上海人民出版社，2019.

[44] 许寿裳 . 章太炎传 [M]. 天津：百花文艺出版社，2009.

[45] 华强 . 章太炎大传 [M]. 上海：上海交通大学出版社，2011.

[46] 马勇 . 民国遗民：章太炎传 [M]. 北京：东方出版社，2014.

[47] 金宏达 . 章太炎传 [M]. 上海：上海人民出版社，2014.

[48] 伍立杨 . 潜龙在渊：章太炎传 [M]. 北京：作家出版社，2015.

[49] 陶方宣 . 刀尖上的舞者——章太炎与梁启超 [M]. 北京：新华出版社，2016.

[50] 卓介庚 . 中华英杰 [M]. 北京：红旗出版社，2019.

[51] 张昊苏，陈熹 . 章太炎：铁血著华章 [M]. 济南：济南出版社，2019.

[52] 孙德鹏 . 满地江湖吾尚在——章太炎与近代中国 1895—1916[M]. 桂林：广西师范大学出版社，2016.

[53] 李智福 . "以佛济庄"与"以易济佛"——章太炎与熊十力两种"新唯识学"比较初论 [J]. 现代哲学，2021（4）.

[54] 虞万里 . 章太炎《检论》手稿的文献学考察 [J]. 文献，2021（3）.

[55] 周展安 . "以百姓心为心"：章太炎《齐物论释》阐微 [J]. 中国哲学史，2021（2）.

[56] 刘韶军 . 论章太炎对庄子的佛学阐释 [J]. 诸子学刊，2020（21）.

[57] 孟琢，陈子昊 . 齐物哲学与中国现代价值的建立 [J]. 人文杂志，2020（10）.

[58] 王晓洁 . 从文本到思想：章太炎《齐物论释》中的诠释方法 [J]. 现代哲学，2020（5）.

[59] 彭春凌 . 从岸本武能太到章太炎：自由与秩序之思的跨洋交流 [J]. 历史研究，2020（3）.

[60]陈壁生.从《訄书》到《检论》——章太炎先生《检论手稿》的价值[J].人文杂志，2019（11）.

[61]余艳红.《訄书》中的现代性[J].东岳论丛，2016（5）.

[62]何荣誉.《訄书》诸本对孔子评价的变衍[J].沈阳师范大学学报（社会科学版），2010（3）.

[63]李昱.借学术以论政治——章太炎《訄书》（重订本）诸子学六篇解读[J].徐州师范大学学报（哲学社会科学版），2010（2）.

[64]张耀宗.革命内外：《訄书》的写作修辞与文化政治[J].杭州师范大学学报，2009（4）.

[65]卞孝萱.《訄书》详注表微[J].南京师范大学文学院学报，2002（3）.

[66]汤志钧.以章注章[J].南京师范大学文学院学报，2002（3）.

[67]祝鸿熹.读《訄书详注》[J].南京师范大学文学院学报，2002（3）.

[68]李开.炉火纯青铸伟辞——学习徐复教授著《訄书详注》[J].南京师范大学文学院学报，2002（3）.

[69]徐超.喜读《訄书详注》[J].南京师范大学文学院学报，2002（3）.

[70]杨端志.徐复先生引导我读《訄书》[J].南京师范大学文学院学报，2002（3）.

[71]龙延.求是与致用——读《訄书》（重订本）学术史诸篇[J].山东科技大学学报（社会科学版），2002（2）.

[72]杨国安.惊世之论　有为之言——章太炎《訄书》（重订本）论学术史部分评析[J].河南大学学报，2000（6）.

[73]张根福，丁孝智."兴时化者，莫善于侈靡"——从《訄书·喻侈靡》看章太炎早期发展资本主义工商业的思想[J].浙江师范大学学报，1994（2）.

[74]邹身城.简论章太炎的《訄书》及其思想发展[J].杭州师范学院学报，1989（4）.

[75]童显勋，黄捷.章太炎三订《訄书》考释[J].湖北师范学院学报，1985（4）.

[76]朱维铮.《訄书》《检论》三种结集过程考实[J].复旦学报（社会科学版），1983（1）.

[77]姜义华.《訄书》简论[J].复旦学报（社会科学版），1982（2）.

（三）诸子学研究论著

[1] 郭沫若. 十批判书 [M]. 北京：人民出版社，1954.

[2] 吕思勉. 先秦学术概论 [M]. 长沙：岳麓书社，2010.

[3] 郭齐勇，吴根友. 诸子学通论 [M]. 北京：商务印书馆，2015.

[4] 蒋伯潜. 诸子学纂要 [M]. 北京：首都经济贸易大学出版社，2017.

[5] 刘永佶. 诸子思想 [M]. 北京：中国社会科学出版社，2019.

[6] 林志鹏. 战国诸子评述辑证 [M]. 上海：复旦大学出版社，2020.

[7] 何爱国. 九流并美：新文化运动与新子学话语体系的生成 [M]. 长春：吉林大学出版社，2020.

[8] 何爱国. 现代性的本土回响：近代杨墨思潮研究 [M]. 北京：世界图书出版公司，2015.

[9] 詹剑峰. 老子其人其书及其道论 [M]. 武汉：湖北人民出版社，1982.

[10] 熊铁基，刘韶军，刘筱红，吴琦，刘固盛. 二十世纪中国老学 [M]. 福州：福建人民出版社，2002.

[11] 楼宇烈. 老子道德经注校释 [M]. 北京：中华书局，2008.

[12] 高明. 帛书老子校注 [M]. 北京：中华书局，2020.

[13] 裘锡圭. 老子今研 [M]. 上海：中西书局，2021.

[14] 任继愈. 老子绎读 [M]. 北京：国家图书馆出版社，2015.

[15] 樊波成. 老子指归校笺 [M]. 上海：上海古籍出版社，2013.

[16] 李零. 人往低处走：老子天下第一 [M]. 北京：生活·读书·新知三联书店，2008.

[17] 刘笑敢. 老子：年代新考与思想新诠 [M]. 台北：东大图书股份有限公司，2009.

[18] 刘笑敢. 老子古今（修订本）[M]. 北京：中国社会科学出版社，2006.

[19] 陈鼓应. 老子注译及评价（修订增补本）[M]. 北京：中华书局，2009.

[20] 陈鼓应. 中国哲学创始者：老子新论 [M]. 北京：中华书局，2015.

[21] 陈鼓应. 老子今注今译（参照简帛本最新修订版）[M]. 北京：商务印书馆，2016.

[22] 许抗生. 老子与道家 [M]. 北京：中国书籍出版社，2014.

[23] 曹峰.近年出土黄老思想文献研究 [M].北京：中国社会科学出版社，2015.

[24] 曹峰.老子永远不老:《老子》研究新解 [M].北京：中国人民大学出版社，2018.

[25] 曹峰.文本与思想：出土文献所见黄老道家.北京：中国人民大学出版社，2018.

[26] 王中江.根源、制度和秩序：从老子到黄老 [M].北京：中国人民大学出版社，2018.

[27] 陈鼓应.黄帝四经今注今译 [M].北京：商务印书馆，2007.

[28] 刘固盛，刘韶军，肖海燕.近代中国老庄学 [M].福州：福建人民出版社，2014.

[29] 李笑岩.先秦黄老之学渊源与发展研究 [M].上海：上海古籍出版社，2018.

[30][日] 浅野裕一.黄老道的形成与发展 [M].韩文，译.南京：凤凰出版社，2021.

[31] 杨伯峻.论语译注 [M].北京：中华书局，2009.

[32] 蔡尚思.蔡尚思著作集　孔子思想体系　孔子哲学之真面目 [M].上海：上海古籍出版社，2013.

[33] 程树德.论语集释 [M].程俊英，蒋见元，点校.北京：中华书局，2014.

[34] 郭沂.子曰全集 [M].北京：中华书局，2017.

[35][美] 顾立雅.孔子与中国之道 [M].高专诚，译.郑州：大象出版社，2014.

[36] 彭富春.论孔子 [M].北京：人民出版社，2016.

[37] 蒙培元.孔子 [M].北京：北京大学出版社，2019.

[38] 钱穆.孔子传 [M].北京：九州出版社，2020.

[39][美] 郝大维，安乐哲.孔子哲学思微 [M].蒋弋为，李志林，译.南京：江苏人民出版社，2011.

[40][美] 郝大维，安乐哲.通过孔子而思 [M].何金俐，译.北京：北京大学出版社，2020.

[41] 白冶钢.孔丛子译注 [M].上海：上海三联书店，2014.

[42] 杨朝明，宋立林.孔子家语通解 [M].济南：齐鲁书社，2013.

[43] 刘巍.《孔子家语》公案探源 [M].北京：社会科学文献出版社，2014.

[44] 宁镇疆.《孔子家语》新证 [M].上海：中西书局，2017.

[45] 金景芳，吕绍纲，吕文郁.孔子新传 [M].北京：新世界出版社，2020.

[46] 栾调甫.墨子研究论文集 [M].北京：人民出版社，1957.

[47] 谭戒甫.墨辩发微 [M].北京：中华书局，1964.

[48] 孙诒让.墨子间诂 [M].孙启治，点校.北京：中华书局，2001.

[49] 郑杰文.20 世纪墨学研究史 [M].北京：清华大学出版社，2002.

[50] 吴毓江.墨子校注 [M].孙启治，点校.北京：中华书局，2006.

[51] 谭家健，孙中原.墨子今注今译 [M].北京：商务印书馆，2009.

[52] 王讚源主编.墨经正读 [M].上海：上海科学技术文献出版社，2011.

[53] 陈柱.墨学十论 [M].上海：华东师范大学出版社，2015.

[54] 方授楚.墨学源流 [M].北京：商务印书馆，2015.

[55] 王先谦.庄子集解 [M].北京：中华书局，1987.

[56] 刘武.庄子集解内篇补正 [M].北京：中华书局，1987.

[57] 郭庆藩.庄子集释 [M].北京：中华书局，2012.

[58] 王博.庄子哲学 [M].北京：北京大学出版社，2013.

[59] 韩林合.虚己以游世：《庄子》哲学研究 [M].北京：商务印书馆，2014.

[60] 陈鼓应.庄子的开放心灵与价值重估：庄子新论 [M].北京：中华书局，2015.

[61] 陈鼓应.庄子今注今译（最新修订本）[M].北京：商务印书馆，2016.

[62] 郑开.庄子哲学讲记 [M].南宁：广西人民出版社，2016.

[63] 杨立华.庄子哲学研究 [M].北京：北京大学出版社，2020.

[64] 王先谦.荀子集解 [M].沈啸寰，王星贤，点校，北京：中华书局，1988.

[65] 康香阁，梁涛. 荀子思想研究 [M].北京：人民出版社，2014.

[66] 唐端正.荀学探微 [M].北京：中国人民大学出版社，2019.

[67] 王琯.公孙龙子悬解 [M].北京：中华书局，1992.

[68] 黄克剑译注.公孙龙子（外三种）.[M]北京：中华书局，2012.

[69] 董英哲 . 先秦名家四子研究 [M]. 上海：上海古籍出版社，2014.

[70] 石磊译注 . 商君书 [M]. 北京：中华书局，2011.

[71] 许富宏 . 慎子集校集注 [M]. 北京：中华书局，2013.

[72][美] 顾立雅 . 申不害 [M]. 马腾译 . 南京：江苏人民出版社，2019.

[73] 王先慎 . 韩非子集解 [M]. 钟哲点校 . 北京：中华书局，1998.

[74] 高华平，王齐洲，张三夕译注 . 韩非子 [M]. 北京：中华书局，2010.

[75] 宋洪兵 . 韩非子政治思想再研究 [M]. 北京：中国人民大学出版社，2010.

[76] 王锐 . 略论近代学人阐述诸子学的路径问题 [J]. 社会科学战线，2021（9）.

[77] 宁腾飞 . 近代学术转型中的子史关系———以国粹派 "诸子亦史" 说为中心 [J]. 史学理论研究，2020（1）.

（四）其他相关论著

[1] 金耀基 . 中华文明的现代转型 [M]. 广州：广东人民出版社，2016.

[2] 金耀基 . 中国现代化的终极愿景 [M]. 上海：上海人民出版社，2013.

[3] 罗荣渠 . 现代化新论：世界与中国的现代化进程（增订本）[M]. 北京：商务印书馆，2009.

[4] 姜义华 . 理性缺位的启蒙 [M]. 上海：上海三联书店，2000.

[5] 姜义华 . 中华文明的经脉 [M]. 北京：商务印书馆，2019.

[6] 姜义华 . 中华文明的根柢 [M]. 上海：上海人民出版社，2010.

[7] 姜义华 . 现代性：中国重撰 [M]. 北京：北京师范大学出版社，2008.

[8] 何爱国 . 中国现代化思想史论 1912—1949[M]. 北京：世界图书出版公司，2014.

[9] 钱穆 . 国学概论 [M]. 北京：商务印书馆，1997.

[10] 梁启超 . 清代学术概论 [M]. 朱维铮，校订 . 北京：中华书局，2011.

[11] 梁启超 . 中国近三百年学术史 [M]. 北京：商务印书馆，2011.

[12] 朱维铮 . 求索真文明——晚清学术史论 [M]. 北京：中信出版社，2020.

[13] 朱维铮 . 朱维铮学术讲演录 [M]. 杭州：浙江大学出版社，2020.

[14] 朱维铮 . 走出中世纪（增订本）[M]. 上海：复旦大学出版社，2012.

[15] 朱维铮 . 走出中世纪二集 [M]. 上海：复旦大学出版社，2008.

[16] 朱维铮 . 语调未定的传统（增订本）[M]. 杭州：浙江大学出版社，2011.

[17] 郭湛波 . 近五十年中国思想史 [M]. 上海：上海古籍出版社，2010.

[18] 侯外庐，赵纪彬，杜国庠 . 中国思想通史 [M]. 北京：人民出版社，1957.

[19] 侯外庐 . 中国古代思想学说史 [M]. 长沙：岳麓书社，2009.

[20] 葛兆光 . 中国思想史 [M]. 上海：复旦大学出版社，2001.

[21] 韦政通 . 中国思想史 [M]. 长春：吉林出版集团，2009.

[22] 张岂之 . 中国思想史 [M]. 北京：高等教育出版社，2018.

[23] 黄克武 . 近代中国的思潮与人物 [M]. 北京：九州出版社，2012.

[24] 王汎森 . 中国近代思想与学术的系谱 [M]. 长春：吉林出版集团，2010.

[25] 罗志田 . 权势转移：近代中国的思想与社会 [M]. 北京：北京师范大学出版社，2014.

[26] 罗志田 . 道出于二：过渡时期的新旧之争 [M]. 北京：北京师范大学出版社，2014.

[27] 汪晖 . 现代中国思想的兴起 [M]. 北京：生活·读书·新知三联书店，2015.

[28] 许纪霖 . 现代中国思想史论 [M]. 上海：上海人民出版社，2014.

[29] 许纪霖，宋宏 . 现代中国思想的核心观念 [M]. 上海：上海人民出版社，2010.

[30] 康有为 . 万木草堂口说（外三种）[M]. 姜义华，张荣华，编校 . 北京：中国人民大学出版社，2010.

[31] 胡适 . 中国哲学史大纲 [M]. 北京：商务印书馆，2011.

[32] 冯友兰 . 中国哲学史 [M]. 北京：中华书局，2014.

[33] 冯友兰 . 中国哲学史新编 [M]. 北京：商务印书馆，2020.

[34] 冯友兰 . 中国现代哲学史 [M]. 广州：广东人民出版社，2019.

[35] 朱希祖 . 中国史学通论 [M]. 上海：上海古籍出版社，2014.

[36] 孙宝瑄 . 忘山庐日记 [M]. 上海：上海古籍出版社，1983.

后　记

　　本书为我承担的复旦大学原创科研个性化支持项目（2020 年度）"章太炎与近代新子学话语体系的奠基"、复旦大学亚洲研究中心项目（2016 年度）"传统文化与近代社会的互动：论章太炎对先秦诸子的新解析"的科研成果，亦为我所任教的研究生课程"先秦诸子与近现代中国研究"成果，属于上海市高峰学科建设计划（2021 年度）复旦大学中国史学科系列成果之一。

　　本书的研究获得教育部人文社会科学重点研究基地复旦大学中外现代化进程研究中心、复旦大学历史学系中国近现代史教研室、复旦大学亚洲研究中心的大力支持，特此感谢！

　　本书属于教育部人文社会科学重点研究基地复旦大学中外现代化进程研究中心"中国现代化思想史研究丛书"之一。该丛书由我担任主编，先后已出版《中国现代化思想史论 1912—1949》（世界图书出版公司 2014）、《现代性的本土回响：近代杨墨思潮研究》（世界图书出版公司 2015）、《资源的集聚与分配：华北村庄在近代以来权力下延中的变迁》（吉林大学出版社 2017）、《九流并美：新文化运动与新子学话语体系的生成》（吉林大学出版社 2020）、《当代中国小康理论创新史》（中国商务出版社 2021）。

　　本书的写作得到我爱人颜英的不懈支持，她在百忙之中参与了部分书稿（第二章、第三章）的资料搜集与讨论，令我受益匪浅。

何爱国

于复旦光华楼 2021 年 10 月